JN449382

동산도서관 소장 고문헌 번역총서 01

천사일로일기
天使一路日記

조선, 명나라 사신을 맞다

동산도서관 소장 고문헌 번역총서 01

천사일로일기(天使一路日記)
조선, 명나라 사신을 맞다

초판 1쇄 인쇄 2020년 12월 21일
초판 1쇄 발행 2020년 12월 31일

지 은 이 정사룡 외 지음
옮 긴 이 김윤조, 이지안, 황동권
감 수 자 이종한
펴 낸 이 신일희
펴 낸 곳 계명대학교 출판부
출판등록 제347-1998-1호(1970. 9. 1)
주 소 대구광역시 달서구 달구벌대로 1095
대표전화 053-580-6233
팩 스 053-580-6235
홈페이지 www.kmupress.com

ISBN 979-11-6516-059-3 93910 정가 20,000원

• 잘못된 책은 교환하여 드립니다.
• 이 책은 저작권법에 따라 보호받는 저작물이므로 책의 내용 및 이미지에 대하여
전부 또는 일부를 무단으로 복사, 복제, 배포하거나 전산 장치에 저장할 수 없습니다.

"이 저서는 대한민국 교육부와 한국연구재단이 주관하는 2020학년도 대학혁신지원사업의 지원을 받아 수행된 연구임"

동산도서관 소장 고문헌 번역총서 01

천사일로일기
天使一路日記

조선, 명나라 사신을 맞다

정사룡 외 지음
김윤조, 이지안, 황동권 옮김
이종한 감수

계명대학교 출판부

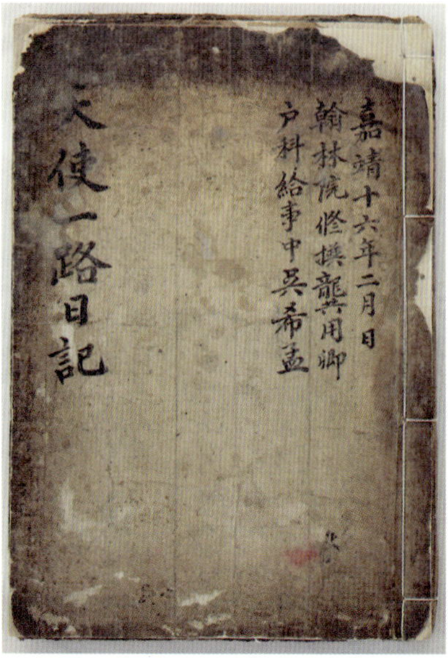

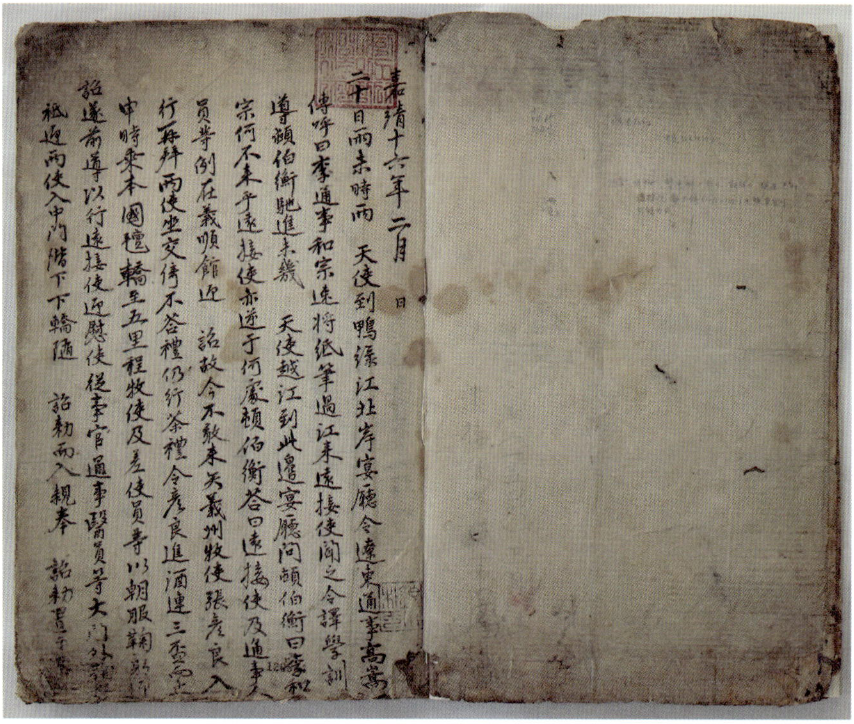

『천사일로일기』

대구시 유형문화재 제85호, 계명대학교 동산도서관 소장

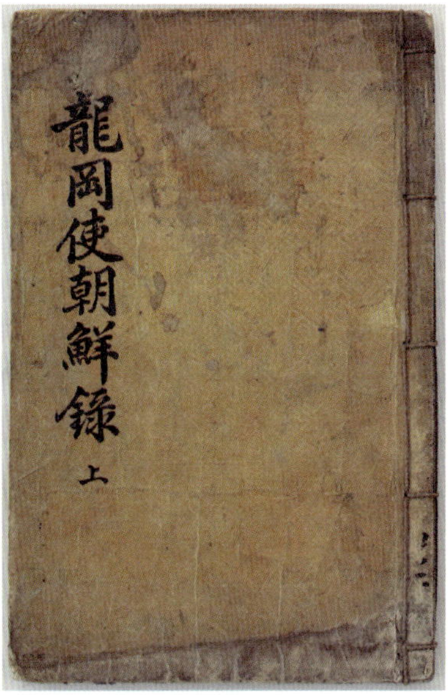

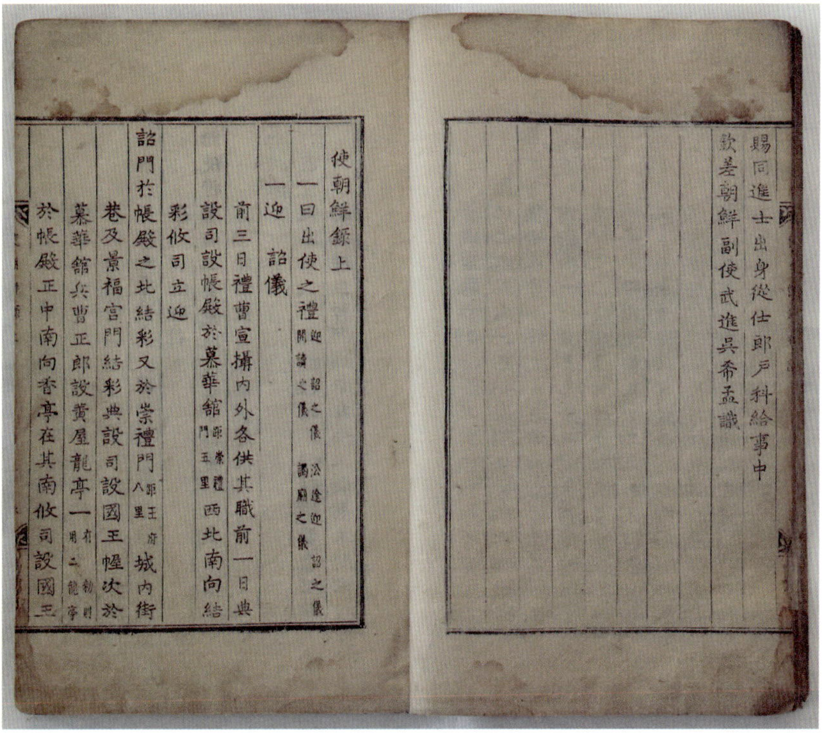

『사조선록』 명나라 정사 공용경이 귀국 후 편찬한 조선 사행 기록
대구시 유형문화재 제86호, 계명대학교 동산도서관 소장

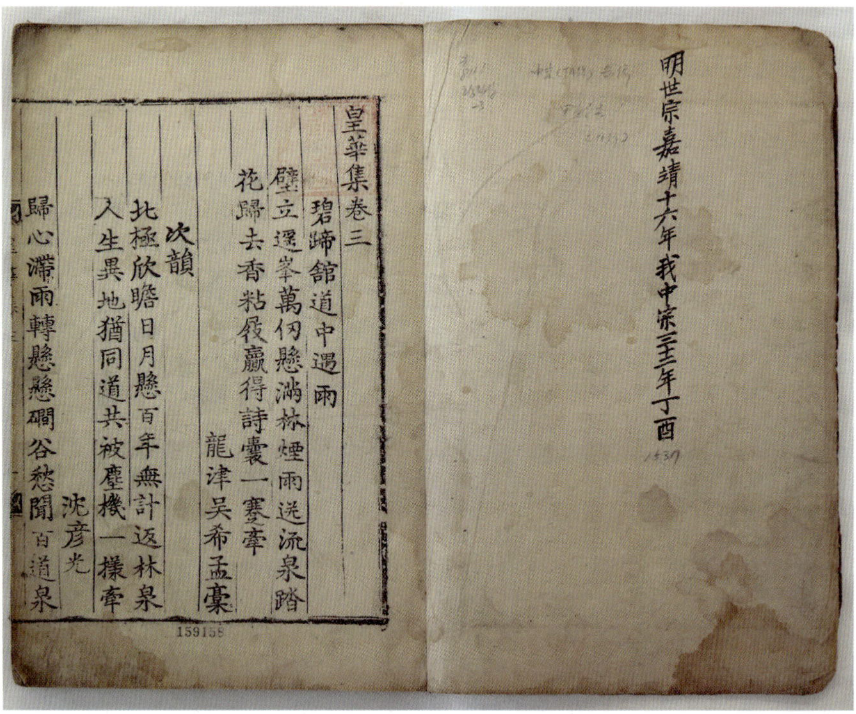

『**황화집**』 정사룡 일행과 공용경 일행이 주고 받은 시문을 모은 책
계명대학교 동산도서관 소장

강릉 소재 해운정의 편액
명나라 정사 공용경이 쓴 '경호어촌(鏡湖漁村)'

강릉 소재 해운정의 편액
명나라 부사 오희맹이 쓴 '해운소정(海雲小亭)'

머리말

영남의 중심에 위치한 계명대학교 동산도서관은 『용비어천가』 등 22종 96책의 국가지정문화재(보물), 『대구읍지』 등 8종 18책의 대구시 유형문화재를 포함하여 78,000여 점의 고문헌을 소장하고 있는 우리나라의 대표적인 고문헌 소장 기관입니다.

계명대학교의 고문헌 수집은 전통문화 유산의 보고인 우리 고유의 문헌에 대한 애착에서 비롯되었습니다. 성장을 최우선으로 하던 개발의 시대에 고문헌은 소홀히 다루어져 자칫 사장될 우려가 컸습니다. 이에 제대로 보존 관리하여 후손에게 물려주자는 뜻을 모아 1960년대부터 수집을 시작하게 되었습니다.

동산도서관에서는 수집한 고문헌의 보존에 머무르지 않고, 자료의 체계적 축적, 전시회 개최, 목록, 도록, 영인본, 해제집 발간 등을 통해 한국학 연구와 전통문화 이해의 저변 확대에 기여해 왔습니다. 그러나 고문헌이 한문으로 되어 있다는 점에서 여전히 접근에 큰 어려움이 있습니다. 한문을 읽기 쉬운 한글로 번역하여 제공한다면 한국학 전공자의 연구는 물론 학생들의 학습 자료와 일반인들의 읽을거리로 두루 활용되어 고문헌의 가치와 우리 고유의 전통문화를 더 잘 이해하는 데 기여할 수 있을 것으로 생각합니다.

이에 계명대학교에서는 올해 7월에 동산도서관 소장 고문헌 가운데 학술적, 서지적 가치가 높고 전통문화와 우리 고장 대구·경북을 이해하는데 우선적으로 중요한 자료를 선정하여 번역하는 '동산도서관 소장 고문헌 번역 사업단'을 발족시켰습니다. 사업단에서는 향후 10년 계획으로 20여 종의 소장 고문헌을 한글로 번역하는 작업을 진행하고 있습니다. 그중 일부는 영어로도 번역하여 세계에 널리 알리고자 합니다. 번역한 고문헌은 모두 감수를 거쳐 계명대학교 출판부에서 '동산도서관 소장 고문헌 번역 총서'로 출간할 예정입니다.

이번에 그 첫 결과물로 대구시 유형문화재 제85호인 『천사일로일기(天使一路日記)』를 번역 출간합니다. 이 자료는 1537년 명나라 사신 공용경(龔用卿) 일행을 압록강에서 맞아 돌아갈 때까지 모든 일정을 함께한 조선의 원접사(遠接使) 정사룡(鄭士龍) 일행의 일기입니다. 현전하는 가장 오래된 원접사 일기의 한글 번역서를 통해 조선과 명나라 사이에서 벌어진 사신 외교 활동의 생생한 면모를 누구나 쉽게 이해할 수 있을 것입니다.

교육부와 한국연구재단이 주관하는 2020학년도 대학혁신지원사업의 지원을 받아 사업단의 번역총서 제1권을 출간하게 된 점 또한 매우 기쁘고 감사하게 생각합니다. 이종한 사업단장을 비롯한 사업단의 관계자와 이 책의 번역에 참가한 모든 분들의 노고에 깊은 존경과 감사의 인사를 드립니다.

2020년 12월

계명대학교 총장 신 일 희

‘동산도서관 소장 고문헌 번역총서’ 출간에 부쳐

계명대학교 ‘동산도서관 소장 고문헌 번역 사업단’이 출범하였습니다. 2020년 7월 1일부터 향후 10년에 걸쳐 동산도서관 소장 고문헌 20여 종을 30여 책으로 번역하는 사업을 추진하기 위해서입니다.

동산도서관 벽오고문헌실에는 78,000여 점의 한적(漢籍)과 고문서 및 목판 자료 등이 소장되어 있고, 그중에는 22종 96책의 국가지정문화재(보물)와 8종 18책의 대구시 유형문화재가 포함되어 있습니다. 계명대학교가 대학 교육을 시작한 초창기부터 고문헌의 가치를 알아보고 열과 성을 다해 수집해온 결과입니다.

지금까지 동산도서관에서는 수집한 고문헌의 활용도를 높이기 위해 원문 데이터베이스 구축, 도서목록·도록·영인본·해제집 발간, 족보·귀중본·명안(名案) 등 전시회, 고문헌 산책, 소장 고서의 학술적·자료적 가치 등에 대한 학술대회 등을 지속적으로 추진해왔습니다. 다만 절대 다수의 고문헌은 한문으로 되어 있기에, 일반인은 물론 전문 연구자들도 다가가기 어렵다는 점에서 늘 아쉽고 부족한 느낌을 지울 수 없었습니다.

이에 사업단에서는 미번역 고문헌을 우리말로 번역하고 그 결과물을 계명대학교출판부에서 출간함으로써, 동산도서관 소장 고문헌의 가치와 계명대학교의 한국학 육성 의지 및 연구 역량을 국내외 학계와 독서계에 널리 알리고자 합니다. 나아가 우리나라의 한국학 연구 기반 조성에 기여하고, 이를 활용하여 국내외 관련 분야 연구자들이 참여하는 학술대회를 개최함으로써 한국학에 대한 심층적 이해와 연구를 진작시키고자 합니다. 또한 학생들을 대상으로 하는 특강과 수업용 참고 자료로 활용함은 물론, 일반인들에게도 우리 선조들의 소중한 지적 자산과 전통문화에 대한 이해를 돕는 읽을거리로 제공하고자 합니다. 아울러 번역총서 중 일부 도서는 영어로 번역하여 출간함으로써 한국학의 세계화에도 기여하고자 합니다.

이런 목표를 달성하기 위해 사업단에서는 번역 대상 고문헌을 가독성 높은 우리말로 번역하고, 자세한 주석과 해제 및 찾아보기를 붙여 번역총서로 출간하고자 합니다. 해제에서는 원저자, 도서의 주요 내용과 성격, 관련 학문 영역에서의 위상 등에 대해 소개하고, 찾아보기에는 인명과 지명 및 주요 용어 등을 포함하도록 합니다. 아울러 번역총서의 일관성을 유지하기 위해 원고 작성 및 편집 지침을 마련하고, 관련 전문가의 감수도 거치도록 하여 번역의 완성도를 제고시키고자 합니다.

이 사업단에 국어국문학전공 김동욱, 구슬아 교수, 중국어문학전공 이종한 교수, 사학과 강판권 교수, 한문교육과 김윤조, 송호빈, 이춘희 교수, Tabula Rasa College 권상우(동양철학 전공) 교수 등이 적극적으로 동참하였습니다. 특히 일부 도서의 영어 번역과 감수를 위해 글로벌한국어문화교육전공 Michael Finch, 사학과 Joshua Van Lieu 두 분 외국인 교수님께서 함께하신 점 매우 뜻깊게 생각합니다.

사업단에서는 기본적으로 향후 10년간 연차별로 2~3종의 고문헌을 번역 출간할 예정입니다. 그 첫해 첫 열매로 이번에 출간하는 책이 바로 대구시 유형문화재 제85호인 『천사일로일기(天使一路日記)』입니다. 이 책은 조선의 원접사(遠接使) 정사룡(鄭士龍) 일행이 1537년(중종32) 정사 공용경(龔用卿)과 부사 오희맹(吳希孟) 등 명나라 사신단과 모든 일정을 함께하면서 남긴 일기 형식의 기록물입니다. 국내에 남아 있는 최초의 원접사 일기로 16세기 전반 조선과 명나라의 공식적 사신 외교 활동의 생생한 현장 기록이란 점에서 큰 의의가 있습니다. 또한 조선의 정치, 사회, 예법, 과거제도, 음식 문화 등 여러 가지 방면에 왕성한 호기심을 보였던 공용경이 귀국한 뒤 편찬한 『사조선록(使朝鮮錄)』의 갑진자본(甲辰字本) 상권 1책이 동산도서관에 국내 유일본으로 소장되어 있는 점도 이 책의 번역 출간에 즈음하여 눈여겨볼 대목이라 하겠습니다.

동산도서관 소장 고문헌의 수집부터 번역 사업에 이르기까지 시대를 앞서가는 혜안으로 이끌어주시고, 오늘날 대학의 어려운 재정 형편에도 불구하고 사업단을 위해 아낌없는 예산 지원을 결단해주신 신일희 총장님께 심심한 경의와 감사를 드립니다. 그리고 늘 동산도서관 발전과 고문헌 수집 및 활용을 위해 많은 격려와 조언을 해주시는 벽오 김남석 이사님께도 깊은 감사의 말씀을 드립니다.

끝으로 지난해부터 정기적인 윤독을 통해 꾸준히 다듬어온 결과물을 본 사업단의 번역총서 제1권으로 내놓으신 김윤조 교수님과 이지안, 황동권 두 선생님의 노고에 깊이 감사드립니다. 행정 지원을 해주신 사업단의 최진순, 최경훈 간사님과 품위 있는 책으로 만들어주신 계명대학교출판부 관계자 여러분께도 고마운 마음을 전합니다.

2020년 12월
동산도서관 소장 고문헌 번역 사업단
단장 이종한

일러두기

1 이 책은 계명대학교 동산도서관 벽오고문헌실 소장 『천사일로일기(天使一路日記)』를 저본으로 삼아 우리말 번역과 주석을 한 것으로, '동산도서관 소장 고문헌 번역총서' 제1권이다. 원서는 필사본으로 대구시 유형문화재 제85호로 지정되어 있으며, 조선의 원접사(遠接使) 정사룡(鄭士龍, 1491~1570) 일행이 정사 공용경(龔用卿, 1500~1563)과 부사 오희맹(吳希孟, 1508~ ?) 등 명나라 사신단과 모든 일정을 함께하면서 남긴 일기 형식의 기록이다.

2 이 책은 1537년(중종32) 2월 20일부터 4월 8일까지 48일간의 일기를 우리말로 옮긴 번역문을 날짜별로 구분하여 배치하고, 원문도 같은 방식으로 전체 번역문 뒤에 수록하였다.

3 주석은 처음부터 끝까지 일련번호를 붙여 각주로 달았다. 인물, 지명, 역관(驛館) 또는 객관(客館), 누정(樓亭), 기관명, 주요 용어 및 어구에 대한 설명, 『조선왕조실록』 등 다른 서적과의 기록 비교 또는 보충 등을 주로 주석에 담았다. 다만 단어의 짤막한 뜻풀이는 본문의 ( ) 속에 넣었다.

4 이 책에 쓰인 연월일은 모두 음력이다.

5 번역문과 주석에서 한자는 가급적 적게 쓰고 반복 사용을 피하려고 했지만, 의미 전달의 명확성을 높이기 위해 고유명사나 주요 용어를 중심으로 필요하다고 생각되는 경우에 괄호 속에 병기하였다.

6 이 책에 쓰인 주요 문장부호는 다음 원칙에 따랐다.
' ' 중요한 의미를 지닌 어구나 용어를 강조할 때
" " 인용할 때
( ) 한자를 병기할 때
[ ] 번역한 어구 또는 문장의 원문을 병기할 때
『 』 책이름을 표기할 때
「 」 책의 편명, 단편 작품명 등을 표기할 때

목차

천사일로일기

天使一路日記

천사일로일기

중종(中宗) 32년(1537, 嘉靖16) 2월 20일, 비

미시(未時: 13~15시)에 두 명나라 사신[01]이 압록강 북쪽 언덕의 연청(宴廳: 연회를 베푸는 청사)에 도착하여 요동 통사(遼東通事)[02] 고숭(高嵩)을 시켜 "통사 이화종(李和宗)[03]은 빨리 종이와 붓을 가지고 강을 건너오시오."라는 말을 소리쳐 전달하도록 하였다. 원접사(遠接使)[04]가 이 말을 듣고 역학 훈

---

01 두 명나라 사신: 1537년(중종32) 명 세종(世宗 : 연호는 嘉靖)의 둘째 아들 장경태자(莊敬太子) 주재예(朱載壑, 1536~1549)의 탄생을 알리기 위해 조선에 사신으로 파견된 정사 공용경(龔用卿, 1500~1563)과 부사 오희맹(吳希孟)을 말한다. 장경태자 주재예는 1539년(중종34)에 태자로 책봉되었다가, 1549년(명종4) 14세의 나이로 세상을 떠났다.

02 요동 통사(遼東通事): 명나라의 통역관. 통사는 조선 시대에 사역원에 소속되어 통역의 임무를 담당한 역관이다.

03 이화종(李和宗): 생몰년 미상. 본관은 경주(慶州), 자는 태지(泰之), 아버지는 관상감 참봉 이상행(李商行)이다. 1498년(연산군4) 식년시 역과에 합격하였다. 중국어에 정통하였고 자주 북경에 사신으로 다녀왔으며 관직이 2품에 이르렀다. 뛰어난 재치로 어려운 외교 업무를 수행하여 그에 대한 많은 일화가 여러 책에 남아 있다.

04 원접사(遠接使): 조선 시대에 중국의 사신을 맞던 임시 벼슬이다. 이때의 원접사는 정사룡(鄭士龍)

도(譯學訓導)[05] 돈백형(頓伯衡)[06]에게 빨리 나아가도록 하였다. 얼마 뒤에 명나라 사신이 압록강을 건너 조선 쪽 연청에 도착하여 돈백형에게 "이화종은 왜 오지 않느냐? 원접사는 어디에서 우리를 맞이하느냐?"라고 물었다. 돈백형이 "원접사와 통사 인원은 으레 의순관(義順館)[07]에서 조서(詔書)를 맞이하기 때문에 지금 감히 오지 못했습니다."라고 대답하였다. 의주 목사(義州牧使) 장언량(張彦良)[08]이 들어와서 두 번 절을 했으나 두 사신은 의자에 앉은 채 답례를 하지 않았다. 이어서 다례(茶禮: 차를 대접하던 의례)를 행했는데, 장언량에게 술을 올리도록 하여 연거푸 석 잔을 마시고 그쳤다.

신시(申時: 15~17시)에 두 사신이 조선의 전교(氈轎: 담요를 두른 가마)를 타고 오리정(五里程)에 이르자, 의주 목사와 차사원(差使員)[09] 등이 조복(朝服)[10] 차림으로 국궁(鞠躬: 존경하는 뜻으로 몸을 굽히는 행위)하여 조서를 맞이하였다. 드디어 두 사신 앞에서 인도하여 나아가자 원접사, 영위사(迎慰使)[11], 종사관(從事官)[12], 통사, 의원(醫員) 등이 대문 밖에서 국궁하여 공손히 맞이하였다.

두 사신은 가운데 뜰로 통하는 문으로 들어가 계단 밑에 이르러 가마에서 내려 조서를 따라 들어간 다음 직접 조서를 받들어 책상 위에 두

이었다.

05 역학 훈도(譯學訓導): 조선 시대에 종9품 지방관으로 통역 관련 교육을 담당하였다.

06 돈백형(頓伯衡): 생몰년 미상. 조선 중종 때 활동했던 역관이다.

07 의순관(義順館): 조선 시대에 중국의 사신을 접대하기 위해 평안도 의주(義州)에 설치한 관사이다. 원래는 망화루(望華樓)가 있었는데, 세조(世祖) 때 누를 헐고 관사를 세웠다.

08 장언량(張彦良): 1491~1560. 자는 자방(子房), 시호는 공무(恭武), 본관은 하원(河源)이며, 아버지는 장정(張珽), 어머니는 경주김씨로, 김임(金任)의 딸이다. 1514년(중종9) 무과에 급제한 뒤에 북청 판관, 길주 목사, 의주 목사, 한성부 판윤 등을 역임하였다. 1537년(중종32) 의주 목사로 있을 때 명나라 사신 공용경과 이들을 맞이한 원접사 일행을 잘 대접하였다.

09 차사원(差使員): 조선 시대에 각종 특수 임무의 수행을 위하여 임시로 차출한 관원이다.

10 조복(朝服): 관원이 조정에 나아가 하례할 때에 입던 예복이다.

11 영위사(迎慰使): 조선 시대에 중국 사신을 영접하던 임시 벼슬이다.

12 종사관(從事官): 조선 시대에 임금의 명령을 받고 다른 나라에 파견되는 사신 일행에 소속된 벼슬아치로 주로 기록하는 일을 담당하였다. 여기서는 원접사를 수행하며 기록 업무를 담당한 보좌관이다.

었다. 이어서 궐패(闕牌)[13]의 좌우에 서로 마주 섰다. 원접사, 영위사, 종사관, 통사, 의원은 동편 뜰에서 들어가고 각 관사의 차사원들은 서편 뜰에서 들어가 네 번 절을 올리고 향을 올린 다음 다시 네 번 절을 올렸다. 예가 끝나자 조서를 받들고 나가서 대청 뒤쪽의 막차(幕次)[14]에 봉안(奉安)하였다. 두 사신이 막차에 이르러 봉안된 조서를 살핀 뒤에 함께 동헌(東軒)으로 갔다가 다시 동헌에서 서헌(西軒)으로 갔다. 부사(副使)가 상사(上使: 정사)를 대청에서 전송하니 서로 인사하고 각자 동서의 상방(上房: 관아의 우두머리가 거처하던 방)으로 갔다.

▲ 궐패-국립고궁박물관 소장

한참 뒤에 두 사신이 모두 관대(冠帶)를 입고 대청에 나와 앉았다. 별통사(別通事)[15]가 먼저 들어와서 두 번 절을 하였다. 두 사신은 의자에 앉은 채 공수(拱手: 인사할 때 두 손을 앞으로 모아 포개어 잡는 것)로만 답례를 하였고 별통사는 동서로 나누어 섰다. 원접사가 들어와 각각 두 번 절을 하고 영위사도 들어와 두 번 절을 하자, 두 사신이 일어서서 답례를 하였다. 이어서 종사관, 의원, 각각의 업무 담당 차사원(差使員), 문례관(問禮官)[16]이

---

13 궐패(闕牌): '궐(闕)' 자를 새긴 위패 모양의 나무 패(牌)로, 궐자패(闕字牌)라고도 하였다. 이는 황제를 상징하는 것으로, 중국의 칙사나 칙서를 맞이할 때 전각 안에 이를 설치하고서 사배례(四拜禮)를 행하였다.

14 막차(幕次): 예전에 의식이나 거둥 때에 임시로 막을 쳐서 왕세자나 고관들의 수레를 잠깐 머무르게 하는 곳을 말한다.

15 별통사(別通事): 통역을 담당하도록 별도로 임명한 통사이다.

16 문례관(問禮官): 중국 사신이 왔을 때 나가서 영접하고 차후의 여러 의식에 소요되는 예를 미리 자

차례로 두 번 절을 했는데, 두 사신은 모두 앉은 채 손을 모아 답례를 하였다. 문례관이 「의주(儀註)」[17]를 올리고 나갔다.

두 사신이 다시 동헌으로 가서 편복(便服) 차림으로 이전 사람들의 글을 새긴 현판을 두루 살펴보다가, 고을 사람들을 시켜 먼저 대청에 연회 탁자를 설치하게 하였다. 통사가 영위연(迎慰宴)의 예를 고하자, 두 사신이 다시 관대를 입고 대청 북쪽 벽에 앉았다. 원접사와 영위사가 두 사신 앞에 나아가서 각각 인사를 하자 두 사신도 일어나서 답례를 하였다. 원접사와 영위사가 서쪽 벽에 가서 서자 두 사신은 손을 들어 앉으라고 하였다.

원접사와 영위사가 의자에 앉자 다례를 행하였다. 다례를 마치고 영위사가 마당에 늘어둔 선물 단자(單字: 선물의 품목이나 수량을 적은 종이)를 올렸다. 두 사신은 살펴보고 나서, "이런 선물은 받아서는 안 되지만, 다만 여기서 현명한 조선 국왕의 성의를 볼 수 있군요.……"라고 하였다. 먼저 꽃을 올리고, 다음에 소선(小膳)[18]을 올리고, 다음에 휘건(揮巾)[19]을 올리고, 다음에 탕(湯)을 올리고, 다음에 과반(果盤: 과일 등을 담는 쟁반)을 올렸다.

영위사가 대청 밖으로 나가 준소(樽所: 술항아리를 놓아두는 곳)에 나아가 선위주(宣慰酒)[20]를 따라 상사 앞에 올리고 인사를 하자 상사가 답례를 하였다. 상사가 잔을 잡고 영위사와 인사하고, 잔을 들어 부사와 가벼운 인사를 하고, 또 원접사와 손을 들어 가볍게 인사를 하고 다시 영위사와 인

문하는 임무를 맡았던 임시 관원이다.

17 의주(儀註): 의식의 절차, 의식에 참여할 인원과 복장, 의식에 필요한 물품의 마련 등을 상세히 정리한 것으로, 행사 전에 미리 마련하였다. 여기서는 명나라가 보낸 외교문서인 조서를 맞이하는 의식의 절차 등을 정리한 문서로 보인다.

18 소선(小膳): 본래 임금이나 세자에게 올리는 음식상으로 쇠고기와 양고기 각 한 접시로 차렸다. 주석 22의 '대선(大膳)' 참조.

19 휘건(揮巾): 세수할 때나 식사할 때 앞에 두르는 큰 수건으로, 현재 식사 때 사용하는 냅킨과 유사한 것이다.

20 선위주(宣慰酒): 외국 사신을 영접할 때 먼 길을 오느라고 노고가 많았음을 위로하기 위해 올리던 술이다.

사를 하자 영위사가 답례를 하였다. 상사는 영위사가 잔대를 잡는 것을 허락하지 않고 술을 마시고 나서 빈 잔을 영위사에게 주었고, 영위사는 빈 잔을 받아 집사에게 전해주고는 상사와 서로 인사하고, 과반을 도와서 올리자 상사가 먹은 뒤에 영위사와 손을 올려 인사하고, 영위사도 상사에게 손을 들어 인사하였다. 또 준소에 나아가 술을 따라 상사 앞에 올리고 인사하자 상사가 답례를 하였다. 상사가 잔을 잡아 영위사와 인사하고 영위사는 답례를 하였다. 상사가 술을 마시자 영위사가 과반을 도와서 올리고, 또 준소에 나아가 술을 따라 부사 앞에 올렸는데, 술을 돌리는 것이 위의 의식과 같았다. 각자 좌석에 앉고 나서 다음으로 탕을 올렸다. 영위사가 대청 밖으로 나가 준소에 나아가 술을 따라 상사에게 인사하고 올렸다. 상사는 답례를 하고 잔을 잡고 영위사와 인사하고, 잔을 들고 부사와 가벼운 인사를 하며, 또 원접사와 가볍게 인사를 하고 영위사와 인사하며, 술을 마시고 나서 처음 의식대로 술잔을 주었다. 영위사가 과반을 도와서 올렸다. 영위사가 또 준소에 나아가 술을 따라 상사 앞에 연이어 올렸다. 상사는 처음처럼 답례를 하고 술을 마시자, 영위사가 과반을 도와서 올렸다. 상사가 집사에게 술을 따라서 가져오게 한 다음 그 술을 영위사에게 인사하며 주었다. 영위사는 답례를 한 다음 잔을 잡고 상사와 인사를 하자 상사가 답례를 하였고, 또 부사와 인사를 하자 부사가 답례를 하였다. 다시 상사와 인사를 하자 상사가 답례를 하였고, 영위사는 술을 마셨다. 영위사가 준소에 나아가 술을 따라 부사의 앞에서 예를 행하는 것이 상사 앞에서 행하는 의식과 꼭 같았다. 영위사가 또 준소에 나아가 술을 따라 상사의 앞에서 인사하고 완배(完盃)[21]를 올렸다. 상사가 답례를 한 다음 잔을 잡고 또 영위사와 인사를 하자, 영위사가 답례를 하였

21 완배(完盃): 정해진 예수(禮數) 대로 술잔을 드는 것을 말한다.

다. 상사는 술을 마시고 나서 빈 잔을 영위사에게 주었다. 영위사는 빈 잔을 받아서 집사에게 전해 준 다음 상사와 인사하고 과반을 도와서 올리고, 다시 부사 앞에서 상사에게 행한 의식대로 완배례(完盃禮)를 행하였다. 다음 원접사가 영위사의 행주례(行酒禮: 술을 권하는 예)와 같이 술잔을 돌리고, 다음 대선(大膳)[22]을 올렸다. 영위사와 원접사가 처음 의식대로 다시 술을 권하는 예를 행하자, 두 사신이 "밤이 깊은 데다 취하기도 했으니 술을 그만 마시는 것이 좋겠습니다."라고 하여 연회를 마쳤다.

영위사가 떠난다고 인사를 드리자, 상사가 "오늘 이 성대한 예식으로 이미 조선 국왕의 성의를 보았습니다. 우리는 모두 떠날 사람이라 이 연회 탁자의 음식들이 실로 쓸 데가 없으니 고을 관리들에게 거둬가도록 하는 것이 좋겠습니다."라고 하고, 마침내 의자를 옮겨 중앙에 앉고는 "우리가 여기에 있을 때 빨리 거둬가세요."라고 하였다. 원접사가 통사를 시켜 "연회에서 남은 음식을 수행원에게 주시겠습니까?"라고 여쭈자, 두 사신이 "우리가 데려온 사람들에게도 모두 연회를 베풀어주시는군요. 그런데 익힌 음식은 주어도 되지만 익히지 않은 음식과 유과(油果) 같은 것은 모두 그들에게 주어서는 안 됩니다."라고 하였다.

두 사신이 조용히 대화를 나누다가 통사에게 "오 판윤(吳判尹)[23]은 어느 해에 과거에 급제했습니까?"라고 묻자, "갑자년(1504, 연산군10)에 급제했습니다."라고 답하였다. 또 "정 판서(鄭判書)[24]는 어느 해에 과거에 급제했습

---

22 대선(大膳): 임금이나 세자에게 올리는 음식상으로 소선(小膳)보다 돼지고기와 닭고기가 한 접시씩 더 많았다.

23 오 판윤(吳判尹): 오결(吳潔, 생몰년 미상)로, 자는 언청(彦淸), 본관은 해주(海州)이며, 아버지는 오영창(吳永昌)이다. 1504년(연산군10) 별시 문과에 급제한 뒤, 이조 참판, 한성부 판윤, 형조 판서 등을 역임하였다. 1537년(중종32) 이조 참판으로 영위사(迎慰使)가 되어 명나라 사신 공용경과 오희맹을 맞이하였다.

24 정 판서(鄭判書): 정사룡(鄭士龍, 1491~1570)으로, 자는 운경(雲卿), 호는 호음(湖陰), 본관은 동래(東萊)이다. 1509년(중종4) 별시 문과에 급제한 뒤에 한성부 우윤, 대제학, 병조 판서 등을 역임하였다. 동지사로 중국에 다녀왔으며, 시문에 능하여 중국 사신이 왔을 때 여러 차례 원접사가 되었다. 이때

니까?" 하고 묻자, "기사년(1509, 중종4)에 급제했습니다."라고 답하였다. 또 판윤과 판서의 관직과 품계의 고하를 묻자, "모두 정2품입니다."라고 답하였다. 평안 도사(平安都事) 안수(安琇)[25]가 떠난다고 인사를 드리자, 상사가 "도사는 어떤 관직입니까?"라고 묻자, "본도 관찰사(觀察使)의 낭관(郎官)이니 역시 문관이 담당하는 직책입니다."라고 답하였다.

연회에서 두 사신이 "조선은 평소 예의를 잘 지킨다고 우리는 일찍이 싫증이 날 정도로 많이 들었으니, 일체의 절차를 우리한테 물어볼 것 없습니다."라고 하였다. 상사가 타락죽(駝駱粥)[26]을 보고 "찬 죽입니까, 뜨거운 죽입니까?"라고 묻자, 통사가 "이것은 찬 죽이고, 뜨거운 죽도 있습니다."라고 답하였다. 상사가 "다시 끓여오세요."라고 하여 즉시 끓여서 올리자, 두 사신이 모두 마셔서 한 사발을 거의 다 비웠다.

두 사신이 각자 자기 방으로 가자 영위사가 통사를 시켜 의복단자(衣服單字)를 각각 드리게 했는데, 상사가 보고는 웃으면서 "내가 국왕과 만나지도 않았는데 어찌 예물을 받겠습니까? 또 모든 예단(禮單)은 으레 붉은 종이에 쓰고 또 붉은 종이로 봉투를 만드는 것이 예입니다. 판윤은 본디 예를 아는 관리인데, 어째서 흰 종이에 써서 보냈습니까?"라고 하였다. 이화종이 답하기를 "예단을 붉은 종이에 쓰는 것은 우리나라에는 예전부터 그런 풍속이 없습니다."라고 하니, 두 사신이 "내일 다시 생각을 해보고 말하겠습니다."라고 하였다.

이날 두 사신이 압록강을 건널 때 악공(樂工) 19명을 돌려보냈는데, 의

에도 원접사가 되어 공용경과 오희맹을 맞이하였다.

25 안수(安琇): 1489~1547. 자는 근부(瑾夫), 호는 이산(尼山), 본관은 순흥(順興)이며, 아버지는 안처정(安處貞), 어머니는 예안김씨로, 김백강(金自強)의 딸이다. 1507년(중종2) 식년시 문과에 급제한 뒤에 사간원 정언, 평안도 도사 등을 역임하였다.

26 타락죽(駝駱粥): 물에 불린 쌀을 맷돌에 갈아서 절반쯤 끓이다가 우유를 섞어서 쑨 죽이다.

주 의순관에 도착해서 붉은 먹으로 비문(批文)[27]에 있던 그들의 이름을 삭제[28]하였다. 두 사신이 통사를 불러서 "내일은 어느 객관(客館)에서 묵습니까?"라고 묻자, 통사가 "양책관(良策館)[29]에서 묵습니다."라고 하니, 두 사신이 "여기부터 도성까지의 이수(里數: 거리를 '이'의 단위로 나타낸 수)와 역참(驛站) 이름을 일목요연하게 기록해서 가져오세요."라고 하였다. 원접사가 즉시 역참, 이수 및 일행과 일로(一路: 죽 거쳐 지나는 길)의 각 차사원들의 관직과 성명을 기록해서 두 사신 앞에 드리도록 하였다.

상사가 이화종에게 "우리 조정이 조선을 몹시 아끼기 때문에 특별히 큰 경사[30]를 와서 알리는 것입니다."라고 말하자, 이화종이 "명나라 조정이 우리나라를 보살펴 주어서 온 나라 사람들이 은혜에 감격합니다."라고 답하였다. 이어서 안남국(安南國: 베트남)에도 조서를 내렸는지 묻자, 상사가 "아닙니다. 단지 십삼포정사(十三布政司)[31]와 남경(南京) 및 조선에만 조서로 알립니다."라고 하였다. 이화종이 또 "지금 조서가 이미 있는데, 또 두 건의 칙지(勅旨)가 있는 것은 무엇 때문입니까?"라고 묻자, 상사가 "칙지는 조선과 관계가 없고, 우리들의 일과 관련이 있습니다."라고 답하였다. 이화종이 또 "이번에 황제의 하사품이 있습니까?"라고 묻자, 상사가 "황제의 하사품에 관한 일은 후일 대관(大官: 정승 반열의 고위 관원)의 면전에서 이야기하도록 하겠습니다.……."라고 하였다. 영위사가 도성에서 가져온 의

27 비문(批文): 상급 관청에서 하급 관청에 회답하는 공문이다.

28 삭제: 원문은 효(爻)인데, '효거(爻去)' 또는 '효주(爻周)'라는 말이다. 글자에 "爻"자 모양의 부호를 그어서 삭제 표시를 하는 것을 말한다.

29 양책관(良策館): 평안도 용천군(龍川郡)에 있던 역관으로, 동쪽으로 의주와 닿아 있었다.

30 큰 경사: 명나라 세종(世宗)의 둘째 아들 장경태자(莊敬太子) 주재예(朱載壡)의 출생을 말한다.

31 십삼포정사(十三布政司): 명나라 때 전국에 13개의 포정사를 두었는데, 포정사는 각 성(省)의 행정 사무를 감독하던 관청이다. 13개의 포정사는 산서(山西), 산동(山東), 하남(河南), 섬서(陝西), 절강(浙江), 강서(江西), 호광(湖廣), 사천(四川), 복건(福建), 광동(廣東), 광서(廣西), 운남(雲南), 귀주(貴州) 등이다.

복 등의 선물을 두목(頭目)[32]들에게 나누어 주었는데, 두목들은 모두 받지 않고 말하기를 "어른께 여쭈어 처리해야 하니, 지금 마음대로 받아서는 안 됩니다."라고 하였다. 밤에 두목연(頭目宴)[33]을 마련하여 가운데뜰로 통하는 문밖에서 베풀었다.【모든 명나라 사신을 위한 접대 연회에는 으레 두목연이 있었는데, 후대에 모두 이를 따랐다.】

2월 21일, 비

영위사가 다시 의복에 관한 일을 여쭈자, 부사가 "이는 비록 후한 뜻이지만 우리로서는 받을 수 없습니다."라고 하였고, 영위사가 또 "전하께서 보내신 두목의 의복은 요청에 따라 주는 것입니다."라고 하자, 부사가 "전하를 직접 만나 뵙고 의논드려서 처리하겠습니다."라고 답하였다. 문례관 임필형(任弼亨)[34]이 다시 「의주」를 올릴지 말지를 여쭈자 두 사신이 "마땅히 신안관(新安館)[35]에 도착하면 말할 테니 그대는 먼저 가서 기다리세요."라고 답하였다. 상사가 부사의 방에 가서 "오늘 비가 내려서 출발할 수 없지만, 굳이 판서를 만날 필요도 없습니다."라고 하였다.

사시(巳時: 09~11시)에 두 사신이 동헌에 모여 앉아 아침을 먹다가 급히 이화종을 불러서 "우리는 즉시 출발해야겠습니다."라고 하였다. 이화종이

---

32 두목(頭目): 조선 사행의 자제군관(子弟軍官)과 유사한 형태로, 명나라 사신을 수행하여 외교 실무 및 교역을 담당했던 중국 사행원의 일원이다.

33 두목연(頭目宴): 명나라 사신을 수행하고 온 두목들을 위해 별도로 베푼 연회이다.

34 임필형(任弼亨): 1493~?. 자는 형지(亨之), 본관은 풍천(豊川)이며, 아버지는 임유(任瀏), 어머니는 이비(李貔)의 딸이다. 1525년(중종20) 식년시 문과에 급제한 뒤에 장령, 제주목사, 경주부윤, 예조참의 등을 역임하였다. 1537년 명나라 사신이 오자 문례관으로 활동하였다.

35 신안관(新安館): 중국 사신을 접대하기 위해 평안도 정주에 설치한 역참이다.

판서에게 말할 때 비가 그치지 않아 길이 진창이었다. 원접사가 상사의 방에 가서 출발을 멈춰야 한다는 의견을 전달하려 했는데, 상사가 급히 대청으로 나와서 앉고 부사 역시 나와서 함께 앉았다. 원접사가 두 사신 앞에 나가서 인사를 한 뒤에 "지금은 이미 날이 저물고 비도 그치지 않는데다 갈 길이 매우 멀고 가마꾼 역시 차질이 있어서 미안합니다."라고 하자, 상사가 말하기를 "판서가 머물러 달라고 하시는 것은 주인의 예로서는 당연합니다만, 우리는 나랏일 때문에 머무를 수 없습니다. 판서가 손님을 공경히 대접하라는 전하의 뜻을 잘 받들고 계시다는 점이 얼굴에 드러나 있어서 우리는 이미 알고 있습니다만, 결코 머물 수 없습니다. 게다가 봄에는 비가 많고 내일 날씨도 미리 알기 어렵습니다."라고 하였다. 두 사신이 서둘러 기름종이를 구하여 먼저 조칙을 싸고, 이어서 절월(節鉞)[36] 등의 물건들을 싸맨 뒤에 비를 맞으며 출발하였다. 10여 리를 가니 비가 그쳐서, 두 사신은 전교에서 내려 평교(平轎)[37]로 갈아탔다. 소곶관(所串館)[38]에 이르러 점심을 먹었다.

초저녁에 양책관에 도착하자마자 곧바로 숙소연(宿所宴)을 마련하였다. 두 사신이 대청에 나와 앉아 다례를 행하였다. 다례를 마치고 원접사와 저녁을 함께 먹었는데 술을 한 순배만 돌리고 연회를 마쳤다. 두 사신이 판서를 대우하는 예의가 몹시 정중하였다. 이날 아침에 의순관에 있었을 때 데리고 온 문자(門子)[39] 한 명이 곁을 지키지 않아 그의 볼기를 쳤고,

---

36 절월(節鉞): 봉명사신(奉命使臣)이 임지로 나갈 때에 임금이 생살여탈권(生殺與奪權)의 상징으로 주는 부절(符節)과 부월(斧鉞: 손도끼)인데, 여기서는 명나라 사신들이 명 황제로부터 받아온 것을 말한다.

37 평교(平轎): 평교자(平轎子)의 약칭으로, 앞뒤로 두 사람씩 네 사람이 낮게 어깨에 메고 가는 가마이다.

38 소곶관(所串館): 평안남도 개천(价川) 역참으로, 의주에서 남쪽으로 33리 정도의 거리에 있다.

39 문자(門子): 좌우에서 시중을 드는 노복을 가리킨다. 정환(丁煥)의 『조천록(朝天錄)』을 보면, 1537년 공용경이 조선에 왔을 때 함께 왔던 일부 수행원의 범죄에 관한 기록이 있는데, "문자 장월(張越), 호흠(胡欽), 마조종(馬朝宗)이 또 초 등을 훔쳤다.(門子張越·胡欽·馬朝宗, 又偸取臘燭等事.)"라고 하였

또 이날 저녁에 불성실한 문자 세 사람도 볼기를 쳤다.

2월 22일, 비바람이 크게 몰아쳤다

두 사신이 대청에 나와 앉아 아침을 함께 먹었다. 원접사가 들어와 인사를 하려고 하자 두 사신이 만류하며 "우리가 지금 편복 차림으로 앉아 있어 조복을 입은 사람을 만날 수 없습니다."라고 하였다. 식사를 마치고 두 사신이 옷을 갈아입고 나와 서자, 원접사가 들어가 뵙고 이화종을 시켜 고하기를 "오늘 갈 길이 아직 먼데다 비가 내려 습해서 횃불을 피울 수가 없으니 반드시 길을 헤맬 것입니다. 또 조선 사람들은 메는 것이 익숙하지 않은데, 만약 진흙길을 가면 메고 있던 가마를 떨어뜨릴 염려가 없지 않습니다. 잠시 가는 길을 멈추고 내일 쾌청해지기를 기다렸으면 합니다."라고 하니 두 사신이 허락했는데, 기뻐하는 기색이 있는 듯하였다.

원접사가 다시 묻기를, "우리나라는 황제의 조서를 삼가 존중하여 반포하는 날짜는 으레 반드시 길일을 택합니다. 감히 이런 고사를 말씀드립니다."라고 하니, 두 사신이 답하기를, "이는 아주 좋은 일이니 조선이 하는 대로 따르겠습니다. 다만 날짜가 너무 멀면 오래 머물 수가 없고, 너무 가까우면 비에 막혀서 기일에 미치지 못할까 염려가 됩니다. 미리 날짜를 받아서 말씀해 주세요."라고 하였다. 원접사가 답하기를 "멀고 가깝고 간에 하루나 이틀 정도 차이에 불과할 뿐입니다."라고 하고, 또 칙서(勅書)가 두 가지인 의미와 황제가 손수 하사한 물품이 있는지를 물었는데, 상사가

다. 따라서 여기에서의 문자는 장월, 호흠, 마조종을 말한다.

말하기를 "조선에 드리는 것은 다만 조서 하나뿐입니다. 칙서 두 가지에서 하나는 우리 사신들을 지켜줄 일이고, 다른 하나는 우리가 황제께 아뢰어 허가를 받은[40] 등황조서(謄黃詔書)[41]입니다.[42] 이번의 큰 경사를 나라 안에 크게 알림에 있어서, 우리 조정에서는 조선이 직공(職貢)[43]을 삼가 지성으로 해서 두 마음을 갖지 않으므로, 특별히 알리도록 해서 나라 안의 제후에 비해 차이가 없도록 하셨습니다. 다만 황제께서 손수 하사한 물품은 없습니다."라고 하였다.

오후에 유일연(留日宴)[44]을 베풀었는데, 두 사신이 나와 앉아서 원접사와 함께 식사하였다. 두 사신이 손을 모으고 "오늘 머물러 달라는 요청을 받고 또 성대한 연회를 베풀어주시니, 감사하고 또 감사합니다."라고 하였다. 술자리 도중에 두 사신이 상에 자른 문어가 있는 것을 보고 한 마리 통째로 가져오게 한 다음 자세히 보며, "살아있는 문어를 보고 싶군요."라고 하였다. 대개 술잔을 주고받을 때 명나라 사신이 술을 마시면 주인이 으레 손을 들어 과반을 권했는데, 주인은 이런 예를 하지 않았다. 이날 두 사신이 과반을 원접사에게 대접하도록 하자 원접사가 사양하며 어쩔 줄 몰라 하므로, 두 사신이 "우리의 성의가 이와 같으니 사양하지 마세요." 라고 하였다. 상사가 또 두목 최충(崔忠)을 불러 "당 태사(唐太史)[45]가 왔을

---

40 아뢰어……받은: 원문은 "주준(奏准)"인데, 황제에게 아뢰어 허가를 받는 일을 말한다.

41 등황조서(謄黃詔書): 황지(黃紙)에 베껴 쓴 조서. 천자의 조서가 내려오면 각 성(省)의 독무(督撫)가 황지에 조서를 등사하여 그것을 소속 주현(州縣)에 반포하였기 때문에 이런 이름이 붙었다. 등황(謄黃)은 황지에 등사한 문서이다.

42 허가……입니다: 여기서의 방호(防護)와 주준등황(奏准謄黃)에 관한 내용은 『중종실록』 32년 2월 25일 기사에 상세하다.

43 직공(職貢): 제후가 천자에게 바치는 공물을 말한다.

44 유일연(留日宴): 사신이 역관(驛館)을 옮기지 않고 하루 이틀 더 묵게 될 경우 이들을 접대하기 위해 여는 연회이다.

45 당 태사(唐太史): 명나라 사신 당고(唐皐, 1469~1526)를 말한다. 자는 수지(守之), 호는 심암(心庵) 혹은 신암(新庵), 별호는 자양산인(紫陽山人)이다. 휘주부(徽州府) 흡현(歙縣) 사람이다. 1521년(중종 16) 12월에 명나라의 새 황제인 세종(世宗) 가정제(嘉靖帝)의 즉위를 통지한 사절단의 정사로 조선을 다녀갔다. 정사룡의 문집인 『호음잡고(湖陰雜稿)』에 당고와 관련해서 창작된 시문이 14편이나 된

때 너도 따라왔겠지. 태사가 조선의 재상을 대우한 것이 나와 같았느냐? 이분은 조선의 중신(重臣)이신데, 그를 대우함에 실수가 있을까 두렵구나."라고 하였다. 최충은 "태사가 재상을 대우하신 것이 꼭 어른과 같았습니다."라고 하였다. 연회가 끝나자 두 사신은 이화종을 불러 "우리는 판서가 고상한 것이 매우 기쁩니다."라고 하였다.

이날 연회가 시작될 때 두 사신은 꽃자루를 손에 들고 자세히 보면서 오래도록 꽂지 않았는데, 똑같은 꽃을 여러 번 올린 것인가 의심해서인 듯하였다.

2월 23일, 맑음

진시(辰時: 07~09시)에 두 사신이 원접사와 대청에 모여서 아침을 함께 먹고, 출발해서 동림성(東林城)[46]에 도착하였다. 상사가 이화종을 불러서 "이 성은 이름이 무엇인가요?"라고 묻자, 이화종이 "동림(東林)의 옛 성인데, 세대가 이미 오래되어 자세히 알 수 없습니다."라고 답하였다. 상사가 가마에서 실수로 책 한 권을 떨어뜨렸는데, 바로 필사본 『황화집(皇華集)』[47] 이었다. 문례관이 올린 「의주」 역시 항상 가마에서 펼쳐 보았다.

오시(午時: 11~13시)에 거련관(車輦館)[48]에 도착하였다. 두 사신이 가마에

다.

46 동림성(東林城): 선천군(宣川郡) 북쪽 62리에 있는 산성으로, 곧 옛 선주성(宣州城)이다.

47 황화집(皇華集): 명나라 사신이 우리나라에 왔을 때 접대하는 관원들과 화답한 시집으로, 50권 25책이다.

48 거련관(車輦館): 평안도 철산군(鐵山郡)의 역관으로, 연행로(燕行路)에 위치하여 일찍이 시장과 역(驛)이 들어섰고, 그로 인해 상업이 발달했던 곳이다. 중국의 예겸(倪謙), 동월(董越) 등이 이곳을 시로 읊었는데 이 역관 앞의 반송(盤松)이 특히 유명하였다.

서 내려 곧장 반송(盤松) 아래에 이르러 손으로 어루만지며 "이것이 반송이라는 것이구나!"라고 하였다. 다시 걸어서 거련관 안으로 들어가 대청에 앉아 이화종에게 "기자묘(箕子墓), 풍월루(風月樓), 총수산(蔥秀山)은 어디에 있습니까?"라고 묻자, 이화종이 "기자묘와 풍월루는 평양부(平壤府)에 있는데, 여기서 엿새 길입니다. 총수산은 황해도(黃海道) 평산부(平山府)에 있습니다."라고 답하였다. 상사가 또 "조선에는 습직(襲職)[49]의 제도가 있습니까?"라고 묻자, 이화종이 "무공이 있는 사람에게는 습직이 주어지지만, 문관의 경우는 비록 지위가 높고 명성이 크게 드러나도 그런 법은 없습니다."라고 답하였다. 상사가 "그렇다면 대관(大官)의 자제들은 끝내 관직에 등용되지 않습니까?"라고 묻자, 이화종이 "만약 등용할 만한 재주와 기량이 있으면 전조(銓曹)[50]에서 선발해서 등용합니다."라고 답하였다.

점심을 먹은 뒤에 출발하였다. 중간에 상사가 이화종을 불러서 "귀국은 동서남북이 어느 지방과 연결됩니까?"라고 묻자, 이화종이 "북쪽은 건주(建州)[51]와 연결되고, 동쪽과 남쪽은 바다와 만나며, 서쪽은 압록강에 이릅니다."라고 답하였다. 상사가 "동쪽과 남쪽의 바다는 어느 지방과 연결됩니까?"라고 묻자, 이화종이 "일본국(日本國)과 연결됩니다."라고 답하였다. 상사가 "왕래하는 사람이 있습니까?"라고 묻자, 이화종이 "예전에는 장사하는 왜인들이 더러 와서 변경에서 물건을 사고팔았는데, 그 후로 무례하게 군 탓에 절대로 왕래하지 않습니다."라고 답하였다. 상사가 "유구국(琉球國: 오키나와의 옛 이름) 사람들은 이곳을 왕래합니까?"라고 묻자, 이화종이 "왕래하지 않습니다."라고 답하였다.

49 습직(襲職): 선조의 관직을 물려받는 것이다.
50 전조(銓曹): 조선 시대에 문관과 무관의 전형(銓衡)을 맡은 이조와 병조를 말한다.
51 건주(建州): 함경북도 회령과 두만강 건너의 길림성 일대이다.

신시에 임반관(林畔館)[52]에 도착하였다. 임반관 앞에 구경하는 사람들이 길가에 모여 있었는데, 고훤관(考喧官)[53]이 관아 하인을 시켜 머리채를 잡고 꾸짖어 막았다. 상사가 이화종을 불러 "저 검은 옷을 입은 자는 어째서 사람을 때립니까?"라고 하자, 이화종이 "무지한 자들이 길가에 빼곡 모여 있는 것이 불경한 듯하여 통제하는 것입니다."라고 답하였다. 상사가 "이는 상관없습니다. 속히 판서께 말하여 다시는 금하지 말고 마음껏 구경하게 하세요."라고 하였다. 원접사가 이화종을 시켜 상사에게 "명나라는 이미 태자(太子)를 책봉했습니까?"라고 여쭈자, 상사가 "이것은 참으로 그대가 질문할 일입니다만 아직은 책봉하지 않았습니다. 우리가 요동(遼東)에 도착했을 때 들으니, 문무백관이 태자 책봉을 청했지만 황제께서 너무 이르다고 하여 따르지 않았다고 합니다. 그러나 올해에 책봉하지 않으면 내년에는 분명히 책봉할 것이고, 조사(詔使)[54] 또한 반드시 올 것입니다."라고 하였다.

유시(酉時: 17~19시)에 숙소연을 마련하여 술을 한 순배 돌렸다. 부사는 뒷간에 가고 상사가 이화종에게 "국왕이 즉위한 지 14, 5년은 되었겠군요?"라고 묻자, 이화종이 "이미 30년이 지났습니다."라고 답하였다. 상사가 "당 태사가 왔을 때가 신사년(1521)이 아니었던가요?"라고 하자, 이화종이 "당 태사는 황제 등극 조서를 반포하러 왔었고, 우리 국왕의 즉위는 병인년(1506)이었습니다. 그때 태감(太監)이 고명(誥命: 중국 황제가 조선 국왕에게 준 임명장)을 반포하러 왔습니다."라고 답하였다. 상사가 "태감이 어떻게 해서 고명을 받들어 왔을까요."[55]라고 하고, 또 "도성에는 중국어를 말할

52 임반관(林畔館): 평안북도 선천군(宣川郡)에 있던 역참이다.
53 고훤관(考喧官): 임금이나 왕비가 거둥할 때, 잡인들이 시끄럽게 떠드는 것을 살피어 금하는 일을 맡은 관리이다.
54 조사(詔使): 중국 천자의 조서를 가지고 온다는 뜻으로 중국에서 오던 사신을 이르던 말이다.
55 태감이…… 왔을까요: 태감은 내시인데, 내시가 어떻게 사신으로 왔을까는 말이다. 한데 명나라가

줄 아는 사람이 몇이나 됩니까?"라고 물었는데, 이화종이 "많이 있습니다." 라고 답하였다. 상사가 "그러면 내년에 오는 조사(詔使)는 대화를 잘할 수 있겠습니다."라고 하고, 또 묻기를 "서 학사(徐學士)[56]의 『황화집』은 어째서 유독 없습니까?"라고 하자, 이화종이 "그때 지은 작품이 많지 않았기 때문에 따로 만들지 않았습니다. 다만 몇 편의 글만 운흥관(雲興館)[57] 벽에 걸려 있습니다."라고 답하였다. 상사가 또 묻기를 "지난해 진하 동지사(進賀冬至使)[58]로 명나라에 온 재상은 누구였습니까?"라고 하자, 이화종이 "조인규(趙仁奎)[59]입니다."라고 답하였다. 상사가 "지난겨울에 내가 사도(史道)[60] 선생과 같이 조정에서 보았습니다."라고 하였다. 술이 두 순배를 돌고 나서 두 사신이 연회를 마치려고 하자 원접사가 연회 탁자 바깥쪽에 나가 서서 한 잔을 더 올리겠다고 청하자 두 사신이 허락하였다.

연회가 끝나자 두 사신이 탁자 바깥쪽으로 나가 앉아서 역관에게 "판서는 어째서 앞쪽 뜰을 지나서 가시지를 않았습니까?"라고 묻자, 역관이 "두 분 어른이 자리에 계시므로 조심스러워서 집 뒤쪽의 길로 돌아가셨습니다."라고 답하니, 두 사신이 "예에 합당하다고 할 만하군요."라고 하

조선에 내시를 사신으로 보낸 예는 많았다. 『중종실록』에서 이 시기, 중종 2년(1507) 2월 15일의 기사에서 관련되는 사례를 볼 수 있다. 사위사(辭位使) 김응기(金應箕)와 승습사(承襲使) 임유겸(任由謙)이 명나라에서 돌아와서 갓 즉위한 국왕인 중종에게, "본국의 환자(宦者) 김의(金義), 복향(卜享), 진호(陳浩)가 지금 모두 태감(太監)이 되어 망룡옥대(蟒龍玉帶)의 의복을 입고 황제를 가까이 모시며, 영화와 은총이 지극합니다."라고 보고하고 있다. 조선에서 명나라로 가서 고위직에 오른 태감은 드물지 않았다.

56 서 학사(徐學士): 서거정(徐居正, 1420~1488)을 가리킨다. 자는 강중(剛中), 호는 사가정(四佳亭), 본관은 달성이다. 1476년(성종7) 기순(祈順)과 장근(張瑾)이 사신으로 왔을 때 원접사를 담당하였다.

57 운흥관(雲興館): 평안도 곽산에 소속된 역관으로 많은 사신들이 이곳을 지나가며 시문을 지었다.

58 진하 동지사(進賀冬至使): 해마다 동짓달에 중국으로 보내던 사신이다.

59 조인규(趙仁奎): 생몰년 미상. 본관은 풍양(豊壤)이고, 아버지는 조세보(趙世輔)이다. 1519년(중종14) 식년문과에 급제한 뒤에 지평, 승지, 형조 참의, 한성부 좌윤 등을 역임하였다.

60 사도(史道): 1485~1553. 자는 극홍(克弘), 호는 녹야(鹿野)로, 하북성(河北省) 탁현(涿縣) 출신이다. 1517년에 진사에 급제하여 태자 소보(太子少保), 병부 상서(兵部尙書) 등을 역임하였다. 1521년(중종16)에 명나라 세종(世宗) 가정제(嘉靖帝)의 즉위를 통지하는 사신단의 부사로 조선에 왔는데, 정사(正使) 당고(唐皐)와 함께 도처에 시문을 남겼다.

였다. 또 이화종에게 "판서도 우리가 기뻐한다는 것을 아시지요?"라고 물으니, 이화종이 "어찌 모르겠습니까? 다만 늘 예의에 벗어날까 걱정을 해서, 하루하루 염려가 더하십니다."라고 답하니, 두 사신이 "판서는 사람됨이 중후하고 또 예의를 잘 아시니 우리 두 사람이 모두 기쁩니다. 그대는 꼭 우리의 이 말을 전해주세요."라고 하고, 또 이화종을 시켜 원접사에게 말을 전하기를, "의주에서 도성까지 연도(沿途)의 고적(古跡)과 산천의 이름 그리고 도성의 각 아문(衙門: 관원들이 정무를 보는 곳을 통틀어 이르는 말)과 담당하는 일 및 품계와 직급을 하나하나 써서 주세요."라고 하였다. 이에 말한 대로 간략하게 대략을 써서 주었는데, 부사는 열대여섯 권의 책으로 묶고 공문을 작성해서 임반관에 맡겨 탕참(湯站)[61]으로 보냈다.

2월 24일, 맑음

진시에 두 사신이 대청에 모여 앉아 아침을 먹고 나서 원접사를 불러 인사를 하고 출발했다. 7~8리를 채 못 가서 가마에서 말로 바꿔 타고 다시 10여 리를 더 가서 동로하(同盧河)[62]의 북쪽에 이르렀다. 길가의 바위를 보고 두 사신이 다 말에서 내려 그 바위에 올라가 멀리 조망을 한 뒤에 다시 가마로 갈아타고서 운흥관(雲興館)에 이르렀다. 원접사를 불러 함께 식사하고 이화종을 시켜 말을 전하기를, "판서의 태도와 예의를 우리는 훌륭하게 여기지만 말이 달라서 안타깝습니다. 사 선생[史先生: 사도(史道)]

61 탕참(湯站): 압록강에서 중국의 산해관(山海關) 사이에 있던 8개의 역참 중에 하나로, 봉황성(鳳凰城) 동남 50리에 있다. 『안동현지(安東縣志)』 권1 「지리(地理)」조 참조.
62 동로하(同盧河): 선천군과 곽산군(郭山郡) 사이에 있는 강이다.

이 일찍이 우리에게 '조선의 군주와 신하는 예의가 볼만하지만, 말이 중국과 다릅니다.'고 했는데, 지금 과연 그렇군요."라고 하였다. 두 사신이 효녀의 정문(旌門)을 지나다가 가마에서 내려 손으로 비석을 만지며 새겨진 글씨를 보았다.

신시에 정주(定州)에 도착했는데, 정주의 수령과 역에 마중 나온 차사원 등이 오리정에서 조서를 맞이하였다. 이윽고 객사에 도착하자 별영위사(別迎慰使) 우승지(右承旨) 김미(金亹)[63]가 수령 등을 인솔하여 동서로 나누어 서서【영위사는 동반에 서고, 수령 등은 서반에 섰다. 이후에도 동일하다.】 조서를 받든 뒤에 두 사신이 각자 방으로 갔다. 잠시 뒤에 대청으로 나와서 앉으니 원접사와 영위사가 들어가서 인사를 하였다. 문례관이 「의주」를 올리자 두 사신이 "성문에서 도성까지 몇 리인가요? 조서를 맞이하는 곳에서 성문까지 몇 리인가요?"라고 묻자, 문례관이 "궁궐에서 도성 성문까지는 8~9리이고, 성문에서 조서를 맞을 교외까지는 4~5리입니다."라고 답하였다. 상사가 "왜 「의주」에다 같이 기록하지 않으셨어요? 「다례의주(茶禮儀註)」는 간혹 잘못된 곳이 있습니다만, 그러나 이것은 그다지 긴요하지 않고 필수적인 일이 아니기 때문입니다. 다만 '다섯 번 절하고 세 번 머리를 조아리기[五拜三叩頭]'[64]는 천하가 공통으로 하는 예인데, 지금 「의주」 안에 어찌 그 조항이 없습니까?"라고 물어서, 문례관과 논변을 주고받았다. 두 사신이 "이전에 조서를 받들고 온 사신들이 모두 실수가 있었겠지만, 반드시 그것을 인용해서 전례로 삼을 것은 없습니다. 그대는 비록

---

63 김미(金亹): 생몰년 미상. 자는 시옹(時翁), 본관은 삼척(三陟)이며, 아버지는 김율(金硉), 어머니는 성극양(成克讓)의 딸이다. 1522년(중종17) 식년 문과에 급제한 뒤에 지평, 우승지, 첨지중추부사 등을 역임하였다. 『중종실록』 편찬에 참여했으며, 말년에는 김안로(金安老), 이임(李任), 허항(許沆) 등과 함께 괘방서사건(掛榜書事件)으로 인하여 파직되었다. 중국어에 능통했다.

64 다섯 번……조아리기[五拜三叩頭]: 다섯 번 엎드려 절하고 세 번 이마를 땅에 대는 것으로 최상의 공경을 표하는 절이다.

『홍무예제(洪武禮制)』[65]를 말하지만, 그때 어찌 황태자의 출생을 맞아 외국에 경사를 반포하는 의식이 있었겠습니까? 우리가 올 때 광녕(廣寧)에 들렀는데, 마침 구묘(九廟)[66]가 완성되어 대사령(大赦令)[67]을 적은 황제의 교서가 도착했습니다. 이때 삼당(三堂)[68] 역시 교외에서 다섯 번 절하고 세 번 머리를 조아리는 예를 행했습니다. 어찌 중국에서 공통으로 하는 예를 유독 동국(東國)에서 행하지 않을 수 있단 말입니까? 그대는 속히 돌아가서 전하께 아뢰어 「의주」를 수정해서 가져오세요."라고 하였다.

초저녁에 영위연을 마련하여 다례를 행한 뒤에 원접사와 영위사가 이화종을 시켜 두 사신에게 고하기를 "전례에 이 성에서 향례(享禮)를 베풀 때면 으레 반드시 음악을 사용했으니 감히 두 사신께 아뢴니다."라고 하였다. 두 사신이 "말씀하신 음악은 어떤 음악입니까, 여악(女樂)이 아닙니까?"라고 답하니, 이화종이 "말씀하신 대로 여악입니다."라고 하였다. 두 사신이 서로 돌아보며 "여악은 사용할 수 없습니다."라고 하자, 원접사와 영위사가 다시 청하기를 "전하께서 특별히 내신(內臣)[69]을 보내어 향례를 마련하셨는데 음악을 사용하지 않으면 예가 온전하지 않기 때문에 감히 번거롭게 합니다."라고 하였다. 두 사신이 "이전 조사들도 혹시 여악을 썼습니까?"라고 하고, 또 두 사신이 "전하의 뜻이 이와 같으시니 우리가 마지못해 따르기는 하겠으나 첫 연향에서만 쓰고 그만두는 것이 좋겠습니다."라고 하였다. 이에 여악을 베푼 다음 원접사와 영위사가 각각 술을 두

---

65 홍무예제(洪武禮制): 명나라 개국 이래의 예제(禮制)를 일신하기 위하여 각종 사전(祀典)을 상고하여 제작한 것으로 홍무 연간에 반포되었는데, 진하례의(進賀禮儀)·출사례의(出使禮儀)와 서압체식(署押體式)·관리봉급(官吏俸給) 등 11개 항목으로 분류하여 사례를 적고 있다.

66 구묘(九廟): 천자의 종묘(宗廟)를 말하는 것으로, 태조와 이종(二宗)과 삼소(三昭)와 삼목(三穆)을 합해서 구묘라고 한다.

67 대사령(大赦令): 나라에 큰 경사가 있을 때에 죄수를 놓아주거나 형벌을 면제하여 주라는 황제의 명령이다.

68 삼당(三堂): 광녕(廣寧)의 도어사(都御史), 도총 병관(都總兵官), 태감(太監)을 지칭한다.

69 내신(內臣): 궁궐에서 임금을 가까이에서 모시던 신하이다.

순배 돌리고 연회를 마쳤다.

상사가 원접사에게 "귀국의 과거(科擧)는 으레 자(子)·오(午)·묘(卯)·유(酉)로 끝나는 해[70]에 시험을 치러 선발한다고 하는데, 지난번에는 어찌하여 '기사년(1509)에 급제했다'[71]고 하셨습니까?"라고 묻자, 원접사가 "조선의 풍속에 식년(式年)이 아닌 해에 인재를 선발하는 것을 별시(別試)라고 합니다."라고 답하였다. 상사가 "무엇을 별시라고 합니까?"라고 하자, 원접사가 "국가에 우연히 경사가 생겼을 때 인재를 선발하는 것입니다."라고 답하였다. 상사가 "오직 국학의 유생으로만 시험을 치러 선발합니까?"라고 하자, 원접사가 "전국의 유생들을 모두 모아서 시험을 치러 선발합니다."라고 답하였다. 상사가 "영락(永樂)[72] 연간에 하 선생(河先生)[73]이 이러한 방법의 별과(別科)를 담당했었는데, 귀국에서 필시 이 사례를 따른 것이겠지요."라고 하였다.

두 사신이 같이 동헌에 앉아 두목들을 점검하면서, "고숭(高嵩)의 가인(家人)이 어째서 왔는가?"라고 하여, 죄를 신문하려는 듯하다가 차비(差批)[74]를 보고는 그만두었다. 상사가 고숭은 동헌의 초(밀랍으로 만든 초)를 훔치고 문자(門子) 셋은 창틈으로 망을 보았기 때문에 각각 판자(板子)로 네댓 차례 장(杖)을 쳤다.

---

70 자(子)……해: 3년에 한 번 치르는 정기 인재 선발 시험을 식년시(式年試)라고 하는데, 간지가 자·오·묘·유(子午卯酉)로 끝나는 해에 치렀다.

71 기사년(1509)에 급제했다: 20일에 두 사신이 통사에게 정사룡이 언제 과거에 급제했냐고 묻자, 통사가 "기사년에 급제했습니다."라고 한 일이 있었다.

72 영락(永樂): 명나라 3대 황제인 태종(太宗)의 연호로, 재위는 1403~1424년이다. 태종은 명 태조 홍무제(洪武帝: 주원장)의 넷째 아들로, 조카인 건문제(建文帝)를 내쫓고 천자의 자리를 찬탈하였다.

73 하선생(河先生): 미상.

74 차비(差批): 조선의 예조(禮曹)와 중국의 예부(禮部) 또는 요동(遼東) 사이에서 주고받았던 공문(公文), 또는 사람을 차출하여 어떤 일을 맡겨 보내는 데에 관한 공문이다.

2월 25일, 맑음

진시에 두 사신이 출발해서 납청정(納淸亭)[75]에 이르렀다. 현판을 보고 나서 부사가 정자의 편액 '납청정' 석 자를 가리키며, "필법이 좋지 못하군요. 공(龔)씨 어른이 큰 글자를 잘 쓰는데, 다시 써달라고 부탁하는 것이 어떨까요?"라고 하였다. 이윽고 원접사를 불러 점심을 함께하였다. 원접사가 두 사신에게 청하기를, "이곳이 잊힌 지 몇 년이나 되는지 알지 못하는데, 다행히 당 태사에게 칭찬을 받았습니다. 두 분 어른께서 이미 이름난 정자라고 인정을 하셨으니, 또 기문을 지어서 이곳 시내와 산이 우리나라에서 빛나게 해 주십시오. 게다가 지금 두 분 어른께서 조칙을 받들고 오셨으니, 정자의 편액을 다시 써주신다면 어찌 이곳의 빛나는 일이 아니겠습니까? 감히 청합니다."라고 하였다. 상사가 말하기를, "글씨 쓰고 시 짓기는 모두 내가 잘하는 일이 아니니 오(吳)씨 어른께 부탁드려서 그렇게 하겠습니다."라고 하였다. 식사가 끝나자 원접사가 거듭 술을 올렸다. 상사가 "판서가 데리고 오신 가인 중에 활쏘기에 능한 자가 있습니까?"라고 묻자, 원접사가 "있습니다."라고 답하였다. 상사가 "가산(嘉山)[76]에 일찍 가서 활쏘기를 구경하고 싶습니다."라고 하였다.

신시에 가평관(嘉平館)[77]에 이르자, 두 사신이 모두 편복 차림으로 동헌 뒤의 정자에 올라 급히 원접사에게 "활 쏘는 군관을 데려오세요."라고 청

---

75 납청정(納淸亭): 평안북도 정주군 가산(嘉山)에 있던 정자로, 중국 사신 당고(唐皐)가 이름을 지었다. 이해응(李海應)의 『계산기정(薊山紀程)』에 의하면, 자신이 연행을 갔던 1803년에 이미 납청정은 허물어지고 말을 바꿔 타는 집만 남았다고 하였다. 『계산기정』 권1 참조.

76 가산(嘉山): 지금의 평안북도 운천(雲天) 부근인데, 정주에서 남쪽으로 얼마 되지 않는 곳이다. 의주에서 한양으로 올 때, 정주(평안북도 남쪽)와 안주(평안남도 북쪽)를 거쳐 내려와야 하는데, 정주 바로 아래가 가산이다.

77 가평관(嘉平館): 평안북도 가산군(嘉山郡)에 있던 객관이다.

하였다. 원접사가 들어가서 인사를 하고 앉은 다음 본도로 하여금 활 쏘는 군관 등 18명을 선발하여 보내도록 하였다. 이들에게 짝을 지어 활을 쏘게 했는데, 170보에 과녁을 설치하고 각자 10발의 화살을 허리에 차고 번갈아 3회씩 쏘게 하였다. 두 사신은 기둥 앞쪽에 앉아서 구경하였다. 저녁에 직접 과녁의 점수를 비교하여 연회 탁자 앞에 일어서서 차례로 술을 내리며 칭찬을 마다하지 않았다. 원접사는 의주 군관 서경천(徐慶千)[78]을 가인으로 두었음을 이미 두 사신에게 알렸다. 서경천이 활쏘기를 시작하자 두 사신은 서로 돌아보며 칭찬했고, 활쏘기가 끝나자 판서에게 "판서의 가인이 활을 가장 잘 쏘는군요. 저는 이 사람이 필시 이미 무과에 합격했을 줄을 알겠습니다."라고 하였다. 원접사가 "말씀하신 대로 무과에 합격했는데, 근래에 관직에서 물러나게 되어서 저를 따라왔습니다."라고 답하였다. 두 사신은 또 조세봉(曺世鳳)에게 "그대 부자가 모두 활쏘기에 뛰어나니, 칭찬할 만합니다."라고 하였다. 아마 조세봉의 아들 조언필(曺彦弼)도 활 쏘는 군관에 속해 있었기 때문이다. 원접사가 두목 등의 활 솜씨를 보고 싶다고 하자, 두 사신이 "날이 이미 저물었으니 우선 후일을 기약함이 좋겠습니다."라고 하였다.

숙소연이 마련되고 술자리가 무르익자 두 사신이 웃으며 "우리는 날마다 조선말 몇 마디를 배우니, 판서도 중국말을 배우세요. '술 한 잔 합시다.'라는 말로 오늘부터 중국말을 배우기 시작하면 아주 좋겠습니다."라고 하였다. 원접사가 잔을 잡고 앞에 나아가 중국말로 '술 한 잔 합시다.'라고 하자, 상사가 웃으며 "제대로 배우셨어요."라고 하였다. 원접사가

78 서경천(徐慶千): 1505~1558. 자는 선수(善叟), 본관은 이천(利川)이며, 아버지는 서호(徐虎), 어머니는 허곤(許坤)의 딸이다. 1531년(중종26) 식년시 무과에 급제한 뒤에 만포 첨사(滿浦僉使), 내금위장, 경흥 부사, 동래 부사 등을 역임하였다. 1553년(명종8) 경흥 부사 시절 초곶의 야인들이 국경을 자주 공격하자 이들을 토벌하였다.

"일행인 도감관(都監官)에게 두 분 사신 어른께 술 한 잔을 올리도록 하고 싶습니다만, 어려워서 감히 말씀을 드리지 못하고 있습니다."라고 청하자, 두 사신이 허락하였다. 홍춘경(洪春卿)[79]이 술을 올리자 상사가 "그대는 훌륭한 재능이 있어서 일찍 관리가 되었겠군요."라고 하였고, 박충원(朴忠元)[80]이 술을 올리자 상사가 "청년이 재능이 좋으니 국왕께서 반드시 기뻐하시겠습니다."라고 하였다. 원접사가 또 작은 과녁을 설치하게 한 다음 활 쏘는 군관에게 횃불을 밝혀 활을 쏘도록 했는데, 모두 열에 일고여덟 발을 적중하였다. 두 사신도 기둥 앞쪽에 나가서 구경하였다. 원접사가 두 사신에게 청하기를 "이 정자는 외지고 누추하여 예전부터 이름이 없습니다. 이제 두 분 대인께서 머무르셨으니 이름을 지어주시면, 어찌 이곳 시내와 산이 좋은 기회를 만난 것이 아니겠습니까?"라고 하자, 상사가 허락하였다.

2월 26일, 맑음

두 사신이 대청에 나와 앉자 원접사가 인사를 하고 함께 앉아서 아침을 먹었다. 상사가 "어제 부탁하신 정자의 이름은 오씨 어른이 '제산(齊山)'

79 홍춘경(洪春卿): 1497~1548. 자는 명중(明仲), 호는 석벽(石壁), 본관은 남양(南陽)이다. 1528년(중종23) 식년 문과에 급제하여 도승지, 이조 참의, 황해도 관찰사 등을 역임하였다. 만년에 양주 상수리(湘水里)로 낙향하여 물가의 적벽 위에 집을 짓고 살았는데, 석벽이라는 호는 여기에서 비롯되었다. 글씨에 뛰어났다.

80 박충원(朴忠元): 1507~1581. 자는 중초(仲初), 호는 낙촌(駱村)·정관재(靜觀齋), 본관은 밀양(密陽)이며, 아버지는 박조(朴藻), 어머니는 행주기씨(幸州奇氏)로 기찬(奇欑)의 딸이다. 1531년(중종26) 식년 문과에 급제한 뒤에 이조 정랑, 사간원 정언, 이조 좌랑 등을 거쳐 정승에 이르렀다. 1567년(명종22)에 사신으로 중국에 다녀왔다. 시호는 문경(文景)이며, 저서로 『낙촌유고(駱村遺稿)』가 있다.

으로 이름을 붙였습니다."라고 하자, 부사가 "반드시 공씨 어른의 글을 받아야 합니다."라고 하였다. 상사가 "우리 두 사람 중의 한 사람이 정자 이름의 의미를 글로 써야 합니다."라고 하였다. 도성에서 온 백패(白牌)[81]를 다시 바치자 두 사신이 이를 보고 바로 두목에게 건넸다.

두 사신이 출발하여 사시에 적개정(敵愾亭)[82]에 도착하였다. 상사가 정자의 이름을 물어 '적개(敵愾)'라고 답하자, 상사가 "풍광과 정자의 이름이 서로 맞지 않습니다."라고 했는데, 부사가 "어른께서 이름을 지어 주셔야겠습니다."라고 하였다. 이어서 원접사를 불러 함께 앉고는 "오늘은 고기잡이를 구경하고 싶습니다."라고 하자, 원접사가 곧바로 어부에게 작은 배를 타고 가서 강에 그물을 치도록 하였다. 이때 마침 주방(廚房)에 살아있는 붕어들이 있었는데 몰래 배 위에 뒀다가 단숨에 그물에 싸서 꺼내자 마치 갓 잡아 올린 모습처럼 보였다. 두 사신이 크게 기뻐하며 직접 계단을 내려가서 구경했는데 붕어가 거품을 내며 펄쩍펄쩍 뛰어오르자 서둘러 물동이를 가져와 붕어들을 그 안에 담고 그중에 절반을 나누어 요리사에게 주었다.

점심을 먹은 뒤에 두 사신이 걸어서 누선(樓船: 뱃놀이 등에 쓰인 다락이 있는 배)에 올랐다. 원접사를 불러 함께 앉아서 담소를 나누었는데 몹시 만족해하였다. 상사가 "이 정자는 언덕에 지어져서 온 강물의 안개 낀 물결을 차지하고 있으니 '공강(控江)'으로 이름을 붙이는 것이 좋겠습니다. 그 이름에는 국왕을 에워싸고 공읍(拱揖: 두 손을 마주 모아 잡고 인사함)하는 뜻이 담겨있으니, 내가 마땅히 편액(扁額)에 글씨를 써야겠습니다."라고 하자,

81 백패(白牌): 벼슬아치가 출장할 때 출장의 목적과 그곳에 도착한 날짜 및 사정 등을 적어 올리는 공문으로, 특히 사신의 행차에서 많이 이용되었다.

82 적개정(敵愾亭): 평안북도 가산군(嘉山郡) 박천강(博川江) 가에 있던 정자이다. 세조가 즉위 이전에 명나라에 사신으로 갈 때 이곳을 지나다가 이름을 지었다고 하는데 현재는 남아 있지 않다.

원접사가 감사해하며 "외지고 누추한 산천이 아름다운 이름을 얻었으니 어찌 큰 다행이 아니겠습니까?"라고 하였다. 강물 가운데서 원접사가 술을 8, 9잔씩 권하였다. 뱃사공이 먼 언덕에서 그물로 물고기를 잡아 오자 두 사신이 흐뭇해하며 몹시 즐거워하였다.

미시에 청천강(淸川江)[83]에 도착하여 다시 원접사를 불러 누선 위에 함께 앉았다. 원접사가 또 고을 사람을 시켜 박천강(博川江)[84]에서 했던 것처럼 그물로 물고기를 잡아 오게 하니 두 사신이 몹시 기뻐하였다. 몇 차례 술잔을 돌리고 연회를 마쳤다. 두 사신이 강변에서 구경하는 사람들을 금하는 것을 보고는 원접사에게 "명나라 황제의 조서가 오는 것은 경사스러운 일이니, 위아래 여러 신하와 백성들이 다투어 구경하게 해야지요. 금하지 마세요."라고 하였다. 안주 목사(安州牧使)와 역에 마중 나온 차사원 등이 모두 강가에 모여서 조서를 맞이하였다. 배에서 내려 안흥관(安興館)[85]에 이르자 영위사 윤안인(尹安仁)[86] 및 관찰사 이귀령(李龜齡)[87]과 각 차사원 등이 동서로 나뉘어 조서에 절을 한 다음 사신

▲ 안흥관-국립중앙박물관 소장 자료

83 청천강(淸川江): 평안남북도의 경계를 이루는 강이다.

84 박천강(博川江): 평안북도 천마산(天馬山)에서 발원하여 청천강(淸川江)으로 흘러드는 강이다. 청천강의 가장 큰 지류로, 중국으로 사신 갈 때 경유하는 길이자 유람지이다.

85 안흥관(安興館): 평안도 안주(安州)에 있는 객관이다.

86 윤안인(尹安仁): ?~1538. 자는 달지(達之), 본관은 파평(坡平)이며, 아버지는 윤임(尹琳), 어머니는 대사헌 김여석(金礪石)의 딸이다. 1516년(중종11) 별시 문과에 급제한 뒤에 충청도 관찰사, 이조 참판 등을 역임하였다. 이때 병조 판서로 재직 중에 안주 영위사(安州迎慰使)로 임명되었다.

87 이귀령(李龜齡): 1482~1542. 자는 미지(眉之), 본관은 전의(全義)이며, 조부는 이신효(李愼孝), 아버지는 이덕숭(李德崇), 어머니는 판관 홍순성(洪循性)의 딸이다. 문정왕후(文定王后)의 외삼촌이다. 1514년(중종9) 별시 문과에 급제하였다. 1535년(중종30) 10월 28일에 평안도 관찰사에 임명되고 1537년(중종32) 10월 26일 호조 참판으로 옮겨서, 이후 공조·예조·병조 판서 등을 역임하였다.

과 개인적인 인사를 나누었다. 곧바로 백상루(百祥樓)[88]로 갔는데, 강의 빼어난 경치에 감탄하였다. 상사는 "우리 고장에도 이렇게 빼어난 경치가 있는데, 지금 보니 완연히 닮았습니다. 하지만 아스라이 먼 데 섬이 있는 것이나 강물이 광활하기는 이보다 훨씬 못합니다. 우리가 조서를 반포하고 국왕을 뵙고 난 뒤에 누각의 편액을 써서 판각해서 걸어야겠습니다. 돌아가는 길에 마음껏 노닐며 구경하고 가야겠습니다."라고 하였다. 또 활 쏘는 군관을 시켜 과녁에 한 차례 활쏘기를 하고 마쳤다.

▲ 백상루-국립중앙박물관 소장 자료

상사가 자신을 시중드는 사람인 백수천(白壽千)이 총명한 것을 보고, "독서를 상당히 했군요?"라고 묻자, 백수천이 "『대학(大學)』만 읽었습니다." 라고 답하였다. 두 사신이 그에게 『대학』의 서문과 본문을 외게 하고 나서, "독서를 한 사람이 무엇 때문에 이런 일을 하나요?"라고 묻자 역관이 "본래 차역원(差役員: 관아에서 심부름을 하던 사람)인데, 저 혼자 독서를 한 것입니다."라고 답하였다. 두 사신이 크게 찬탄하고 칭찬하여, "역인(役人)[89]도 독서할 줄을 아니, 조선은 집집마다 독서를 하고 가정마다 예의를 지키는 줄을 정말 알겠다."라고 하고, 또 역관과 의관을 불러서 『대학장구(大學章句)』를 외게 하고 상으로 술과 음식을 주었다.

---

88 백상루(百祥樓): 평안도 안주 서북쪽에 청천강이 내려다보이는 지점에 있는 누대로, 관서팔경(關西八景)의 하나이다.

89 역인(役人): 예전에 관청이나 육주비전(六注比廛)에 딸려 물건을 나르거나 심부름을 하던 사람이다.

초경(初更: 19~21시)에 안흥관으로 돌아왔다. 부사의 두목과 지휘(指揮)[90] 전록(田祿)이 궤짝을 늦게 가져왔다는 이유로 차사원 희천 군수(熙川郡守) 정윤성(鄭允誠)을 잡아다가 옷을 끌어 잡고 꾸짖었다. 원접사가 듣고서 역관 등을 시켜 그들에게 말하기를 "이 사람은 바로 이 지방을 책임지고 있는 관원이다. 사신 어른께서도 오히려 이렇게 꾸짖지 않으시는데, 하물며 너는 두목 주제에 이렇게 하느냐. 사신께 꼭 말씀드려야겠다."라고 하였다. 두목 고숭 등이 사죄하기를 "저들은 상황을 몰라서 제멋대로 행동했습니다. 만약 사신께 보고하시면 연루자가 반드시 많을 것이니 그들을 용서해주시기 바랍니다."라고 하였다.

두 사신이 이화종을 불러 "조선의 유생들은 으레 조서를 맞이하지 않습니까?"라고 하자, 이화종이 "나라의 풍속에 지방의 유생은 학궁(學宮)[91]에서 독서만 합니다. 중국처럼 조회에 참석하여 반열에 따라 예에 참여하지 않기 때문에 조서를 맞이하지 않습니다."라고 답하였다. 두 사신이 "유생이 조서를 맞이하지 않는다면, 당 학사(唐學士)[92]에게 어떻게 「정주의 유생에게 주다[贈定州儒生]」라는 시가 있을 수 있단 말입니까?"라고 말하자, 이화종이 "당 조사(唐詔使)가 돌아가는 길에 정주에서 유생을 모아 그들의 됨됨이를 보려고 한 것이지 조서를 맞이하는 일로 보았던 것이 아닙니다."라고 하였다. 두 사신이 "유생은 본래 예의를 지키는데, 어찌 조서를 맞이하는 큰 예를 버릴 수 있습니까. 앞으로는 유생들로 하여금 조서를 맞이

90 지휘(指揮): 군직(軍職)의 이름으로, 당나라 중기 이후에 둔 도지휘사(都指揮使)이다. 오대(五代) 때의 당(唐)·주(周)와 송(宋)나라가 답습하여 금위군(禁衛軍)에 두었고, 금원(金元) 시대에는 금위군과 친군(親軍)에, 명나라 때에는 금위군 이외의 모든 위(衛)에 두었다. 청나라 때에는 수도에만 두고 한 구역을 담당하여 다스리게 하여 이전의 제도와 달랐다.

91 학궁(學宮): 조선 시대에 유학의 교육을 맡아보던 관아로, 공자를 제사하는 문묘(文廟)와 유학을 강론하는 명륜당(明倫堂) 등으로 이루어졌다.

92 당 학사(唐學士): 명나라 사신 당고(唐皐, 1469~1526)를 말한다. 2월 22일 조의 주석 '당 태사(唐太史)' 참조.

하게 할 것을 판서에게 전해주세요."라고 하자, 원접사가 "예전에는 이런 예가 없었기 때문에 전하께 아뢰어 처리하겠습니다."라고 답하였다. 두 사신이 영위연을 내일로 미루어 시행하도록 하였다.

2월 27일, 비

안주(安州)에서 영위연을 대청에다 마련하였다. 두 사신이 나와서 앉고 원접사와 영위사가 들어와서 인사를 하고 각자 자기 자리로 갔다. 여악을 쓰면서 술을 두 순배 돌리고 연회를 마쳤다. 두 사신이 비를 맞으며 출발하려고 하자, 원접사가 나아가 "빗줄기가 이와 같으면 갈 길의 진창이 전날보다 심할 것이니 출발을 멈추셔야 합니다."라고 아뢰자, 두 사신이 "비가 만약 그치지 않으면 당연히 머무를 것이고, 만약 조금이라도 개면 즉시 출발할 것입니다."라고 하였다.

저녁에 유일연(留日宴)을 행하였다. 연회를 마치고 원접사가 두 사신 앞에 나아가 이화종을 시켜 고하기를 "국왕께서는 날마다 글을 내려 잘 받들어 모시는 일에 대해 주의하라고 하십니다. 그래서 저는 실수를 해서 황공하여 몸 둘 곳이 없을까 염려됩니다. 국왕께서는 명나라를 위해 대인을 공경하여 최선을 다해 대우하십니다만, 평소 술을 드시지 못하셔서 대인을 만나 교제할 때 성의가 드러나지 못할까 몹시 염려하십니다."라고 하였다. 두 사신이 "국왕께서 삼가 조칙(詔勅)을 받으시기 때문에 술을 마시지 않는 것입니까?"라고 하자, 원접사가 "이 일 때문만 아니고 천성이 술을 드시지 못합니다."라고 하였다.

상사가 이화종을 시켜 원접사에게 말하기를 "나의 시중을 드는 백수천을 데리고 가서 책을 읽으려 하니 이삼일 동안 나를 수행하게 하겠습니다."라고 하고는 바로 말을 주어 따르게 하였다.

2월 28일, 아침에 흐리다가 오시에 비가 내렸다

두 사신이 출발해서 운암원(雲巖院)[93]에 이르렀다. 가마에서 내려 잠시 쉬어갈 듯하더니, 돌연 수레를 재촉해 출발해서 숙녕관(肅寧館)[94]에 이르렀다. 원접사를 불러 함께 식사하고, 식사가 끝나자 누대에 올라 멀리 바라보고 마침내 출발해서 저물녘에 안정관(安定館)[95]에 이르렀다.

초경(初更)에 숙소연을 마련했는데 술을 두 순배 돌리고 연회를 마쳤다. 상사가 이화종에게 "숙천(肅川)[96]에서 여기까지 오는 동안 어떻게 요참(腰站)[97]이 없습니까?"라고 하자, 이화종이 "본래 항시 장막을 펴놓고 점심을 제공하는 곳은 없습니다."라고 답하였다. 상사가 "여기에서 평양(平壤)까지도 요참이 없습니까?"라고 하자, 이화종이 "도중에 부산원(斧山院)[98]이라는 곳이 있는데 거기에서 다담상(茶啖床)[99]을 차려 낼 것입니다."라고 답하였다.

---

93 운암원(雲巖院): 평안남도 안주목(安州牧)의 역원(驛院)으로, 주(州)의 남쪽 30리에 있다. 『동국여지승람(東國輿地勝覽)』 권52 「평안도(平安道)」조 참조.

94 숙녕관(肅寧館): 평안남도 숙천부(肅川府)의 서쪽에 있던 객관(客館)이다.

95 안정관(安定館): 평양남도 순안현(順安縣)에 있던 객관이다.

96 숙천(肅川): 평안남도 평원(平原) 지역의 옛 지명이다.

97 요참(腰站): 역참(驛站)의 사이에 휴식과 식사를 제공하고 말을 바꾸어 타도록 설치한 객사이다.

98 부산원(斧山院): 평안남도 평양부(平壤府)의 부산(斧山)에 있다. 『동국여지승람』 권51 「평안도」조 참조.

99 다담상(茶啖床): 왕실이나 사신 또는 고위 관료 등 귀한 사람들에게 대접하는 간식 상차림이다. 장소와 시기에 따라 정배다담(庭排茶啖), 연전헐소다담(宴前歇所茶啖), 공일다담(空日茶啖), 소다담(素茶啖) 등으로 나뉜다.

2월 29일, 맑음

진시에 두 사신이 대청에 앉아서 원접사를 불러 함께 식사하고 나서 출발하여 부산원에 도착하였다. 원접사를 불러서 다과를 함께하는 중에 두 사신이 이화종을 시켜 말을 전하기를 "오늘 성 안에 도착하여 조서를 맞이하는 예를 행한 뒤에 기자묘(箕子墓)[100]와 문묘(文廟)[101] 및 단군묘(檀君廟)[102]를 배알하고 이어서 풍월루(風月樓)[103]와 연광정(練光亭)[104]을 올랐으면 합니다."라고 하였다. 이화종이 "기자묘는 성 밖에 있어서 성에 들어가면 다시 성을 나와서 10여 리를

▲ 기자묘-국립민속박물관 소장 자료

▲ 연광정 사진엽서-국립민속박물관 소장

100 기자묘(箕子墓): 평양에 있는 기자(箕子)를 모신 사당이다. 고려 숙종(肅宗) 7년(1102)에 정당문학(政堂文學) 정문(鄭文, ?~1106)의 건의에 따라 기자묘 앞에 사당을 세워 중사(中祀)로 제사 지냈는데, 조선조에서도 그대로 따랐다. 1612년에 숭인전(崇仁殿)이라 개칭하였다.

101 문묘(文廟): 공자(孔子)를 모신 사당.

102 단군묘(檀君廟): 『신증동국여지승람(新增東國輿地勝覽)』 권55 「평안도(平安道) · 강동현(江東縣)」 조에 이 무덤에 대해 "현의 서쪽으로 3리에 있으며 둘레 4백 10척으로 속담에 단군묘라 전한다."라고 하였다.

103 풍월루(風月樓): 1371년(공민왕20)에 평양부 안에 있는 영선점(迎仙店) 옛터에 지은 누각이다.

104 연광정(練光亭): 평양의 대동강 가 덕암(德巖)이라는 바위 위에 있는 누각으로, 허굉(許硡, 1471~1529)이 평안 감사 재임 중에 지은 정자이다. 관서팔경 중 하나이다.

가야 합니다."라고 답하였다. 두 사신이 "그렇다면 기자묘는 돌아가는 길에 들러야겠습니다.……."라고 하였다.

▲「평안감사향연도」(김홍도)-국립중앙박물관 소장

행렬이 평양성에 도착하기 10리 전부터 평양 사람들이 두 수레에 채붕(彩棚)[105]을 설치하여 두 사신이 탄 가마에 앞서가고 광대들이 수레 뒤를 따라가며 놀이를 벌였다. 관찰사 이귀령과 평양부의 관리와 차사원 등이 보통문(普通門) 밖에서 조서를 맞아 미시에 성으로 들어가고, 두 사신은 한참 동안 가마를 세운 채 보통문 앞의 채붕을 구경했다. 이윽고 성으로 들어가서 대청에 서자 영위사 소세양(蘇世讓)[106]과 관찰사와 수령 등이 동서로 나뉘어 서서 조서를 맞는 예를 행하고 나서 두 사신이 대청에 앉자 원접사 이하 일행 인원들이 인사를 하였다. 통사 홍겸(洪謙)[107]이 도성에서 내려와 두 사신을 뵙기를 청하여, 각각 인사를 드리고 나왔다.

두 사신이 함께 기자 사당에 가는데, 길을 안내하는 자가 잘못해서 문묘(文廟)를 거쳐 들어갔다. 두 사신이 "참배를 하는 게 좋겠어요."라고 하여, 마침내 네 번 절을 올리고 성전(聖殿)에 나아가서 소상(塑像)들을 두

105 채붕(彩棚): 임금이나 사신의 행차가 지나가는 곳의 성문·다리·지붕·문 위 등에 색실·색종이·색헝겊 등을 내걸어 장식하던 것으로, 환영을 표시하는 것이다.

106 소세양(蘇世讓): 1486~1562. 자는 언겸(彦謙), 호는 양곡(陽谷)·퇴재(退齋)·퇴휴당(退休堂), 본관은 진주(晉州), 시호는 문정(文靖)이다. 1509년(중종4) 식년 문과에 급제하여 직제학, 이조 판서 등을 지냈다. 1536년(중종31) 12월에 원접사가 되었다가, 윤12월에 병으로 사직하고 영위사가 되었다. 저술로 『양곡집(陽谷集)』이 있다.

107 홍겸(洪謙): 생몰년 미상. 자는 수익(受益), 본관은 남양(南陽)이며, 아버지는 홍경창(洪慶昌)이고, 홍순언(洪純彦)이 아들이다. 1531년(중종26) 역과에 급제한 뒤에 진하사의 역관으로 명나라에 두 번 다녀왔고, 가선대부에 추증되었다.

루 보고는 역관에게, "조선은 문교(文敎)를 숭상해서 문묘가 정돈되고 엄숙하니, 우리는 감탄을 금치 못하겠어요."라고 하였다. 또 기자 사당에 나아가 네 번 절을 올리고 신위의 위판을 살펴보고 뜰에 있는 돌로 만든 비석을 읽어보고는 상사가 "문장이 좋군요."라고 하였다.[108] 또 단군 사당에 나아가 단군과 동명왕(東明王)의 신위 위판 앞에 나아가서 각각 읍례를 하고 나왔다. 연광정(練光亭), 읍호루(挹灝樓), 풍월루(風月樓)에 올라 시를 써서 걸어둔 현판들을 두루 보고, 대동관(大同館)으로 돌아와서 채붕 앞으로 걸어가 잡상(雜像)[109]을 보고, 또 대동관 문에 한참 앉아 광대놀이를 보고, 또 쾌재정(快哉亭)에 올라 시간이 바뀌도록 앉아서 담화하였다. 초저녁이 되어서야 숙소의 방에 들어가서, 영위연을 내일 아침으로 미루어 시행하도록 하였다. 부사는 안정관에서 출발할 때 갖고 있던 부채를 문자(門子)에게 주었는데, 문자가 잃어버려 원접사가 차사원 등으로 하여금 수색하게 했으나 끝내 찾지 못하여, 관찰사에게 공문을 보내어 찾도록

▲「평양도」(부분)-국립중앙박물관 소장 자료
평양을 그린 병풍의 한 부분. 왼쪽 아래 숭령전(崇靈殿)은 단군과 동명왕을 모신 사당, 그 위 숭인전(崇仁殿)은 기자 사당, 그 위는 공자를 모신 향교(鄕校), 제일 위쪽 계성사(啟聖祠)는 공자 등 유가성현 5인의 아버지를 모신 사당이다. 오른쪽 아래에 쾌재정(快哉亭)이 있다.

108 기자 사당에……하였다: 기자 사당의 뜰에 있었던 비석은 춘정(春亭) 변계량(卞季良, 1369~1430)이 지었다. 어숙권(魚叔權)의 『패관잡기』 권4에, "가정(嘉靖) 연간에 공운강(龔雲岡)이 기자묘에 참배하고, 변춘정(卞春亭)이 지은 비명(碑銘)을 읽고 여러 번 칭찬하고 아름답게 여겼는데……"라는 기록이 있다. 변계량의 작품은 『춘정집(春亭集)』 권12와 『동문선』 권121에 「기자묘비명 병서(箕子廟碑銘并序)」라는 제목으로 실려 있다.

109 잡상(雜像): 궁전이나 전각의 지붕 위 네 귀에 여러 가지 신상(神像)을 새겨 얹는 장식 기와이다.

하였다.

부사가 방 안에서 손수 한 장의 종이에 글을 써서 김산해(金山海)[110]에게 부탁하여 원접사에게 보내어 말하기를 "가령 의주 한 고을 안에 아무 관, 아무 산, 아무 물이 있고, 아무 시내나 바위, 강이나 골짜기, 절 등의 이름이 있으며, 어떤 사실과 유적 같은 종류가 있을 것입니다. 무릇 도성에 도착하기까지 거치는 고을에 대해서도 나를 위해 하나하나 설명해 주세요. 가령 의주에 양순관, 양책관, 소곶관 같은 곳이 있으면 밑에 음을 달고 어떤 연유로 그런 이름을 얻게 되었는지 기록하세요. 산수와 같은 종류도 모두 그렇게 해 주세요."라고 하였다.

2월 30일, 맑음

진시에 두 사신이 대청에 나와 앉자 영위연을 마련했는데, 원접사와 영위사가 각각 술을 권하는 예를 행하고 여악을 연주하였다. 연회가 끝난 뒤에 원접사가 아뢰기를 "다음 달 9일이 바로 조서를 맞이하기에 좋은 날입니다. 감히 아룁니다."라고 하자, 두 사신이 "이렇게 하는 것이 매우 좋겠습니다. 비가 오면 한 역참만 가고, 개면 노정(路程)을 배로 늘여 이날에 맞춰 도성에 들어갑시다."라고 하였다.

원접사가 또 칙서 두 통이 조선과 관계가 없다는 말의 의미에 관해서 묻자, 두 사신이 "이미 다 말씀드렸는데, 어찌 다시 묻습니까? 대개 조서

110 김산해(金山海): 생몰년 미상. 이때 부사 통사(副使通事)로 통역을 담당한 인물이다.

를 이미 반포한 뒤에는 어부(御府)[111]에 반납하는 것이 관례입니다. 우리가 '가져가는 조서는 당연히 관례대로 가져와야 하지만 혹 본국에 남겨둘까요.'라는 등의 말로 상주문(上奏文)을 갖추어 올리자[112], 예부(禮部)에서 성지(聖旨)를 받들었는데, '본국에서 조서를 남겨두기를 원하면 들어주어라.'라고 하였습니다. 이런 성지를 받들어[113] 성지를 황지에 베껴 써서 왔습니다. 다른 하나의 칙서는 명을 받들어 만 리 길을 사신으로 왕래하면서 어떻게 몸을 지키는 방도가 없을 수 있겠습니까? 이 일로써 또 성지를 받들어 왔습니다."라고 답하였다. 또 묻기를 "칙서가 이미 본국과 관계가 없다면 당연히 칙서를 맞이하는 의식도 없을 테니, 「의주」에도 당연히 기록하지 않아야 합니까?"라고 하자, 두 사신이 "칙서를 맞이하는 일은 이번에는 과연 없지만, 「의주」에 비록 함께 기록한다고 해서 무슨 방해가 되겠습니까? 예의상 하지 않아도 되면 굳이 기록하지 않아도 됩니다. 그러나 예의상 해야 한다면 하필 이번에 없다는 것에 구애되어 그 예의 절차를 누락시킬 필요가 있겠습니까?"라고 답하였다.

부사가 역관을 불러 원접사에게 말을 전하기를 "어제 잃어버린 부채는 문자가 실수로 망포(蟒袍)[114]에 접어 두었더군요, 이제 찾았습니다."라고 하며, 부채를 들어서 보여주었다.

사시에 두 사신이 출발하여 대동강(大同江)의 누선에 도착하였다. 산천의 빼어난 경치를 칭찬하면서 누선 위 판장(板墻: 판자로 만든 담장)에 그려진

111 어부(御府): 궁궐의 도서나 비기(祕記) 등을 소장하고 관리하는 관서이다.
112 상주문(上奏文)을……올리자: 원문은 "구제(具題)"로 되어 있다. 상주문을 갖추어 올린다는 말로, 황제에게 아뢰는 서류의 일종, 혹은 조정에 올린 제본(題本)이다.
113 이런 성지를 받들어: 원문은 "흠차(欽此)"로 되어 있다. 공문서에서 임금의 말끝에 쓰는 상투적인 용어로 곧 인용되는 말이 끝나서 이것을 공경히 준수하라는 뜻이다.
114 망포(蟒袍): 명나라 벼슬아치의 예복으로 이무기를 수놓아 만들었는데 일명 화의(花衣)로도 불렸다.

「기성도(箕城圖)」[115]를 가리키며 “여기에서도 반드시 그림을 잘 그리는 사람이 있을 테니, 어제 조서를 맞이하는 모습과 우리가 이곳에 와서 유람하며 감상하는 모습과 수레와 말이 강을 가득 메운 채 떠나고 배웅하는 모습을, 도성에 도착해서 솜씨 좋은 화가를 시켜 한 통씩 그리게 하여 각각 우리에게 선물하여 훗날 감상하게 해 주시면 매우 다행이겠습니다.”라고 두세 번 말하였다. 두 사신이 또 “연광정과 풍월루 편액의 글자는 모두 제대로 된 필법으로 쓰인 것이 없으니, 돌아갈 때 써서 드리겠습니다.”라고 하였다. 관찰사가 또 누선의 이름을 청하자, 상사가 “‘제천(濟川)’으로 이름을 붙이는 것이 좋겠습니다.”라고 하니, 통사 홍겸이 “도성에 ‘제천정(濟川亭)’[116]이 있습니다.”라고 하였다. 상사가 부사에게 이름을 고쳐달라고 부탁하자, 부사가 “‘승벽(乘碧)’으로 이름을 붙이는 것이 좋겠습니다. 편액을 써서 드리지요.”라고 하였다.

미시에 배에서 내려 언덕 위의 작은 장막에 앉고, 또 어부를 시켜 그물을 쳐서 물고기를 잡아 오게 하였다. 한참 뒤에 출발하여 대정(大井)[117]을 지나는데 두 사신이 가마에서 내려 아래를 내려다보았다. 저녁에 중화군(中和郡)의 생양관(生陽館)[118]에 도착하였다. 곧바로 동헌의 과녁을 큰 문 앞에 옮기도록 한 다음 활 쏘는 군관들을 불러서 활을 일순(一巡)[119]씩 쏘게 하였다. 또 두목에게 횃불 한 자루를 가져다가 40걸음 밖에 세운 뒤에 붉은 종이로 과녁을 만들어 횃불의 허리통에 붙이도록 한 다음, 군관 등에게

---

115 기성도(箕城圖): 조선 시대 평양부 내외의 실제 경관을 담은 그림으로, 「평양도」, 「평양성도」, 「서경도」 등으로 불렸다.

116 제천정(濟川亭): 남산과 한강이 만나는 곳인 지금의 용산구 한남동에 있었던 정자로, 한강루(漢江樓)·한강정(漢江亭) 등으로도 불렸다. 1456년(세조2)에 세워진 왕실의 별장이자 중국 사신을 접대하던 곳인데, 이괄(李适)의 난 때 소실되었다.

117 대정(大井): 평안남도 평양부 남쪽 30리 떨어진 곳에 있다.

118 생양관(生陽館): 평안도 중화군(中和郡)에 있던 역관(驛館)으로, 평양 남쪽의 멀지 않은 곳에 있다.

119 일순(一巡): 한 번에 차례대로 돌아가며 화살을 5개씩 쏘는 것을 말한다.

활을 쏘게 하였다.[120] 용천 군수(龍川郡守) 조세봉(曺世鳳)과 의주 군관(義州軍官) 서경천(徐慶千)이 각각 한 발씩 명중시켰다. 또 두목을 불러서 활 쏘는 군관들의 활을 당겨보게 하였다. 유시에 활쏘기를 마쳤다.

상사가 이화종에게 "생양관에 투호가 있습니까?"라고 묻자, "평양부에 있습니다."라고 답하니, 상사가 "속히 가져오세요."라고 하였다. 또 상사가 "옥교(屋轎)[121]가 모전(毛氈) 장막에 싸여있는데 날씨가 점점 따듯해지니, 홑장막으로 만들 수 있습니까?"라고 하자, 원접사가 즉시 중화 군수를 시켜서 아청 목면(鴉青木綿: 검은빛을 띤 푸른 빛깔의 목면)으로 홑장막을 만들게 하였다. 도성에서 가져온 팔대어(八帶魚: 문어)를 상사에게 올리자, 상사가 "모양이 몹시 기이합니다. 우리 고장에 팔초어(八稍魚)[122]는 있지만 이런 것은 없습니다."라고 하였다. 두 사신이 숙소연을 내일로 미루도록 하였다.

3월 1일, 맑음

진시에 두 사신이 대청에 나와 앉아 숙소연을 받았다. 숙소연을 마치고 출발해서 저복원(貯福院)[123]에 이르러 원접사를 불러 대청에 앉아 점심과 다과를 함께 하였다.

미시에 황주(黃州)에 도착하자, 황해도 관찰사(黃海道觀察使) 이억손(李

---

120 두목에게……하였다: 생양관에서의 활쏘기에 관한 내용은 『중종실록』 32년 3월 4일 기사에 상세하다.

121 옥교(屋轎): 나무로 집과 같이 꾸미고, 출입하는 문과 창을 달아 만든 가마로 옥교(玉轎)라고도 쓴다.

122 팔초어(八稍魚): 낙지과의 바다생물로 팔대어(八帶魚)와 마찬가지로 문어를 지칭하는 용어로도 쓰였다.

123 저복원(貯福院): 황주에서 북쪽으로 20리 떨어진 곳에 있던 역원이다.

億孫)[124] 및 고을의 관리와 차사원 등이 오리정에서 조서를 맞이하였고 광대들이 수레 위에 얹힌 채붕을 돌리며 환영을 하였다. 일행이 대문 밖에 이르자 두 사신은 가마를 멈추고 채붕과 잡희(雜戲)를 관람하고는 들어가서 대청에 섰다. 영위사 김인손(金麟孫)[125]이 관찰사, 도사, 수령 등과 동서로 나뉘어 서서 조서를 맞는 예를 행하고, 그 예를 마치자 또 개인적인 인사를 나누고 자리를 마쳤다. 평양에서 보낸 사람이 투호를 가지고 오니, 두 사신이 함께 동헌에 앉았다가 투호 화살 몇 순배를 던졌다. 저녁에 영위연을 마련했는데, 영위사와 원접사 및 관찰사가 각각 술을 권유하는 예를 행하고 나서 영위사가 술을 더 권하려고 하자 두 사신이 "우리가 다 피곤하니, 술을 더 마실 것은 없습니다. 도성 한강(漢江)에서 만나지요."라고 하였다.

3월 2일, 맑음

두 사신이 출발하여 어초천(於草川)[126]에 이르러 누선을 탔다. 원접사를 불러 함께 타고는 작은 술자리를 마련하고 물고기를 잡게 하였다. 여러 종류의 물고기를 잡았는데, 모두 조선말로 뭐라고 부르는지 물으면서

124 이억손(李億孫): 1497~1538. 자는 대춘(大春), 본관은 전주이다. 상산부수(商山副守) 이계보(李繼保)의 아들이다. 1522년 문과에 급제하여 예조 참의, 황해도 관찰사, 좌승지 등을 역임하였다.

125 김인손(金麟孫): 1479~1552. 자는 정서(呈瑞), 본관은 경주(慶州)이며, 아버지는 김기(金璣), 어머니는 주명창(周命昌)의 딸이다. 1509년(중종4) 별시 문과에 급제한 뒤 병조 판서, 예조 판서, 경기 관찰사 등을 역임하였다.

126 어초천(於草川): 황주에서 남쪽으로 2리 떨어진 곳에 있다. 물의 근원이 수안군(遂安郡) 대현(大峴)에서 나와 서쪽으로 흘러 바다로 들어간다. 『신증동국여지승람』 권41 「황해도(黃海道)」 「황주목(黃州牧)」조 참조.

중국말로 확인하였다. 또 앞에서 물고기를 구워 올리도록 했는데, 물고기를 올릴 때 원접사와 관찰사에게는 올리지 않는 것을 보고, 상사가 그 이유를 물었다. 원접사가 역관을 시켜 "오늘은 선왕의 기일이라, 군신들이 모두 재계하고 소식(素食)을 합니다."라고 대답하자, 두 사신이 "조선의 제도와 예법은 흔히 우리 명나라와 같습니다. 명나라 조정이 만세를 누리면, 조선 역시 만세를 누릴 것입니다."라고 하였다.

상사가 부사에게 하천과 누선의 이름을 지어달라고 부탁하자, 부사가 하천은 '주금계(簇錦溪)'라고 이름하고, 누선은 '요운(搖雲)'이라고 이름을 붙였다. 상사가 원접사에게 말하기를, "귀국은 문물의 규범과 연회에서의 예양(禮讓: 예의를 지켜 공손한 태도로 사양함)이 명나라와 같으니, 해외의 나라 중에 어느 나라가 비교되겠습니까? 우리 두 사람은 매번 탄복해 마지 않습니다."라고 하고, 또 말하기를 "가는 길에 눈에 담을 만한 아름답고 빼어난 산수가 있다면 모두 즐겁게 구경하면서 가고 싶습니다. 판서는 우리 마음을 잘 아시겠지요."라고 하였다.

미시에 길을 나서 극성원(棘城院)에 도착하여 잠시 쉬었다가, 곧장 떠났다. 채 몇 리를 못 가서 가마에서 내려 산 정상에 올라 바다를 바라보았다. 사리원(沙里院)[127]에 도착하여 점심을 먹었다. 상사가 이화종을 시켜 말을 전하기를, "이곳은 바다와 가까워 석화[蜊蝗][128]와 조개 등이 신선하고 맛이 좋을 테니 조개류를 구해주세요."라고 하였다. 부사가 "공씨 어른은 집이 바닷가에 있어서 해산물 드시기에 익숙하시니, 각종 신선한 해산물을 판서에게 고해서 계속 가져다주세요."라고 하였다.

유시에 봉산(鳳山)에 이르자, 상사가 "오늘은 기력이 피곤하니 숙소연

127 사리원(沙里院): 황해도 봉산군(鳳山郡)에 있다.
128 석화[蜊蝗]: 『중종실록』 32년 4월 30일 기사에, 이황(蜊蝗)을 세속에서 '석화(石花)'라고 부른다고 하였다.

은 내일 아침으로 미루는 것이 좋겠습니다."라고 하였다. 상사는 걸어서 소나무 사이 초정(草亭)에 이르러서는, 또 부사를 불러 소나무 그늘 속을 함께 거닐었다. 그리고 배꽃이 핀 나무 아래로 가서 투호를 가져다가 서로 어울리며 겨루었다. 이어서 술을 따라 서로 권하다가, 이경(二更: 21~23시)이 되어서야 마쳤다. 상사가 이화종을 불러서 "이번 행차에 온 관리들 중에 당 태사가 왔을 때 차출되었던 사람은 없습니까?"라고 묻자, 이화종은 명나라 사신이 『황화집』을 보고 묻는 것을 알고 "지금 원접사 정 판서와 평양 영위사 소 판서(蘇判書: 蘇世讓)는 모두 그때 도감관이었습니다."라고 답하였다. 상사가 "그때 누가 내자시 정(內資寺正)이었습니까?"라고 물었는데, 아마 그때 원접사가 내자시 정이었으므로 그런 질문을 한 것이다.

3월 3일, 맑음

진시에 숙소연을 마치고 나서 두 사신이 각자 방으로 갔다. 원접사가 관찰사와 의논하고 나서 이화종을 시켜 두 사신에게 청하기를 "오늘이 바로 삼짇날입니다. 조선의 풍속에 으레 쑥떡을 만들어 산에 올라 잔치를 벌이고 즐깁니다. 객관의 남쪽 정상에 초정(草亭) 한 채가 있는데, 제일 높고 탁 트여 먼 데까지 볼 수 있습니다. 잠시 가 보시지요."라고 하자, 두 사신이 "알겠습니다."라고 하고, 마침내 정상에 이르러 원접사, 관찰사와 함께 초정에 앉아 작은 술자리를 마련하고 활 쏘는 군관 등에게 활을 쏘게 하였다. 상사가 연이어 큰 술잔을 관찰사에게 권하고 중간 술잔을 원접사에게 권하며 "오늘은 주량이 어느 정도인지 알고 싶군요."라고 하였다. 또 활을 쏜 군관들에게 술을 내려주고, 다시 일행인 통사와 의원 등을 불러 각각 술을 내려주었다. 날이 늦어 출발해서 검수관(劍水館)[129]에 이르러 점심을 먹었다. 문례관 임필형은 이미 지난밤에 도착하여 이곳에서 묵고 있었다.

원접사가 도성에서 온 유지(有旨)[130]의 뜻을 들어 두 사신에게 묻자, 두 사신이 답하기를 "칙서는 모두 우리가 황제의 허가를 받아 황지에 베껴써서 온 것이지만 그저 우리의 사행에만 관계될 뿐, 조선과는 상관이 없습니다. 조서를 반포할 때 우리가 데려온 사람들을 시켜 들고 가서 곧바로 하처(下處)[131]에 보낼 것이므로, 조선의 호위(護衛)를 번거롭게 하지 않을 것입니다."라고 하였다. 또 "이번 조서는 통상의 격식과는 달리 황제께서 친히 지은 것이라 조서의 난계(欄界)[132]에 모두 금빛을 칠한 용이 그려져 있습니다. 각로(閣老) 이시(李時)[133]가 우리에게 '나는 이제까지 이렇게 특별한 총애를 담은 조서를 본 적이 없소.'라고 했었습니다. 이번 조서를 펼쳐 읽어보면 조선 국왕은 우리 조정이 무척 총애하고 있다는 뜻을 알게 될 것이고, 또한 마땅히 뛸 듯이 좋아하실 것입니다. 무릇 조서는 반포가 끝나면 다시 가져가는 것이 관례입니다만, 조선의 국왕이 남겨두기를 원하는지 아닌지에 따라 처리하라는 성지를 받들고 왔으니, 만약 조서를 남겨두고 간다면 이는 참으로 조선의 보물이 될 것입니다. 조서의 내용에 관해서는 펼쳐 읽어보기 전에는 반드시 널리 알려서는 안 됩니다.……."라고 하였다. 원접사가 또 이번에 길을 가는 도중에 술을 대접하는 예가 「의주」와는 다

---

129 검수관(劍水館): 황해도의 역로(驛路)인 금교도(金郊道: 개성-곡산)의 속역(屬驛) 중 하나로, 봉산군(鳳山郡)에 있었다.

130 유지(有旨): 승정원의 담당 승지를 통하여 전달되는 왕명서(王命書)이다.

131 하처(下處): 객이 임시로 묵는 곳으로, 여기서는 사신이 묵었던 태평관(太平館)을 가리킨다.

132 난계(欄界): 종이 둘레의 줄 바깥을 가리킨다.

133 각로(閣老) 이시(李時): '각로(閣老)'는 명나라 때 재상을 지칭하는 말이다. 이시(李時, 1471~1538)는 당시 명나라의 재상으로, 자는 종이(宗易)이다. 이부 상서(吏部尙書), 대학사(大學士), 태자 태사(太子太師) 등을 역임하였다. 태부(太傅)에 추증되었고, 시호는 문강(文康)이다.

르다고 하자 두 사신이 "길을 가는 도중에 음식과 술을 대접하는 것은 그때그때의 형편에 따르는 것이지요. 조선 내에서 대접하는 일이야 당연히 귀국의 이전 규정을 따라야지요. 당 학사가 왔을 때 행한 「의주」를 그대로 따르시면 됩니다."라고 하였다.

문례관이 두 사신을 뵙고 보고하기를 "다섯 번 절하고 세 번 머리를 조아리기[五拜三叩頭]를 하는 예는 홍무(洪武) 연간에 보내준 「의주」에 실려 있지 않고, 그 뒤로 명나라가 별도의 「의주」를 보낸 적이 없었습니다. 우리나라는 대대로 이전의 예를 지키므로, 갑자기 바꿀 수가 없습니다."라고 하였다. 두 사신이 "이 예는 천하가 공통으로 하는 바른 예이므로 행하지 않을 수 없습니다. 조선은 늘 중국 제도를 따른다고 하는데, 이런 바른 예를 배우지 않고 어떤 예를 익혔습니까? 조서를 반포하는 의식은 홍무 연간에만 있었던 것이 아니고 영락(永樂)·선덕(宣德) 연간에도 다 반포한 적이 있었습니다. 조선에서는 이전의 전례를 살피면서 빠뜨린 것이 아닌지요? 전례 중에서 유독 홍무 연간의 제도만 고집하시는군요? 이번 조서를 조선 국왕이 열어 보고 나면 반드시 우리 조정이 우대하는 성의를 만나실 테니, 참으로 공경의 마음이 저절로 생기실 것입니다. 그러나 주고받는 말이 다만 통역에만 의지하니 참뜻이 제대로 다 전달되지 못합니다. 마땅히 분간하고 해석해서 글로 써서 드리겠습니다."라고 하였다. 상사가 마침내 교외에서 조서를 맞는 예를 써서 문례관에게 주었다.

그 글[134]은 다음과 같다.

> 연일 예관과 예를 강론했지만 역관이 말을 전하는 것이 분명하지 못할까 걱정되기 때문에 특별히 이렇게 글로 써서 말씀을 드립니다. 지금 천하의 친왕(親

134 글: 이 글은 공용경의 『사조선록』에도 실려 있는데, 일부 글자의 출입이 있다.

王)[135]들은 각 관원을 데리고 교외에서 조서를 맞이하는데, 모두 다섯 번 절하고 세 번 머리를 조아리는 예를 먼저 행하고 난 뒤에 전도(前導)[136]가 그 나라 안에 도착하면 각 아문이 스스로 조서를 펼쳐 읽는 의식을 갖습니다. 그대들 예관이 전날에 설명한 「의주」는 모두 옳지만, 다만 이 한 절차는 부족합니다.[137] 그래서 오늘 논하는 것은 개정된 「의주」가 아니니, 바로 '절차 하나하나를 기록해야 하는 「의주」로서 미진하다.'고 할 수 있습니다. 하물며 이 예는 천하가 공통으로 하고 있는데, 조선만 유독 하지 않고 있으니, 이는 두 가지 예가 있는 것입니다. 천자의 조서가 같고 천자의 신하가 같은데, 어찌 두 가지 예가 있을 수 있겠습니까.

게다가 우리는 지금까지 오면서 여러 장소를 지나왔는데, 참찬과 판서 및 관찰사 등의 관원들이 모두 길옆에서 국궁(鞠躬)을 했습니다. 그러나 우리가 문제 삼지 않은 것은 아직 조서를 펼쳐 읽기 전이라고 말할 수 있기 때문입니다. 그런데 한양에 도착하고 나서도 국왕이 국궁의 예를 행하는 것이 옳겠습니까? 만약 그대의 말대로라면 조선의 국왕 역시 전도를 사용하지 않는 것이 옳습니다. 이미 전도를 하고 또 삼무도(三舞蹈)[138]와 십이배(十二拜)를 한다면서 어찌 유독 이 교외의 예를 아껴서 행하지 않으려 합니까? 다른 예는 모두 행한다면서 유독 이 예만 행하지 않겠다니, 이는 이른바 '큰 것을 버리고 자잘한 것을 도모한다.'는 것입니다. 하물며 조서가 처음 이르면 조선의 국왕은 명나라 군주를 처음 알현하는 것이니, 더욱더 예를 다해서 조선의 백성들로 하여금 '국왕께서 명나라를 극진히 공경한다.'는 뜻을 전파하게 해야 합니다. 그런 뒤라야 조선의 백성들이 국왕을 극진히 공경하는 예를 알게 될 것입니다. 이는 아름다운 일이지 그대가 예에 벗어나도록 인도하는 것이 아닙니다.

지금 천자께서 조선의 국왕을 대우하는 것이 온 천하와 같은데, 조선에서 행하는 예가 온 천하와 다르면 이는 스스로를 온 천하 밖에 두는 것입니다. 우리는

---

135 친왕(親王): 황제의 아들이나 형제로서 왕(王)으로 봉해진 사람을 말한다.
136 전도(前導): 행렬을 선도하는 전열의 의장병을 이르는 말이다.
137 이……부족합니다: 원문에는 "但此一節"로 되어 있으나, 공용경의 『사조선록』에는 "但少此一節"로 되어 있어서 그것에 따라 번역하였다.
138 삼무도(三舞蹈): 신하가 임금에게 축수(祝壽)할 때에 세 번 손을 쳐들고 발을 구르는 의식이다.

조선의 국왕이 평소에 현명하고 또 조선은 예의를 지키는 나라라고 들어서 입국한 뒤로 조선에서 매사에 최선을 다했기 때문에 이런 말을 아끼지 않는 것입니다. 그대는 돌아가서 국왕에게 다만 마음이 편한 대로 하시면 예에 합당할 것이라고 말씀드려 주세요. 우리가 하는 말은 유별난 것을 따지거나 사리에서 벗어난 요구가 아닙니다. 예를 지키는 조선이 이를 잃고 행하지 않는 것을 안타깝게 여길 뿐입니다. 오늘 조선이 여러 지방의 생원들에게 조서를 맞이하게 했다고 들었는데, 매우 기쁩니다. 이는 예절과 의리를 지키는 나라가 아니면 할 수 없을 것입니다. 우리 조정에서 들으면 또한 반드시 매우 기뻐하여 돌봐주려는 마음이 날로 더할 것입니다.

포시(晡時: 15~17시)에 두 사신이 문루(門樓)에 올라 멀리 바라보았다. 저물녘에 용천관(龍泉館)[139]에 도착했는데, 숙소연을 내일로 미루도록 하였다.

3월 4일, 맑음

사시에 두 사신이 대청에 앉아 숙소연을 받으면서 원접사에게 "우리가 『황화집』을 보니 용천관의 남강(南江)이 최고의 명승지인데, 동 시강(董侍講)[140]이 이곳에 와서 꿩 사냥을 구경하고 함께 시[141]를 지었다고 기록되어

---

139 용천관(龍泉館): 황해도 서흥 도호부(瑞興都護府) 내에 설치된 객사이다.

140 동 시강(董侍講): 동월(董越, 1430~1502)을 가리킨다. 자는 상거(尙矩), 호는 규봉(圭峯)이며, 영도(寧都) 사람이다. 1488년(성종19) 한림원 시강(翰林院侍講)으로서 조선에 사신으로 왔다. 『조선부(朝鮮賦)』를 지었다.

141 시(詩): 동월이 1488년 사신으로 와서 용천관을 지나면서 부사 왕창(王敞), 원접사 허종(許琮)과 함께 지은 시를 말한다. 시는 「초 8일에 용천관에서 동쪽으로 가다가 물가에 병풍처럼 의젓하게 솟은 바위 벽 하나를 보고(初八日, 自龍泉館東行, 見水濱一石壁, 儼如屛狀)」라는 제목으로 『황화집』에 실려 있다.

있습니다. 우리가 오늘 총수산(蔥秀山)[142]을 지나는 데 갈 길이 바빠 오래 머물 수는 없으나, 잠시 들러서 차를 마시고 가야겠습니다."라고 하니, 원접사가 "본 도의 관찰사가 이미 자리를 마련하여 접대 장막을 설치해두었습니다."라고 답하였다. 숙소연이 끝나자 두 사신이 곧장 남강에 가서 섬돌을 따라 물을 구경하였다. 한참 뒤에 장막의 자리에 가서 다과를 내어오라고 명하여 차를 한 순배 마시고, 또 술을 따르게 하며 "원래 차만 마시려고 했는데 오씨 어른(부사 오희맹을 가리킴)이 술을 석 잔만 마시자고 했기 때문입니다."라고 하고, 또 조용히 원접사에게 "선배가 지나가며 노닐었던 곳에 우리가 와서 옛 자취를 밟으니 다행히 아니겠습니까?"라고 하였다. 그러고 나서 바로 출발하였다.

오시에 안성관(安城館)[143]에 이르러 점심을 먹었다. 길을 재촉하여 총수산에 도착하였다. 두 사신이 동 시강의 비석[144] 앞까지 걸어 올라가 비문을 몇 차례 읽고 나서 감탄을 금치 못하였다. 이화종에게 "국왕은 어찌하여 여기에 비각을 세우지 않는지요? 이것은 비용도 크게 들지 않습니다. 또 비석 표면에 깨진 곳이 많은데 어째서입니까?"라고 묻자, 이화종이 "무지한 나무꾼들이 마구 쳐서 깨진 것인데, 우리 전하께서 붙잡아다 조사해서 처벌하게 하셨습니다. 우선은 울타리로 보호하고 있습니다."라고 하였다. 비문을 다 보고 나서 바로 물가로 걸어 내려와서 장막 안에서 편한 옷과 신발 차림을 하고 물가를 수도 없이 돌면서 걸었다. 또 외나무다리로 물을 건너 바위 구멍에 흐르는 샘물을 보고 흥이 나서 돌아오기를 잊었다.

관찰사가 바다에서 나는 여러 가지 해산물을 드렸는데, 그중에는 껍

---

142 총수산(蔥秀山): 황해도 평산(平山) 북쪽 30리 지점에 있는 산 이름으로, 중국 사신인 동월(董越), 왕창(王敞), 당고(唐皐), 공용경 등이 지은 기(記) 또는 시가 있다.

143 안성관(安城館): 황해도 평산(平山)에 있던 역관이다.

144 동 시강의 비석: 성종 때 사신으로 조선에 온 동월(董越)이 지은 글을 새긴 총수산비(蔥秀山碑)를 말한다. 1496년(연산군2)에 세워졌으며 평산의 길가에 있다고 한다.

데기에 든 크고 작은 석화(石花: 굴)가 있었다. 상사가 보고는 아주 기뻐하며 작은 석화 한 소반을 가져다가 두목을 시켜 껍데기 채로 그 자리에서 불에 굽게 하고, 원접사와 관찰사를 불러 바닥에 앉게 하고 자신은 퍼질러 앉아서 발바닥으로 석화를 잡고는 작은 칼로 벌려서 먹었는데, 먹을 때마다 인사를 하고 좋다고 하였다. 벌리는 대로 먹어서, 껍데기가 소반에 수북이 쌓였다. 원접사와 관찰사 등에게 나누어 주며 웃으면서, "재상들은 석화가 나는 땅에 살면서 구워 먹을 줄을 모르다니 우스운 일이군요."라고 하였다. 술을 너댓 잔 돌리고 자리를 마쳤다. 그리고는 말하기를, "바닷가에 살아서 이런 것을 자주 먹습니다. 제 고향은 북경에서 8천 리 거리인데, 지금 또 동쪽으로 조선에 왔으니 만여 리가 넘는군요. 여러분들과 이곳에서 함께 즐기고 있으니, 어찌 운명으로 정해져 있는 일이 아니겠습니까."라고 하였다. 부사가 말하기를, "복건(福建)은 큰 바다 옆이고 유구(琉球), 점성(占城)[145]과 모두 긴밀히 내왕합니다. 저의 고향은 상주(常州)입니다. 양자강(楊子江) 가에 있는데 복건과는 한 달 남짓 걸리는 거리입니다."라고 하였다.

고을의 관리 등이 시바우치(時波赤)[146]에게 매를 놓게 하자 꿩을 쫓아 날아내려 툭 떨어졌다가 산 노루를 잡아 바쳤다. 두 사신이 다 손을 쳐들고는 기쁨을 금치 못하였다. 해질녘에 보산관(寶山館)에 닿았는데, 관에 못 미쳐서 가마에서 내려 옷을 갈아입고 들어갔다. 숙소연을 내일 아침으로 미루도록 하였다.

---

145 점성(占城): 베트남 중부 지방에 있던 잠족이 세운 국가이다. 베트남어로는 지엠탄(Chiêm Thành), 일본에서는 센조(せんじょう)라고 한다. 875년부터 1693년까지 한문 사료(史料)에 보이는 참파(チャンパ / Chăm Pa 잠빠)이다. 일본어판 위키피디아 참조.

146 시바우치(時波赤): 원문은 "응인(鷹人)"인데, 궁중 내응방(內鷹坊)에서 매를 기르고 부리던 일을 맡은 사람으로 고려 시대에 시바우치라고 불렀다. 원나라의 영향을 받은 몽고식 관직명이다.

3월 5일, 맑음

상사를 따라온 두목 장전(張全)은 나이 열일곱인데, 줄타기[147]를 하는 대자(帶子)[148]였다. 보산관에서 문지기가 그와 서로 맞서 버티다가 문지기가 손에 쥐고 있던 곤장으로 장전의 머리를 잘못 건드렸다. 장전이 소리치며 "저 문지기가 나를 때렸다."라고 하며 마침내 상사에게 고하였다. 원접사가 이를 듣고 평산 부사(平山府使) 이림(李霖)에게 문지기를 붙잡아다 조사해서 매우 엄하게 처벌하도록 하였다. 이에 차꼬와 수갑을 채워 뜰에 가두어 두었다. 진시에 상사는 대청에 나와 앉아 숙소연을 받고 나서 문지기를 불러오게 하여 그에게 "네가 정말 장전을 때렸다면 죄가 작지 않다. 지금 너희 두 사람이 모두 서로 장난을 쳤다고 하니, 이는 애초에 때릴 마음은 없었던 것이다."라고 하고, 마침내 풀어주도록 하였다.

사시에 두 사신이 출발하여 평산부(平山府) 앞 작은 정원에 도착하였다. 가마에서 내려 정원에 앉았다가 한 끼 식사할 정도를 머문 뒤에 출발하여 금암관(金巖館)[149]에 이르러 점심을 먹었다. 상사가 이화종을 시켜 원접사에게 "어제 총수산의 조금 동쪽을 보니 봉우리가 기이하고 가파른 것이 총수산보다 훨씬 뛰어나던데, 이름이 무엇인가요?"라고 묻자, 원접사가

---

147 줄타기: 원문은 "희색(戲索)"인데, 줄광대나 줄꾼이 줄 위를 걸어 다니면서 여러 가지 재주를 보이는 놀이로 광대줄과 어름이 있다. 2011년 유네스코 세계 무형 유산으로 지정되었으며, 국가 무형문화재 58호이다. 이때 명나라 사신단에 줄타기 재인이 포함되어 있었던 것으로 보인다.

148 대자(帶子): 명나라 사신을 따라온 하급 구실아치인 듯하지만 그 직책이나 역할은 자세하지 않다. 김경선(金景善)의 『연원직지(燕轅直指)』 권1에 다음과 같은 기록이 있다. "봉성 장군 2명, 주객사(主客司) 1명, 세관(稅官) 1명, 어사(御史) 1명, 만주 장경(滿洲章京) 8명, 추가하여 나온 장경[加出章京] 2명, 몽고 장경(蒙古章京) 2명, 영송관(迎送官) 3명, 대자(帶子) 8명, 박씨(博氏) 8명 (중략) 도합 102명에게는 장지(壯紙) 156묶음, 백지 469묶음, 청서 가죽 140장, 작은 봉초 580갑 (중략) 유단(油單) 2부를 나누어 주었다." 『책문 예물기(柵門禮物記)』「출강록(出疆錄)」 임진년(1832, 순조 32) 11월 22일조 참조.

149 금암관(金巖館): 평산부의 역관으로, 부(府)에서 남쪽으로 7리 떨어진 곳에 있다.

"조선에는 산이 많아 그런 정도는 무수합니다. 어찌 이름이 있겠습니까? 사람들이 그저 통틀어서 총수산이라 합니다."라고 답하였다.

신시에 두 사신이 저탄(猪灘)[150]에 도착하였다. 가마에서 내려 저탄 강가의 장막에 앉자 몇 순배의 술을 올렸다. 관찰사가 각종 해산물을 진상하자, 두 사신이 감사를 표하고 곧장 누선에 올라 강을 건넜다. 저물녘에 흥의관(興義館)[151]에 도착하여 숙소연을 내일로 미루도록 하였다. 상사가 식사를 하다가 진지차사원(進止差使員)[152] 등을 보고, 장련 현감(長連縣監) 성철문(成哲文)을 가리키며 이 관원은 어떤 출신이냐고 물었다. 김산해(金山海)가 "문음(門蔭)[153]으로 등용되었습니다."라고 답하자, 상사가 "문음이 무엇입니까?"라고 물었다. 김산해가 "그의 조부가 일찍이 사간원 헌납(司諫院獻納)이 되어 간쟁(諫諍)의 공이 있었기 때문에 그 자손들을 채용한 것입니다."라고 답하자, 상사가 "정말로 좋은 제도로군요."라고 하였다. 원접사가 역관을 시켜 '양교(涼轎)[154]를 만들어 보내겠다.'는 뜻을 두 사신에게 고하게 했는데, 두 사신이 모두 기뻐하였다. 초저녁에 부사가 김산해를 불러 말하기를 "총수산 건너 봉우리에 대해 공씨 어른께서 감탄과 칭찬을 금치 못하면서 '취병(翠屛)'이라 이름을 붙이고, 또 글[155]을 남기셨습니다. 그대는 알고만 있고 우선 판서에게 말하지 마세요."라고 하였다.

---

150 저탄(猪灘): 황해도 평산군 동쪽, 예성강 상류의 명칭이다.

151 흥의관(興義館): 우봉현(牛峯縣)에서 서쪽으로 30리 떨어진 곳에 있다. 옛 이름은 '임패(臨浿)'로, 일명 '영파(迎波)'라고도 한다.

152 진지차사원(進止差使員): 성지(聖旨)를 받드는 임무를 맡기 위해 차출된 관리를 가리킨다.

153 문음(門蔭): 조상의 음덕(陰德)이 있어서 과거를 거치지 않고 벼슬자리에 진출하는 것을 말한다.

154 양교(涼轎): 관원들이 타고 다니는 대나무로 만든 가벼운 가마이다.

155 글: 공용경이 총수산 맞은편에 있는 봉우리의 빼어난 산수를 칭찬하여 지은 「취병산 유람기(遊翠屛山記)」로, 그의 『사조선록』 권2에 실려 있다.

3월 6일, 맑음

두 사신이 대청에 앉아서 숙소연을 받았다. 사시에 양교를 타고 출발해서 오조천(吾助川)[156]에 도착하였다. 가마에서 내려 주위를 돌아보며 "접때 지나온 산천은 이곳의 빼어난 경치 만한 곳이 없군요. 돌아가는 길에 편안하게 감상하고 가야겠습니다."라고 하고, 또 이화종에게 "지금 양교를 타보니 매우 좋군요."라고 하자, 이화종이 "전하께서 두 사신이 따뜻한 날 전교를 타게 될까 걱정해서 특별히 해당 관원을 시켜 양교를 만들어 보내셨습니다."라고 하였다. 두 사신이 서로 쳐다보면서 "국왕의 배려가 이토록 섬세하시군요. 압래관(押來官)을 불러 내가 직접 감사 인사를 하고 보내고 싶습니다."라고 하자, 이화종이 "압래관은 어제저녁에 가마를 인도한 뒤에 곧바로 돌아갔습니다."라고 하였다.

오시에 금교관(金郊館)[157]에 도착하였다. 두 사신이 대청에 서서 병풍에 황학루(黃鶴樓)와 고소대(姑蘇臺) 두 개의 그림을 보고, "이 그림은 귀국의 어디입니까?"라고 묻자, 통사 홍겸이 "본국의 경상도에 이 황학루와 고소대가 있습니다."라고 답하였다. 상사가 "판서의 관향이 경상도 동래현(東萊縣)으로 산천이 매우 수려하다고 하던데, 그곳을 그린 것이 아닌지요?"라고 하자, "맞습니다."라고 답하였다. 두 사신이 한참을 손으로 가리키더니 "참으로 좋은 경치입니다."라고 하였다. 원접사가 이화종을 시켜 두 사신에게 알리기를 "오늘 밤은 개성부(開城府)에서, 7일은 동파관(東坡館)[158]에서,

156 오조천(吾助川): 황해도 우봉현(牛峯縣) 서쪽 30리에 있는데, 근원이 성거산(聖居山)에서 시작하여 저탄(猪灘)으로 흘러 들어간다.

157 금교관(金郊館): 황해도 금천군(金川郡)에 있던 객관이다.

158 동파관(東坡館): 고양에서 임진강 건너 지역인 동파에 설치되었던 역관이다.

8일은 벽제관(碧蹄館)[159]에서 묵고, 9일에는 도성에 들어갑니다. 앞으로의 여정에서 묵을 곳이 이와 같은데 이대로 가실지 감히 여쭙니다."라고 하자, 두 사신이 "우리도 이미 날을 정해놓은 것을 알고 있으니 말한 대로 가야지요."라고 하였다.

점심을 먹은 뒤에 출발하여 산예역(狻猊驛)[160]에 이르렀는데 개성부에서 길가 높은 언덕에 장막을 설치해두었다. 두 사신이 수레에서 내려 잠시 쉬자 다담상(茶啖床)을 올렸다. 차를 다 마시고 영빈관(迎賓館)에 도착했는데, 경기도 관찰사 김희열(金希說)[161], 도사 이당(李塘)[162], 개성 유수 한윤창(韓允昌)[163], 경력(經歷) 안우(安宇)[164], 도사 김확(金擴)[165] 및 집사와 수령 등이 영빈관 앞에서 조서를 맞이하였다.

신시(申時: 15~17시)에 개성부에 들어가니, 영위사 유세린(柳世麟)[166], 별영위사 박수량(朴守良)[167]과 개성부의 관리 및 수령 등의 관원들이 동서로 나뉘어 서서 조서를 맞는 예를 행하였다. 그 후에 원접사가 또 영위사 등의 관원들과 함께 개인적인 인사를 나누고 나왔다. 두 사신이 "오늘은 날이

---

159 벽제관(碧蹄館): 경기도 고양시 벽제에 설치되었던 역관이다.

160 산예역(狻猊驛): 지금의 개성에 설치되었던 역관이다.

161 김희열(金希說): 생몰년 미상. 자는 상경(商卿), 호는 가정(柯亭), 본관은 순천(順天)이다. 1519년 문과에 급제하였고, 경기도 관찰사, 호조 참판, 경주 부윤 등을 역임하였다.

162 이당(李塘): 생몰년 미상. 자는 지방(止方), 본관은 우봉(牛峯)이다. 1528년 문과에 급제하였고, 병조 좌랑, 정언, 경기도 도사 등을 역임하였다.

163 한윤창(韓允昌): 1480~? 자는 창지(昌之), 본관은 청주(淸州)이다. 1509년 문과에 급제하였고, 개성부 유수, 경상도 관찰사, 공조 참판 등을 역임하였다.

164 안우(安宇): 1498~? 자는 태허(太虛), 호는 계산(戒山), 본관은 광주(廣州)이다. 1524년 문과에 급제하였고, 평산 부사(平山府使), 선산 부사(善山府使) 등을 역임하였다.

165 김확(金擴): 생몰년 미상. 자는 사혼(士混), 본관은 연안(延安)이다. 1526년 문과에 급제하였고, 춘추관 기사관, 강릉 부사(江陵府使) 등을 역임하였다. 『중종실록』 편찬에 참여하였다.

166 유세린(柳世麟): 1490~?. 자는 사인(士仁), 호는 활탄(活灘)·팔우당(八友堂), 본관은 전주(全州)이다. 1521년 별시 문과에 급제하였고, 부제학, 승지, 대사헌 등을 역임하였다. 1537년 동지사(冬至使)로 명나라에 다녀왔다.

167 박수량(朴守良): 1491~1554. 자는 군수(君遂), 본관은 태인(泰仁)이다. 1514년 문과에 급제하였고, 호조 판서, 한성부 판윤, 지중추부사 등을 역임하였다. 『중종실록』과 『인종실록』의 편찬에 참여하였다. 청백리에 뽑혔고 시호는 정혜(貞惠)이다.

저문 데다 피곤하니 영위연은 내일 아침으로 미뤄서 행하는 것이 좋겠습니다."라고 하였다. 저녁에 부사가 따듯한 물을 가져오게 하여 방에서 목욕하였다.

3월 7일, 맑음

진시에 대청에 영위연을 마련하니 두 사신이 대청으로 나와 앉았다. 원접사가 유세린, 한창윤, 김희열, 박수량 등과 모두 서쪽에 앉고 도성에서 온 기생과 악공들이 앞에서 음악을 연주하였다. 두 사신이 "우리는 길이 바빠서 늘 주례(酒禮)를 줄이는데, 하물며 여악(女樂)을 벌이다니요?"라고 하였다. 박수량이 앞으로 나아가 역관을 시켜 말을 하기를, "전하께서 특별히 내관을 보내셔서 여기까지 데리고 와서 연회 자리를 돕게 하셨습니다. 이제 만약 물리신다면 실상 전하의 성의를 저버리시는 일입니다."라고 하였다. 두 사신이 "이미 왔으니, 그럼 음악을 연주하게 하지요. 앞으로 여악을 쓸 때는 미리 우리한테 알려 주시는 것이 좋겠습니다."라고 하였다. 박수량이 사신에게 환영과 위로의 술을 먼저 올리고 유세린이 다음에 올렸다. 마치고 나자 두 사신이 "날은 저물고 갈 길은 바쁘니 여러분은 통상의 예에 구애되지 마시고 다들 한 잔씩 드시지요."라고 하였다. 연회가 끝나자 박수량이 앞으로 나아가 "조서를 조선에 남겨두는 일은 두 분 대인께서 이미 황제의 허락을 받아 오셨습니다. 바라건대 조서를 반포하신 뒤에는 조선의 왕궁에다 남겨두시지요."라고 하였다. 두 사신이 답하기를 "이 일은 조선 국왕의 의향을 보고 나서 들어드릴 수 있습니다. 벽제(碧蹄)에 가서 다시 대신을 만나 의논해서 말씀드리지요."라고 하였다.

두 사신이 각자 방으로 갔다가 곧이어 대청에 모여서 원접사 및 두 영위사와 관찰사, 유수를 앞으로 불러서 단자(單字) 하나를 주면서 "이것이 우리가 베껴 쓴 성지(聖旨)의 전부입니다. 이 단자를 조선 국왕에게 드리려는 것은 아니고, 여러분들이 자세히 보고 말씀을 드려주셨으면 합니다."라고 하였다. 말이 끝나자 두 영위사가 작별을 고하였다. 두 사신은 "두 재신(宰臣)을 여기까지 보내셔서 위로를 해주시니, 훌륭하신 국왕의 성의에 감사하고 감사합니다."라고 하였다.

그 단자 안에 3통의 공문이 실려 있었는데, 첫 번째 공문은 다음과 같다.

> 큰 경사[168]에 관한 예부상서 하언(夏言)[169]의 상주문에, "가정 15년(1536) 10월 6일 삼가 황태자 출생을 맞이하여 전례상 천하에 조서를 내려 알려야 하겠기에, 예부에서 이미 올린 상주문[170]에 대한 황제의 비준을 거쳐 11월 6일 탄생한 지 한 달이 되는 날에 거행합니다."라고 하였습니다.
>
> 삼가 이를 행하는 것 외에 황상께서 면전에서 훈시하시기를, "황태자가 막 태어났을 때 이미 천하에 조서를 내려 알렸는데, 어찌 유독 외국만은 책봉 날에야 비로소 사신을 보내어 조서를 통해 알리겠는가? 더구나 이미 온 천하와 모든 신에게 아뢴 이상 모두가 알도록 하는 것이 마땅할 터이니, 훗날 황태자를 책봉하는 것은 다시 조서로 알려야 할 것이다. 경은 거행의 근거를 의논해서 다음 달 6일에 황태자의 출생을 반포해서 알리되, 조서는 마땅히 황태자를 책봉하는 규

168 큰 경사: 1537년(중종32) 명 세종(世宗)의 둘째 아들 장경태자(莊敬太子) 주재예(朱載壑, 1536~1549)의 출생을 말한다.

169 하 각로(夏閣老): 하언(夏言, 1482~1548)을 가리킨다. 명나라 귀계(貴溪) 사람으로, 자는 공근(公謹), 시호는 문민(文愍)이다. 정덕(正德) 연간에 진사(進士)에 급제하여 병과 급사중(兵科給事中), 소사(少師), 상주국 간관(上柱國諫官) 등을 역임했다. 시와 사곡(詞曲)에 능했고, 저서로 『계주집(桂洲集)』, 『남궁주고(南宮奏稿)』 등이 있다.

170 상주문: 원문은 "제본(題本)"인데, 명청(明淸) 시대에 고위 관료가 병제(兵制), 형제(刑制), 전량(錢糧) 등 공무에 관하여 황제에게 올리는 상주문을 이르던 말이다.

례대로 하지 말고, 전례에 따라 한림원(翰林院)의 관원 1명을 정사로 삼고, 급사중(給事中) 1명을 부사로 삼아 조서를 받들어 조선과 안남(安南) 두 나라로 가서 황태자의 출생을 알리도록 하라. 황태자를 책봉하는 날을 기다려 다시 사신을 보내어 조서를 내려 알리는 것은 마땅히 어명이 예부에 내려오길 기다렸다가 삼가 어명에 따라 거행하라."라고 하셨습니다. 이에 대해 성지로 윤허를 받아 법령으로 만들었습니다.

큰 경사에 관한 예부의 상주문에 대한 성지에, "받들어 낙점을 받은 사람이 가도록 하고, 조선 국왕에게 사단(紗段: 비단의 일종)을 하사하라. 별도로 한림원 수찬(翰林院修撰) 공용경(龔用卿)과 호과 급사중(戶科給事中) 오희맹(吳希孟)을 모두 낙점하노라."라고 하셨습니다.

두 번째 공문은 다음과 같다.

한림원 등등의 아문 수찬 등등의 관리인 공용경 등이 올린 큰 경사에 관한 상주문에, "삼가 정사와 부사에 임명되어 조서를 받들어 조선으로 가서 알리면 조선 국왕은 우리 황상께서 천지 사방이 한 집이 되는 마음을 미루어 구주(九州)까지 도외시하지 않는 덕화를 확충함이 매우 성대하다는 것을 우러러볼 것입니다.

사신이 출발할 때 생각해보니, 조서를 받들어 조선에 도착했을 때 만에 하나 조선 국왕이 황상을 존경하는 마음을 간절한 정성에 드러내어 조서를 남겨주시어 번국의 보물로 삼게 해 주기를 간청한다면 비록 중화를 사모하고 덕화에 감화되고 싶은 정성이 진실로 떳떳한 예에 걸맞기는 하지만 성지를 받들기 전에는 감히 독단적으로 처리할 수 없는 일입니다.

만약 저런 상황에서 황제께 아뢴다면 길을 왕래하는 것이 자칫 한 달이 걸리므로 착오가 없을 수 없으니, 이 때문에 먼저 상주문을 올립니다. 해당 부(府)에 칙서를 내려, 정덕(正德)[171] 연간에 수찬 윤문서(倫文敍)와 편수 심도(沈燾) 등이 안남에

171 정덕(正德): 명나라 무종(武宗)의 연호로, 1509년부터 1521년까지이다.

간 전례에 따라 조서를 남겨달라는 조선의 청을 허락하소서. 그렇게 한다면 조정의 대전(大典)이 준수할 기준이 있게 되고 외국의 인심에 신용을 얻게 될 것입니다. 상주문을 갖추어 아룁니다."라고 하였습니다. 이에 대한 성지에, "예부에서 상세히 살펴보고 와서 아뢰라."라고 하셨습니다.

세 번째 공문은 다음과 같다.

예부가 큰 경사에 대해 올린 상주문에, "한림원 등등의 아문 수찬 등등의 관리인 공용경 등이 제본(題本)으로 아뢴 것을 보았는데 '조서를 받들고 조선국에 가서 고유하여 알리면 저 조선의 국왕이 조서를 남겨두기를 청할 듯합니다. 정덕 연간의 수찬 윤문서 등의 사례에 따라 조서를 남겨달라는 조선의 청을 허락하소서.'라고 한 대목은 조사해보니 이미 전례가 있어 그것에 맞게 의논하여 처리해야 하는 일로, 마땅히 명이 내려오길 기다려서 예부에서 명령대로 거행해야 합니다. 각 관리가 임시로 앞의 일을 짐작한 것이 저와 같고, 국왕이 조서를 남겨두기를 청하는 뜻이 과연 정성스럽고 간절한 마음에서 나온 만큼 또한 마땅히 그 뜻을 굽어 좇아서 남겨두기를 청하는 뜻을 들어주어야 합니다. 그러나 큰 경사와 관계된 일인 데다, 받은 성지에 '예부에서 살펴보고 와서 아뢰라.'라고 하시기에 사리로 보아 감히 마음대로 처리할 수 없어서, 삼가 성지를 청합니다."라고 하였습니다. 이에 대해 성지로 윤허를 받았습니다.

두 사신이 또 이화종을 시켜 말을 전하기를 "유생들이 조서를 맞이하는 일에 대해서는 앞서 문례관이 이미 상의해서 결정한 것을 보고했습니다. 개성은 큰 고을인데 유생들이 어찌 조서를 맞이하지 않는지요?"라고 하자, 원접사가 "유생들이 조서를 맞이하는 것은 이전부터 늘 해오던 일이 아니고 지금은 대인의 명으로 특별히 조서를 맞이하도록 한 것입니다. 다만 정해진 때에 「의주」를 갖추어 오지 못했기 때문에 이 고을의 유생들이

미처 조서를 맞이하지 못한 것인데, 국학 유생들은 응당 조서를 맞이할 것입니다."라고 답하였다.

오시에 초현원(招賢院)[172]에 도착하였다. 두 사신이 원접사와 관찰사를 불러서 함께 식사를 하였다. 원접사가 "앞서 황제께서 친히 쓰신 조서의 내용을 받들어 보았는데, 과연 국내에 반포한 조서의 뜻과 다른 내용이 있습니까?"라고 묻자, 상사가 "조서의 뜻을 우리가 어찌 자세히 알겠습니까? 내각(內閣)[173]에 갔을 때 잠깐 조서의 초고를 보니 대개는 황태자의 출생을 사방에 알린다는 뜻이었는데, 그중에 약간 다른 구절이 있었습니다."라고 하였다.

원접사가 또 묻기를 "예부(禮部)의 제본(題本)에 '조선과 안남에 가서 알리도록 하라.'는 말이 있는데, 안남에도 사신을 보냈는지요?"라고 하자, 두 사신이 답하기를 "예부의 초본(初本)에는 그렇게 되어 있었습니다만, 그 뒤 안남에서 나라에 난리가 일어나[174] 복본(覆本)에서는 사신 파견이 정지되었습니다. 게다가 조서를 반포하는 일을 두고 내각의 신하들이 의논드리기를 '이번에 다만 큰 경사를 알리기 위한 사신은 보낼 것 없고, 황태자 책봉 조서를 보낼 때를 기다렸다가 보내는 것이 좋겠습니다.'고 하였습니다."라고 하였다.

문례관 임필형이 「의주」를 수정해 와서 두 사신에게 드리면서, "교외에

---

172 초현원(招賢院): 개성 동쪽 동파역(東坡驛) 20리 지점에 설치되었던 역관이다.

173 내각(內閣): 명나라에서 내각은 성조(成祖, 1402~1424 재위. 연호는 永樂) 때 설치된 중앙 관서이다. 한림원 관료 중에서 전각대학사(殿閣大學士)를 선발해서 궁궐 내의 문연각(文淵閣)에서 근무하도록 하였다.

174 안남에서……일어나: 남산(藍山) 봉기(1418~1428)에서 명군을 몰아낸 여리(黎利: 레 로이)에 의해 후여조(後黎朝, 1428~1788)가 일어났다. 지방 왕권의 느슨한 연합체 형태였던 '참파' 왕국에는 '비자 야'와 '판 도 랑가'의 두 핵심 지역이 있었지만, 1471년에 후여조의 침공에 의해 '비자 야'가 멸망했다. 여조의 제실(帝室)이 쇠퇴하자 권신인 막등용(莫登庸)에 의한 찬탈 왕조 막조(莫朝: 막 왕조)가 권력을 장악했다. 여조 부흥 세력과 막 왕조가 홍강(紅江)을 끼고 대치한 남북조 시대의 전란을 거쳐 후여조는 부흥했지만, 북부는 제실을 좌지우지한 동경정씨(東京鄭氏)가 지배하고, 중부에는 광남완씨(廣南阮氏)에 의한 반(半)독립 정권이 성립하여 둘 사이에 정(鄭)-완(阮) 전쟁이 일어났다.

서 다섯 번 절하고 세 번 머리를 조아리는 예를 행하는 것은 본디 홍무 연간에 반포한 「의주」에 있는 예가 아닙니다. 그래서 이전 명나라 사신이 왔을 때는 이런 의식이 없었습니다. 이번에 두 분 대인께서 천하에 공통으로 통행되는 예라고 하시고 시행하려고 하셔서, 전하께서는 특별히 대인들의 말을 따라 「의주」를 고쳐 보내셨습니다."라고 하였다. 두 사신은 "훌륭한 국왕께서 예를 잘 지키심에 대해 감사드립니다."라고 하였다.

유시에 두 사신이 동파관(東坡館)에 도착하였다. 상사가 이화종을 시켜 전하기를, "우리는 이번 길에 구경한 산과 하천, 누각과 정자에 모두 지은 글이 있습니다. 도성에 도착하면 즉시 빈 족자 몇 폭에 써서 보여드리겠습니다. 그러니 길고 넓은 족자를 서둘러 만들어 주세요.[175] 우리가 비록 3일을 머물지만, 그 사이에 만들 수 있을 것입니다."라고 하고, 또 "이전에 부탁한 「평양도(平壤圖)」 역시 잊지 마세요."라고 하였다.

초저녁에 숙소연을 행하였다. 두 사신이 "대청이 비좁으니 진선(進膳)[176]을 올릴 필요가 없고 속히 술만 주세요."라고 하였다. 연회가 끝나고, 원접사가 즉시 전하께서 하유(下諭)하신 길시(吉時)를 두 사신에게 고하자, 두 사신이 "날이 밝을 무렵에 출발해야겠습니다."라고 하였다. 원접사가 또 청하기를 "만약 날이 밝을 무렵에 출발하면 아마 길시에 조서를 반포할 수 없을 것입니다."라고 하자, 두 사신이 "그렇다면 오경(五更: 3~5시) 초에 출발해야겠습니다."라고 하였다.

상사가 단자 하나를 꺼내서 원접사에게 주며 말하기를 "안남국에 조서를 반포하는 등의 일은 역관이 글로 써서 전해줄 수 없으므로 이를 써

---

175 길고……주세요: 어숙권(魚叔權)의 『패관잡기(稗官雜記)』에 공용경이 도성에 도착하면 현판을 많이 만들어 시를 쓰고 싶다고 했는데, 역관이 잘못 전달하는 바람에 조선에서 빈 족자 10폭을 공용경에게 전달했다는 이야기가 나온다.

176 진선(進膳): 음식상을 올리는 것을 말한다. '進饍'으로도 쓴다.

서 보여주겠습니다."라고 하였다. 그 글은 다음과 같다.

구두로 한 말을 기술하여 역관의 통역을 대신하니 잘 이해하시기 바랍니다. 애초에 사신을 뽑아 조선에 보내는 것은 우리 조정의 성스러운 뜻에서 나온 것인데, 이는 원래 전례에 없었던 일입니다. 그래서 앞서 이른바 "일통(一統)의 예로 조선 국왕을 대우한다."는 것이 바로 이것을 두고 말하는 것입니다. 본래 안남국과 함께 사신을 보내려고 했는데, 뒤에 예부(禮部)에서 자세하게 조사하여 "안남국에 난리가 일어나 몇 년간 조공(朝貢)이 들어오지 않으니 마땅히 따로 사람을 보내어 알아보아야 한다."고 보고했기 때문에 단지 조선에만 사신을 파견한 것입니다.

이로 인해 한림(翰林)과 호과(戶科)에서 사람을 뽑아 안남국으로 파견하지 않고 별도로 금의위(錦衣衛)[177]와 지휘(指揮)[178]에서 두 명을 차출해 안남국에 파견하여 그 일을 조사하게 하고, 아울러 진순(鎭巡)[179]과 삼사(三司)[180] 등의 관원을 철저하게 꾸짖어 어떤 사정이 있으면 사실대로 보고하도록 하였습니다. 이는 조선의 일과 관계가 없기 때문에 보이려고 기록해 오지 않았습니다. 그런데 지금 예부에서 상주문 원고가 하사한 예물 일절(一節)에 있는 것을 보고, 떠나기 전날에 이미 갖추어 말해주었습니다.

우리가 출발하려고 할 때 황제께서 문화전(文華殿)에 거둥하시어 각로(閣老)와 예부를 불러서 친히 이 일을 설명하신 것을 들었는데, 황제의 뜻은 '황태자의 출생을 천하와 마찬가지로 동일하게 알리려는 것일 뿐이니 책봉(冊封)의 여러 일과 비교하면 다르다.'는 것이었습니다. 예부의 상주문에서 예물을 청한 데 대해서는 단지 "따로 거행하겠다."라고만 비답(批答)했는데, 이른바 "따로 거행하겠다."라는

---

177 금의위(錦衣衛): 명나라 홍무(洪武) 15년(1382)에 설치한 관서로 원래 이름은 금의친군 도지휘사사(錦衣親軍都指揮使司)이며, 황궁을 호위하는 친군(親軍)으로서 황제의 출입 때 의장(儀仗)을 맡았다. 이후 권력이 더해지면서 죄인의 체포와 구금 등 형옥(刑獄)을 담당했다.

178 지휘(指揮): 군직(軍職)으로, 당대에 설치한 도지휘사(都指揮使)에서 출발하여 이후 금위군과 친군 등에 설치되었고 명대에는 금위군 외의 모든 위(衛)에 두었다.

179 진순(鎭巡): 흠차 진수 총병관(欽差鎭守摠兵官)과 흠차 순무도찰원 도위사(欽差巡撫都察院都尉使)를 이르는 말로, 양자는 각 지방의 군정과 감찰 책임을 맡은 기관이다.

180 삼사(三司): 명대의 도지휘사, 포정사, 안찰사 등 세 기관을 통칭하는 말이다. 이들 세 기관은 모두 각 지방의 최고급 행정기관으로, 군사·민정·감찰 등을 각각 분담하였다.

것은 기다리라는 말입니다. 황제의 뜻은 대개 뒷날 황태자를 책립(冊立)할 때를 기다렸다가 따로 하사하는 바가 있음을 의미하는 것이니, 대체적인 요지는 이와 같습니다.

오늘 「의주」를 개봉하여 마침 읽어보고는 찬탄하며 "이는 조선이 예의를 지키는 나라라고 할 수 있는 것이 아니겠는가."라고 하였습니다. 일찍이 들으니, 제환공(齊桓公)이 규구(葵丘)의 회맹을 열자 주나라 천자가 후백(侯伯: 제환공)에게 음복고기를 보냈는데, 신하가 천자의 명을 전하여 제환공에게 당 아래에서 절을 하지 않도록 하였습니다. 그러자 제환공이 "천자의 위엄이 면전에서 지척도 떨어져 있지 않으니 저 소백이 감히 천자의 위엄 있는 명령을 더럽힐 수 있겠습니까?"[181]라고 하였습니다.

지금 천자께서는 총명하고 성스러워 황제의 신령이 널리 퍼짐이 주나라 천자의 때에 비해 크게 다르고, 조선 국왕은 평소 예를 지킨다고 하는데, 실제로 제환공이 중화를 사모하고 천자를 존경한 정성보다 뛰어나 거의 더할 것이 없어서 나라 사람들이 칭송하고 천하가 칭찬하여 미담으로 여기고 있습니다. 여기에서 우리 황상께서 수레바퀴와 문자를 통일한 성대한 교화가 먼 데까지 행해졌음을 볼 수 있습니다. 우리는 장차 황상에게 공경히 이를 아뢰어 그 현명함을 표창하려고, 아울러 여기에 붙여서 씁니다.

3월 8일, 흐림

181 제환공(齊桓公)이……있겠습니까: 노나라 희공(僖公) 9년 여름에 규구(葵丘)에서 회합하여 맹약(盟約)을 다지고 수호(修好)를 증진하자 주나라 양왕(襄王)이 제후에게 음복 고기를 하사하며 제환공에게 당을 내려가서 절을 하지 않도록 하였다. 이에 제환공은 "천자의 위엄이 면전에서 지척도 떨어져 있지 않으니, 저 소백이 감히 천자의 명을 탐하여 당을 내려가 절을 하지 않을 수 있겠습니까?[天威不違顔咫尺, 小白余敢貪天子之命, 無下拜?]"라고 하였다. 『춘추좌전』 「희공(僖公) 9년」 참조.

오후에 비가 내렸다. 진시에 두 사신이 출발하여 임진(臨津)에 도착하였다. 원접사와 관찰사를 불러서 함께 배 위에 앉아 작은 술자리를 마련하여 몇 순배 마셨다. 어부가 잉어 몇 마리를 바치자 두 사신이 뱃전에 기대서서 잉어 주둥이에 끈을 묶고 물속에 담그고는 잉어가 헤엄치는 것을 구경하였다.

▲ 벽제관 편액-국립중앙박물관 소장

미시에 파주(坡州)에 도착하여 점심을 먹었다. 해가 기울 무렵 출발하여 비를 맞으며 벽제관에 도착하였다. 영의정(領議政) 김근사(金謹思)[182]와 예조 판서(禮曹判書) 윤인경(尹仁鏡)[183]이 영위사로 이미 이곳에 와 있었고, 도승지(都承旨) 박홍린(朴洪鱗)[184]은 별영위사(別迎慰事)로, 우의정(右議政) 윤은보(尹殷輔)[185]는 조서를 우리 조정에 남겨두는 일로 또한 와 있었다. 조서를 맞이하는 예를 행한 뒤에 두 사신이 각각 방에 들어갔다. 잠시 뒤에 두 사신이 대청에 나와 앉자 영의정이 먼저 들어가 배알하고 나왔다. 우의정이 뒤이어 들어가 이화종을 시켜 조서를 우리 조정에 남겨두는 일에 대해 고하자, 두 사신이 대답하기를 "내일 홍제원(洪濟院)[186]에서 대신들을 접견하고

182 김근사(金謹思): 1466~1539. 자는 명통(明通), 본관은 연안(延安)이다. 1494년 문과에 급제하여 이조 판서, 판의금부사, 영의정 등을 지냈다. 김안로(金安老)의 일파가 되어 순조로운 관직생활을 하였으나 김안로의 실각과 함께 하동(河東)으로 유배되어, 유배지에서 생을 마쳤다.

183 윤인경(尹仁鏡): 1476~1548. 자는 경지(鏡之), 본관은 파평(坡平)이다. 1506년 문과에 급제하였고, 병조 판서, 좌의정, 영의정 등을 지냈다. 명종 즉위 후 을사사화가 일어나자 소윤(小尹)에 가담해 공신(功臣) 1등에 책록되고 파성부원군(坡城府院君)에 봉해졌다.

184 박홍린(朴洪鱗): 1482~1555. 자는 자운(子雲), 호는 용암(龍庵), 본관은 함양(咸陽)이다. 박눌(朴訥)의 아들로, 1522년 문과에 급제하였고, 대사헌, 공조 참판, 예조 참판 등을 지냈다.

185 윤은보(尹殷輔): 1468~1544. 자는 상경(商卿), 본관은 해평(海平)이다. 1494년 문과에 급제하여 한성부 판윤, 좌찬성, 영의정 등을 지냈다. 『성종실록(成宗實錄)』과 『대전후속록(大典後續錄)』 등의 편찬에 참여하였다.

186 홍제원(弘濟院): 한양에서 의주로 가는 길목에 설치했던 공관(公館)으로 중국 사신들이 도성 안에 들어오기 전에 임시로 묵던 곳이다.

왕궁에 가서 직접 전하의 정성을 보고 결정하겠습니다."라고 하였다. 우의정이 나가자 원접사와 관찰사가 인사를 하고 나갔다.

상사가 부사의 방으로 가서 함께 식사하고 나서 영위연을 행하였다. 이화종이 두 사신에게 "영위연에 참여하는 관리가 이미 너무 많고 서쪽은 좁아서 다 앉을 수가 없습니다. 감히 아뢵니다."라고 하였다. 두 사신이 말하기를 "영의정을 특별히 동쪽에 앉도록 하세요."라고 하였다. 이전 관례에 따르면 명나라 사신이 벽제관에 도착하면 정승이 와서 위로하는데 서쪽 자리에 앉았다.

동쪽 자리에 앉게 된 것은 이번 사행(使行)부터 시작되었다. 도승지가 영위배(迎慰杯)를 먼저 드리고 영의정과 예조 판서가 차례로 잔을 드리고 나서 영의정 이하가 다시 차례대로 술을 들었다. 연회가 끝나기 전에 우부승지(右副承旨) 황기(黃琦)[187]가 왔는데, 명나라 사신이 여기에 머무르다가 오는 11일에 도성에 도착하도록 부탁하려는 일 때문이었다. 연회가 끝나고 바로 사신에게 알리기를 "국왕께서 승지를 보내셨습니다."라고 하자, 두 사신이 "어서 불러오세요."라고 하였다. 황기가 앞으로 나아가 예를 표하고 이화종을 시켜 말하기를 "비가 이렇게 많이 내리는데 내일 조서를 받자면 예를 갖추지 못할 듯합니다. 전하께서 특별히 내신(內臣)을 보내시어 두 분 대인께서 이틀을 더 머무시고 오는 11일에 서울에 도착하시도록 부탁드리라고 하셨습니다. 이전에 조서를 맞이하는 중요한 일 때문에 길일을 택하여 9일이나 11일 등의 날짜를 받았는데, 내일은 이미 조서를 맞이할 수 없으므로 감히 11일로써 아뢵니다."라고 하였다. 상사는 부사와 머리를 숙이고 한참 동안 상의하고 답하기를 "조서를 받들고 이곳에 머무는

187 황기(黃琦): 1498~1539. 자는 중온(仲溫), 본관은 창원(昌原)이며, 아버지는 황형(黃衡), 어머니는 원보곤(元甫崑)의 딸이다. 도승지, 공조 참판, 경기도 관찰사 등을 역임하였다.

것은 마음이 실로 편치 못하니, 내일 마땅히 먼저 홍제원이나 모화관(慕華館)[188] 등에 도착하여 머물러 쉬면서 비가 그치기를 기다렸다가 예를 행하면 국왕께서 왕래하는 것 역시 편할 것입니다."라고 하였다. 이화종이 바로 답하기를 "홍제원과 모화관 두 건물에는 모두 방이 없고, 오직 빈 대청만 있으므로 머물 수 없습니다."라고 하였다. 두 사신이 답하기를 "그렇다면 내일 아침에 비가 개지 않으면 우리는 마땅히 그대의 말에 따라 이곳에 머무를 것이고, 만약 개면 마땅히 바로 도성에 들어가서 전하에게 아뢸 것입니다. 비가 갤지 말지에 따라서 우리가 갈지 말지를 헤아릴 것입니다. 내일 아침에 내가 또 정 판서에게 다시 말해서 빨리 보고되도록 하겠습니다."라고 하였다.

상사의 두목이 동헌에서 상사가 지은 시편을 베껴 적었고, 통사 홍겸이 그 뒤에서 엿보고 있다가 절구 두 수를 외웠다.

첫 번째 시는 다음과 같다.

시냇물은 굽이굽이, 버들 빛 새로운데	溪水灣灣柳色新
온종일 수레 몰아 홍진을 쫓네.	驅車鎭日逐紅塵
하늘 끝에 무슨 일 이다지도 분주한가?	天涯何事猶奔走
지저귀는 제비, 나는 꾀꼬리 사람을 비웃네.	語燕流鶯笑殺人

두 번째 시는 다음과 같다.

산 빛이 어둑하니 낮에도 컴컴하고	山色濛濛晝已昏
우거진 숲 깊은 곳에 까치 소리 시끄럽네.	叢林深處鵲聲喧

188 모화관(慕華館): 돈의문(敦義門) 밖 서북쪽에 있었던 중국 사신을 맞아들이고 전송하던 곳이다.

바다의 파도 소리 봄 산의 빗소리	海潮似是春山雨
작은 포구 고요한 물에는 배 지나간 흔적.	小浦平添過水痕

이날 밤에 두 정승 및 예조 판서와 두 승지가 모두 돌아갔다.

3월 9일, 비가 계속 내려 벽제관에 있었다

날이 밝을 무렵 상사가 잠자리에서 일어났다. 이화종이 가인을 통해 출발 여부를 넌지시 아뢰자, 상사가 크게 화를 내며 가인을 꾸짖기를 "출발 여부는 나에게 달려 있는데 어찌 귀찮게 묻느냐? 내가 비 내리는 형세를 천천히 살펴보고 정하려고 했건만, 네가 어찌 다른 사람의 말을 듣고 네 멋대로 묻느냐?"라고 하였다. 상사가 한 끼 식사할 정도의 짧은 시간이 지난 뒤에 방 밖으로 나와서 앉자, 이화종이 나아가 말하기를 "어제저녁에 상사께서 '정 판서에게 다시 말해서 빨리 알리겠다.'는 명이 있었기 때문에 출발 여부를 감히 여쭈었습니다."라고 하였다. 상사가 "여기에서 도성까지 40리인데 비가 만약 그친다면 내가 어찌 여기에 앉아 있겠습니까? 한데, 홍제원에 도착하여 옷을 갈아입을 때 조선 국왕이 오실 수 있습니까?"라고 하였다. 이화종이 조선에서 급박하게 서두르기는 곤란하다는 뜻을 반복해서 말하자, 상사는 화가 나서 대답하지 않았다. 원접사가 즉시 편지를 써서 승정원에 보냈다.

진시에 상사가 편복 차림으로 부사의 방에 가서 이야기를 나누었다. 원접사가 두 사신에게 도성으로 출발할지를 직접 물어보고자 밖에서 상황을 엿보다가 역관을 통해 두 사신에게 정황을 알리니 두 사신이 관대를 갖추고 나와서 대청에 앉았다. 원접사가 앞으로 나와 인사를 하고 바로 여쭙기를 "조서가 도성에 도착하면 전하께서 관원과 백성들을 거느리고 기다리실 것입니다. 서둘러 성스러운 조서를 맞이하는 것이 마땅합니다만 빗발이 점차 거세져서 날이 개지 않을 것이 분명합니다. 전하의 입장에서 어찌 나와서 기다리는 것을 꺼리겠습니까마는 진실로 대례(大禮: 성대하고 엄숙한 의례)에 어긋남이 있을까 염려됩니다."라고 하였다. 이에 상사가 "우리가 조서를 받들고 만 리 길을 와서 지금 도성 밖에 도착하여 머물고 있자니 마음이 편치 못합니다. 이런 까닭으로 처음에는 비가 개길 기다렸다가 그치는 대로 도성에 들어가려고 했으나 지금 부사와 상의해본바, 비가 그치지 않는다면 과연 경사스러운 일을 반포할 때에 어수선할 것으로 판단되어 이미 유숙하기로 결정을 했으니 서둘러 국왕께 알리세요."라고 하였다. 원접사가 "내일도 비가 그치지 않으면 어찌하시겠습니까?"라고 하자, 상사가 "그때 가서 다시 의논해봐야지요."라고 답하였다. 원접사가 즉시 상황을 써서 승정원에 보내자 우승지 황헌(黃憲)[189]이 와서 문안을 하고 11일에 도성으로 들어와 줄 것을 청하였다.

앞서 두 사신에게 아뢰기 전에 선전관(宣傳官) 박철수(朴鐵壽)가 황헌에게 와서 "명나라 사신에게 '여관이 누추하여 사신 일행을 애써 묵게 하는 것이 실로 편치 못합니다만, 오늘 출발할지 여부는 전적으로 양 대인의 뜻에 맡기겠습니다.'라고 아뢰어야 합니다."라고 하였다. 황헌이 즉시 이 말대로 두 사신에게 아뢰니, 두 사신이 "오늘은 이미 가던 길을 멈춘 데다 날도 저물었으니 다시 고려하는 것은 안 될 일입니다. 내일은 비가 그치지 않더라도 비를 맞으면서 출발하겠습니다."라고 답하였다. 원접사가 즉시 문건을 만들어서 승정원(承政院)에 보냈는데, 우승지 김미가 와서 문안을 하고 고하기를 "오늘 주상이 모화관에 납시어 종일 기다리셨는데, 저녁에

189 황헌(黃憲): 1502~1574. 자는 언규(彦規), 본관은 우주(紆州)이다. 1521년 문과에 급제하여 이조 판서, 우의정, 좌의정 등을 지냈다. 1549년 윤원형(尹元衡)의 심복인 부제학 진복창(陳復昌)에게 탄핵되어 삭직되고 고향으로 돌아갔다.

유일연을 베풀려고 해서였습니다."라고 하였다. 원접사와 관찰사가 전례와 같이 두 사신에게 술을 올리고 마쳤다.

3월 10일, 맑음

날이 밝을 무렵에 두 사신이 대청에 앉아 함께 식사하였다. 식사를 마치고 나서 곧바로 출발해서 덕수천(德水川)[190] 장막 친 곳에 이르러 잠시 다과를 먹었다.

사시에 홍제원에 이르자 예조 판서 윤인경과 도감 낭청(都監郎廳) 등이 이미 와서 기다리고 있었다. 상사가 부사와 함께 의논하더니 단자(單子)를 써서 원접사를 불러 말하기를 "이전에 「의주」를 대강 보고 넘겼더니, 지금 생각에 그중에서 예에 맞지 않는 일이 있습니다. 그래서 지금 이 단자를 써서 분명하게 말씀을 드립니다."라고 하고, 원접사에게 읽게 하고는 다 읽고 나자, "급히 조선 국왕 전하께 보고해 주세요. 이는 천하 공통의 바른 예이니, 이대로 따르지 않으면 우리는 연회에 참석할 수 없습니다.……"라고 하였다.

그 대강의 요지는 이러하였다.

> 손님과 주인의 자리는 남북으로 나누어 앉아야 하지, 동서로 나누어 앉는 것은 실로 바른 예가 아닙니다. 조서를 반포한 뒤 근정전(勤政殿)에서 다례를 할 때 궐패(闕牌)를 걷자마자 손님은 북쪽을 향해 앉고 주인은 남쪽으로 앉는 것은 실로 온당하지 않은 일이니, 임시로 「의주」를 따라 손님은 동쪽에 주인은 서쪽에 앉는

190 덕수천(德水川): 지금 경기도 고양시 덕양구를 흐르는 하천이다.

것은 그럴 수 있겠습니다. 태평관(太平館)[191]에서 만날 때라면, 태평관은 우리가 머무는 곳이므로 우리가 주인이고 전하는 손님이시니, 마땅히 전하께 양보해서 북쪽에 앉으시도록 하고 우리는 물러나 남쪽에 앉아야 합니다. 만약 연회를 베풀 경우 우리는 진실로 손님이 되므로 마땅히 북쪽에서 손님 자리에 앉고 전하께서는 진실로 주인이 되므로 마땅히 남쪽에서 주인 자리에 앉아야 합니다. 이와 같다면 손님과 주인이 각각 그 예에 합당할 것입니다.

예조 좌랑(禮曹佐郞) 박자영(朴自英)[192]이 와서 아뢰기를 "황지에 베껴 쓴 조서를 만약 한두 사람에게 맡겨 태평관에 바로 보내면 이는 보통 아문의 문서와 다르지 않습니다. 지금 특별히 관리를 뽑아서 간단히 의장(儀仗)을 갖추고 태평관까지 호위해서 보내겠습니다."라고 하였다. 두 사신이 "칙서가 아닌데 이런 예를 행하실 것까지 있으십니까?"라고 하고, 마침내 두목 등에게 황지에 베껴 쓴 조서를 가지고 태평관으로 가게 하였다.

▲ 독립문과 모화관-국립중앙박물관 소장 자료

원접사가 사신 일행을 인솔하여 먼저 모화관에 이르러 엄숙하게 배례하고 이어서 홍겸이 외운 절구시 2수를 아뢰었다. 주상이 그들을 인견(引見)[193]하여 여정의 기별(奇別)을 물었다. 두 사신은 점심을 먹은 뒤에 출발하여 사현(沙峴)을 넘어 영조문(迎詔門) 아래에 조서를 두고 그 좌우로 나누어

191 태평관(太平館): 명나라 사신을 접대하기 위해 만든 객관(客館)으로, 숭례문 안 황화방(皇華坊)에 있었다.

192 박자영(朴自英): 생몰년 미상. 자는 국화(國華), 본관은 고령(高靈)이며, 아버지는 박진(朴稹)이다. 1534년(중종29)에 식년시 문과에 급제한 뒤 서장관, 예조 좌랑 등을 지냈다.

193 인견(引見): 임금이 신하나 빈객을 접견할 때 대신이 데리고 들어가 뵙게 하는 것을 말한다.

섰다. 주상이 모화관 문 앞 관도(官道)[194] 위 막차(幕次)에서 다섯 번 절하고 세 번 머리를 조아리는 예를 행하고 마침내 수레를 타고 앞장서서 궁으로 돌아갔다. 두 사신이 일찍이 홍제원에서 두목 등을 경계시키기를 "조선 국왕이 막차에 계실 때 너희들은 모두 말에서 내려 걸어서 지나가도록 하라."라고 하였다. 그래서 이날 앞서가던 두목 등이 막차를 지나면서 모두 말에서 내려 종종걸음으로 지나갔다.

▲ 경복궁 근정전-국립중앙박물관 소장 자료

미시에 두 사신이 도성에 들어가 경복궁(景福宮)에 이르자, 주상께서 백관을 거느리고 의식대로 예를 행하였다. 예를 마치고 나서 주상께서 옷을 갈아입고 근정전(勤政殿)에 올라 다례를 행하고 의식을 마쳤다. 두 사신이 마침내 태평관에 이르러 쉬자 주상이 즉시 태평관에 행차하여 하마연(下馬宴)[195]을 행했는데, 한밤중이 되어서야 연회를 마쳤다.

3월 11일, 맑음

태평관에 있었다.

---

194 관도(官道): 조선 정부에서 만든 간선도로로, 한양을 기점으로 전국에 10대 간선도로가 있었다.
195 하마연(下馬宴): 외국 사신이 도착하면 베푸는 첫 연회를 가리킨다. 돌아갈 때는 상마연(上馬宴)을 열었다.

3월 12일, 맑음

태평관에 있었다.

3월 13일, 맑음

태평관에 있었다.

3월 14일, 맑음

태평관에 있었다.

3월 15일, 맑음

태평관에 있었다.

3월 16일, 맑음

태평관에 있었다.

3월 17일, 비

두 사신이 출발하려는데 비가 그치지 않았다. 주상이 먼저 모화관에 행차하여 동부승지 박수량을 보내 머물기를 청하였다. 두 사신이 "봄에는 본래 비가 많이 내리니 어찌 피할 수 있겠습니까? 짐수레도 이미 떠났으니 더더욱 머물 수 없습니다."라고 하였다. 이윽고 주상이 또 예조 참판(禮曹參判) 김광철(金光轍)[196]을 보내어 머물기를 청하고 미처 말을 전하기도 전에 또 우의정 윤은보를 보내어 머물기를 청하였다. 두 사신이 "전하의 후한 뜻은 너무 잘 알고 있습니다. 다만 출발하기로 이미 결정한 일이라 중지할 수가 없습니다."라고 답하였다.

사시에 모화관으로 출발하니, 주상이 잔치를 마련하여 기다리고 있었다. 두 사신이 모화관에 들어가서 전별연을 받고 한참 뒤에 나왔다. 주상이 걸어서 대문을 나와 또 작은 술자리를 베풀었다. 자리가 끝나자마자 출발하여 홍제원에 이르렀다. 두 사신이 원접사와 관반(館伴)[197]을 부르고

---

196 김광철(金光轍): 1493~1550. 자는 자유(子由), 호는 애일당(愛日堂), 본관은 강릉(江陵)이다. 1513년 문과에 급제하였고 관직은 예조 참판, 동지중추부사, 전라도 관찰사 등을 지냈다. 『중종실록』과 『인종실록』의 편찬에 참여하였다.

197 관반(館伴): 도성에 묵는 외국 사신을 접대하기 위하여 임시로 임명한 정3품 벼슬을 가리킨다.

는 자리에서 시를 지어 관반에게 주었다. 주례(酒禮)가 끝나자 홍제원을 나와서 밤늦게 벽제관에 도착하였다. 주상이 좌의정(左議政) 김안로(金安老)[198]와 예조 판서 윤인경을 미리 보내어 거기에서 전별하고 위로하도록 하고 특별히 파견한 도승지 박홍린도 와서 두 사신을 전별하고 위로하게 하였다. 밤이 깊어 전례(餞禮: 전별하는 의례)를 내일로 미루었다.

상사가 역관을 시켜 원접사에게 말하기를 "내가 일전에 이 벽제관에서 조선 국왕이 안부를 물어주신 성의에 답례로 율시(律詩) 한 수를 지었는데, 지금 어찌하여 다른 작품만 걸려있고 이 작품은 없습니까?"라고 하니, 원접사가 "과연 그 시가 있었지요. 다만 이 벽제관에만 해당하는 시가 아니라고 착각해서 판각(板刻)을 시키지 않았습니다. 게다가 원고도 그때 전하께 드려서, 지금 판각하려고 해도 외워 기억하지 못합니다."라고 하였다. 상사가 곧바로 원고를 보내며, "제가 지은 시가 졸렬합니다만, 판각해서 걸어두지 않으면 뒤에 오는 명나라 사신들이 무엇으로 오늘의 일을 알겠습니까? 모름지기 속히 판각해서 제가 귀국하는 길에 그 판각을 제게 보여주신 뒤에, 여기로 다시 가져다가 걸어주세요."라고 하였다. 상사가 또 이전에 도중에서 지은 잡시(雜詩)를 정리해서 붓으로 점을 찍고 주(註)를 달아 부근의 역관(驛館)과 정원(亭院)에 모두 걸도록 하였다. 원접사가 곧바로 상사가 벽제관에서 지은 시를 써서 판각을 시키고, 또 사신이 도중에 지은 시 중에서 판각할 때 빠진 작품을 써서, 사신이 지나갈 길의 각 고을 관리에게 공문으로 보내서, 지나가는 시기에 맞추어 판각해서 걸도록 하였다.

---

198 김안로(金安老): 1481~1537. 자는 이숙(頤叔), 호는 희락당(希樂堂)·용천(龍泉)·퇴재(退齋)이며, 본관은 연안(延安)이다. 1506년에 문과에 급제하였다. 1519년 기묘사화로 조광조 등 신진사류들이 숙청당한 뒤 이조 판서에 올랐고, 아들 김희(金禧)가 효혜공주(孝惠公主)와 혼인하였다. 1537년 문정왕후의 폐위를 기도하다가 발각되어 유배된 뒤 사사되었다. 저서에 『용천담적기(龍泉談寂記)』가 있다.

3월 18일, 맑음

원접사, 좌의정, 예조 판서가 모두 두 사신이 태평관에 머물 때와 도성을 떠나면서 지은 시에 화답시를 지어서 책자로 만들어 건네자, 상사가 "모두 훌륭한 작품입니다. 거듭 감사합니다."라고 하였다.

진시에 대청에서 전위연(餞慰宴)[199]을 베풀었다. 두 사신이 나와 앉자 좌의정은 동쪽에 앉고 원접사, 예조 판서, 관찰사, 도승지는 모두 서쪽에 앉았다. 도승지가 먼저 전위배(餞慰盃: 전별하고 위로하는 술잔)를 돌리고 좌의정과 예조 판서가 다음에 돌리고, 좌의정 이하가 또 차례대로 각각 술을 권하는 예를 행하였다. 전위연을 마치고 두 사신이 자기 방에 가서 조금 쉬었다. 잠시 뒤에 상사가 또 나와서 좌의정 등과 나란히 서서 이야기하기를, "조선에서 만약 사은사(謝恩使)[200]를 보낸다면 한 달 기간을 두어 우리가 북경에 도착하기를 기다렸다가 출발하는 것이 좋겠습니다."라고 하였다. 좌의정이 증별시를 지어서 두 사신에게 주자 두 사신이 감사하다고 하면서 "정말 훌륭한 솜씨입니다."라고 하였다. 상사가 또 말하기를 "조선에는 해산물이 많지만 조리하는 방법을 알지 못하는 것이 큰 결점입니다. 제가 기록을 해서 보내드리겠습니다."[201]라고 하였다. 상사가 「모화관에서 작별하며」라는 시를 짓고 또 편지 한 통을 써서 좌의정에게 주어 국왕에게 전하도록 했다.

그 편지는 다음과 같다.

---

199 전위연(餞慰宴): 귀국하는 사신들을 전별하고 위로하는 뜻으로 베푸는 연회이다.

200 사은사(謝恩使): 조선 시대 때 나라에 베푼 은혜에 감사한다는 뜻으로 외국에 보내던 사신을 말한다.

201 제가……보내드리겠습니다: 『중종실록』 32년 4월 30일 기사에, 정사 공용경이 석화를 구워 먹는 방법을 직접 써서 정사룡에게 주어 조선 국왕에게 전달하는 내용이 있다.

하늘 끝에서의 만남을 꿈에도 생각하지 못했는데, 조선의 정성 어린 대접을 거듭 받고 두터운 정을 깊이 알았습니다. 벽제관에 여러 관리가 찾아와 더욱 성대한 연회를 받았으니, 저 같은 사람이 어떻게 감당할 수 있겠습니까? 오직 더욱 더 마음에 새길 뿐입니다. 이별 뒤에 옥체 건강하셔서 나라 백성들에게 큰 복을 내리시어 멀리 있는 저의 바람을 위로해 주시기 바랍니다. 소록(小錄)과 지서(志書)[202]를 빨리 보내주시기 바랍니다. 실로 큰 소원이니 간절히 기다립니다. 현기(賢器)[203] 왕세자에게도 이와 같은 저의 마음을 전해주세요.

부사도 편지를 첨부해서 다음과 같이 보냈다.

저는 밝으신 명을 받아 조선에 가서 사신의 임무를 수행함에 오직 황명을 더럽힐까 두려웠습니다. 그러나 태평관을 국왕께서 여러 번 찾으시고, 국왕의 후신(候臣)[204]은 하루에도 여러 번 찾아오며, 국왕의 정겨운 예우가 하루에도 여러 차례 이르렀습니다. 만나 뵙고는 겸허하고 전아하신 태도를 제가 감당하기 어려웠으니, 모두 손님 맞는 법도를 삼가고 우리 조정을 존중하시기 때문임을 알겠습니다.

『시경(詩經)』 소아(小雅) 「상호(桑扈)」[205]에 "왼쪽으로 인도하고 오른쪽으로 인도함에 가지고 있지 않음이 없고, 오른쪽으로 인도하고 왼쪽으로 인도함에 마땅하지 않음이 없다."라고 했는데, 재주를 갖췄다는 말입니다. 『시경』 소아 「형작(泂酌)」에 "화락한 군자여 백성의 부모로다."라고 했는데, 백성을 잘 다스린다는 말입니다. 『시경』 소아 「남산유대(南山有臺)」에 "즐거운 군자여 나라의 영광이로다."라고

202 소록(小錄)과 지서(志書): 소록은 『등과록(登科錄)』이고, 지서는 『지지(地志)』이다. 『중종실록』 32년 3월 17일 기사에, 명나라 사신은 황헌을 통해 중종에게 『지지(地志)』와 『등과록(登科錄)』의 등서를 부탁하였고, 이에 중종이 『지지』와 『등과록』을 서둘러 등서해 주라고 한 내용이 나온다.

203 현기(賢器): 남의 아들을 높여 부르는 말이다.

204 후신(候臣): 빈객을 접대하는 일을 맡은 벼슬아치이다.

205 상호(桑扈): 「상상자화(裳裳者華)」의 오기이다. 『시경』 「소아」 「상상자화」에 "왼쪽으로 인도하고 왼쪽으로 인도함에 군자가 마땅하며, 오른쪽으로 인도하고 오른쪽으로 인도함에 군자가 가지고 있도다. 그 모두를 가지고 있는지라 이 때문에 그와 같도다.[左之左之, 君子宜之, 右之右之, 君子有之. 維其有之, 是以似之.]"라고 하였다.

했는데, 신하의 절조(節操)를 다하고 더욱 책임이 무겁다는 말입니다. 무릇 좌우로 인도하는 재주를 지녀 백성의 책임을 다한다면 나라의 영광이 될 것이 분명합니다. 벽제관에서 열린 김상(金相)[206]의 전위연에서 국왕이 계신 동쪽을 바라보니 아득히 그리운 마음이 일었습니다. 삼가 이렇게 감사의 뜻을 표하니, 굽어 살펴주시면 다행이겠습니다.

부사가 출발할 때 사화봉(絲花鳳)[207]을 가리키며 "나에게 노모가 계시는데 이 꽃 한 송이를 갖고 가서 보여드리고 싶군요."[208]라고 하였다.

사시에 출발하여 파주(坡州)에 도착해서 점심을 먹었다. 두 사신이 동헌 앞 작은 정자에 올라 관람했는데, 상사가 역관에게 "오씨 어른이 이 정자를 '적취정(滴翠亭)'으로 부르고 싶어 합니다."라고 하였다.

신시에 출발하여 임진(臨津)에 도착하니 해가 지려고 하였다. 두 사신은 강가 정자에 올라 자신들이 쓴 정자 편액을 보았다. 잠시 뒤에 배에 올라 원접사와 관찰사를 불러 함께 앉은 다음 술자리를 가졌다. 어부가 그물을 쳐서 잉어 몇 마리를 잡았는데, 두 사신이 끈으로 잉어 주둥이를 묶어 강에 담그도록 하고는 서로 강물을 내려다보고 즐거워하며 웃었다. 밤길을 걸어 동파관에 도착하였다. 밤이 깊어 숙소연을 내일 아침으로 미루도록 하였다. 상사가 역관을 시켜 원접사에게 말을 전하기를 "여기는 석화[蛎蝗: 굴]가 없습니까, 어째서 올리지 않는지요? 앞으로 남은 여정에는 미리 준비해주세요."라고 하였다.

---

206 김상(金相): 좌의정 김안로(金安老)를 말한다.
207 사화봉(絲花鳳): 구리철사에 색실을 감아서 꽃과 봉황의 형상으로 만든 조화이다.
208 나에게……싶군요: 『중종실록』 32년 3월 18일 기사에, 상사가 사화봉(絲花鳳) 1개를 가져가며 김안로에게 "오 천사(부사 오희맹을 이름—역자)에게는 노모가 계시기 때문에 이를 가져다가 보이고 싶어 합니다."라는 기록이 있다.

3월 19일, 흐림

아침에 역관(驛官)을 시켜 심 판서[209]가 지은 시를 두 사신에게 올리도록 하였다. 두 사신이 시를 보고서 "훌륭한 시를 받았습니다. 대단히 감사합니다."라고 하였다. 진시에 대청에서 숙소연을 마련하였다. 상사가 "우리가 처음 왔을 때 접대하는 연회에서 여악을 쓰도록 허락한 것은 바로 조선이 조서를 위해 예우를 다하였고, 또 조선 국왕의 후한 뜻을 어기는 일을 엄중하게 여겼기 때문입니다. 임무를 완수한 지금 조선의 진심을 충분히 알았으니, 이제 개성부부터는 더 이상 여악을 쓰지 마세요."라고 하였다.

두 사신이 출발하여 초현원에 도착하였다. 막차에 앉자마자 "이 역관에는 당우(堂宇)[210]가 없으니 오래 앉아 있을 필요가 있겠습니까?"라고 하고서 가마에 올라 갈 길을 재촉하였다. 이에 원접사가 아뢰기를 "여기에서 개성부까지의 거리가 26, 7리나 되는 데다 요리사가 상을 다 차렸다고 하니, 바라건대 가마 앞에 찻상을 올리겠습니다."라고 하였다. 두 사신이 "판서가 빈객을 위로하는 성의가 이리도 극진하니 차마 어기지 못하겠군요. 서둘러 가져오세요."라고 하고는 바로 가마 위에서 다과를 먹고 길을 떠났다.

미시에 두 사신이 개성부에 도착하였다. 곧바로 이화종을 시켜 원접사에게 말하기를 "다행히 날이 저물지 않았으니 고적을 보고 싶습니다. 일

209 심 판서(沈判書): 심언광(沈彥光, 1487~1540)으로, 자는 사형(士炯), 호는 어촌(漁村), 본관은 삼척(三陟)이다. 1513년 과거에 급제하여 대제학, 공조 판서, 이조 판서 등을 역임하였다. 1537년에 관반(館伴)으로 공용경과 오희맹을 접반하였다.

210 당우(堂宇): 정당(正堂)과 옥우(屋宇)라는 뜻으로, 규모가 큰 집과 작은 집을 아울러 이르는 말이다.

꾼들을 해산시키지 마세요."라고 하였다. 원접사가 답하기를 "성 안의 고적은 이미 다 없어져서 볼만한 것이 없습니다. 게다가 거리의 지세가 낮고 비좁아서 이전의 사신들은 유람한 이가 없습니다."라고 하자, 상사가 성을 내며 "나를 안내해 주기만 하면 돼요. 왜 안 된다고만 하시나요?"라고 하였다. 그리고는 마침내 말 타고 따르는 이들을 물리고 평교(平轎)를 타고 출발하였다. 원접사가 경기 관찰사, 개성 유수와 의논을 하고 미리 지름길로 사람을 보내 만월대(滿月臺)에 장막을 설치하였다. 잠시 뒤에 두 사신이 역관과 두목 등을 데리고 걸어서 만월대 뒤쪽 언덕에 올라 두루 돌아보고, 한참 만에 내려왔다. 원접사가 작은 술자리를 갖자고 했지만, 굳이 거절하고 일어났다. 상사가 이화종에게 "대궐 터는 아주 큰데, 어째서 성터는 없습니까?"라고 묻자, 이화종이 "세월이 오래돼서 무너져 없어졌습니다."라고 답하였다. 마침내 길을 재촉해서 숙소로 돌아갔다.

저물녘에 전위연을 베풀었다. 두 사신이 나와 앉자 전위사(餞慰使) 허흡(許洽)[211]과 별전위사(別餞慰使) 황기(黃琦)가 원접사 및 경기 관찰사, 개성 유수 등과 들어와 인사를 나눈 뒤에 차례대로 서쪽에 앉았다. 전위연이 시작되고 나서 여악을 들이려고 하자 상사가 "여악을 쓰지 않겠다는 뜻을 어제 이미 말씀드렸고 판서께서도 그렇게 하겠다고 하셨는데, 지금 또 준비한 것은 어째서입니까?"라고 하였다. 원접사가 답하기를 "어제 그 말씀을 들었습니다만, 그때는 전하께서 여악을 쓰지 말라는 하교가 없었습니다. 더욱이 전하의 명을 받들고 이곳에 와서 전별을 하니, 감히 마음대로 할 수가 없습니다."라고 하였다. 두 사신이 "그러면 우선 여러분의 요청을 따르겠습니다."라고 말했다. 황 승지가 먼저 전위의 술잔을 올리고, 전위

211 허흡(許洽): 생몰년 미상. 자는 중화(仲和), 본관은 양천. 허확(許確)의 3남 중에 둘째로, 허항(許沆)의 형이다. 1513년 식년시 문과에 급제하여 공조 판서 등을 지냈다. 허흡과 허항 형제는 1537년 10월, 김안로(金安老) 일당으로 몰려 죽임을 당하였다.

사가 다음 술잔을 올리고 나서, 또 원접사 등과 각자 술잔을 올리고 마쳤다. 두목 고숭, 강진 등이 앞서 압록강을 건너오고부터 단자를 들고서 "이것은 요동 대인이 요청하는 것입니다."라고 했는데, 원접사가 그 말을 믿지 않아 국왕에게 아뢰지 않았다. 귀국길에 접어들고부터는 날마다 찾아와서 "답변을 듣고 싶습니다."라고 하였다.

3월 20일, 맑음

▲ 통군정 원경과 내부-국립중앙박물관 소장 자료

고숭 등이 전달한 요동 대인의 요청 단자와 명나라 사신이 의주에 도착해서 통군정(統軍亭)[212]을 보려고 하는 일에 대해 어떻게 처리할지를 묻는 문건을 만들어 도성으로 보냈다. 두 사신이 대청에 앉아 전위사 등에게 이르기를, "이전에 전하가 『지지(地志)』 및 『등과록(登科錄)』을 등서해 주겠다고 허락하셨는데, 지금 왜 오지 않는가요? 돌아가거든 우리가 기다리고

212 통군정(統軍亭): 평안북도 의주군에 있는 조선 시대의 누정(樓亭)이다. 군사용으로 쓰였고 관서팔경의 하나로 꼽혔다.

있다고, 전하께 말씀드려 주세요."라고 하였다. 두 사신이 각기 시를 지어서 두 전위사에게 주었다. 상사는 또 「경회루가(慶會樓歌)」 한 편을 꺼내 전위사에게 주어 국왕에게 바치도록 하였고, 부사는 적취정(滴翠亭)의 편액을 썼다. 부사는 적취정의 편액 글자를 써서 원접사에게 보내며 말하기를 "파주의 관원에게 주어 판각해서 걸도록 하세요."라고 하였다.

진시에 두 사신이 출발하여 산예역(狻猊驛)에 이르러 역 동쪽 2리쯤 되는 길가의 장막 친 곳에 앉았다. 개성 사람이 미리 물고기를 잡아 울을 치고 그 속에 풀어두었는데, 두 사신이 다가가 구경하며 즐겼다. 얼마 뒤에 물고기를 개천에 다 풀어주었다.

오시에 금교관(金郊館)에 도착해서 점심을 먹고, 즉시 출발하여 오조천(吾助川)에 이르렀다. 두 사신이 강을 따라 오르내리며 한참 동안 경치를 구경하고, 강가의 천막에 가서 앉았다. 두 사신이 원접사와 관찰사를 불러 함께 앉은 다음 작은 술자리를 마련하였다. 상사가 "여기에 피리를 부는 사람이 있습니까?"라고 묻자, "없습니다."라고 답하였다. 이에 상사가 두목 등을 시켜 강가 절벽에 올라가서 어떤 이에게는 피리를, 어떤 이에게는 퉁소를 불도록 하였다. 한 끼 식사할 정도의 짧은 시간 만에 자리를 마쳤다.

상사가 관찰사에게 "나의 「취병산기(翠屛山記)」를 현판으로 만들었습니까?"라고 묻자, 관찰사가 "이미 판각해서 걸어두었습니다."라고 답하였다. 상사가 "목판은 쉽게 썩으니 반드시 돌에 새겨야 오래갈 수 있습니다."[213] 라고 하자, 관찰사가 원접사와 상의해서 대답하기를 "말씀의 취지는 매우 좋습니다만, 우리가 마음대로 처리할 일이 아니니 전하께 아뢰도록 하겠

---

213 목판은……있습니다: 『중종실록』 32년 4월 2일 기사에, 조선 정부는 상사 공용경의 제안을 받아들여 「취병산기(翠屛山記)」를 돌에 새겨 세우도록 조처한 내용이 있다.

습니다."라고 하였다. 상사가 "만약 비석을 세우면 반드시 몇 십 본을 인출(印出)해서 우리 두 사람에게 나누어 주세요[214]. 그래야 여러분이 정말로 그 일을 하셨는지를 알 수 있지요. 또 『황화집』의 인출[215]은 이전 명나라 사신들의 원고를 두루 인출하시되, 반드시 전례에 얽매이지 말고 많은 양을 보내주세요.……."라고 하였다. 밤길을 걸어 흥의관(興義館)에 도착하였다. 숙소연을 내일 아침으로 미루었다.

3월 21일, 맑음

진시에 대청에 연회를 마련하였다. 두 사신이 나와서 앉자 원접사와 관찰사가 들어와 인사를 하였다. 이어 20일에 온 유지(有旨)에 두 사신이 써주신 대가를 드리라는 내용이 쓰여 있음을 아뢰고, 또 물건 단자를 올렸다. 두 사신이 "경회루와 근정전에서 국왕이 주신 예물을 모두 감히 받지 않았으나 자잘한 물건까지 거절하지 않았던 것은 국왕의 정성스럽고 간곡한 성의를 저버리지 않으려던 마음에서였습니다. 그러나 이것마저도 늘 마음에 걸렸는데, 지금 또 귀국길에까지 예물을 보내주시니 더욱 마음이 편치 못합니다. 어찌 받을 수 있겠습니까?"라고 답하였다. 원접사가 여러 번 간청하자, 두 사신이 "국왕의 성의가 이리도 극진하시니 굳이 거절한다면 우리가 불평스러운 데가 있다고 여기실까 염려가 됩니다."라고 하

214 비석을……주세요: 상사 공용경은 정사룡에게, 자신의 「취병산기」를 돌에 새긴 다음 그 비석을 두어 장 탁본해서 보내주면 비석을 세웠다는 것을 믿겠다는 말을 하고 있다. 『중종실록』 32년 4월 30일 기사 참조.

215 『황화집』의 인출: 명나라 사신이 『황화집』 30여 건을 얻으려고 하므로 20건을 더 인출하라는 내용이 있다. 『중종실록』 32년 4월 11일 기사 참조.

였다. 두 사신이 백저포(白苧布)와 흑마포(黑麻布)를 각각 5필 씩 받고서 "성의를 받으려는 것일 따름입니다."라고 하니, 마침내 베를 가져왔다. 통사 이영정(李永貞)이 물러나자 두 사신에게 밥과 국을 대접하였다.

원접사가 이화종 등을 시켜 도성에서 온 인정물건(人情物件)[216]을 고승 등에게 주었다. 또 예조가 두 사신의 글을 간행했다는 뜻을 전하자, 고승 등이 "이번에는 가져가기가 매우 어려우니 사은사가 들어올 때 부쳐 보내 주십시오.……."라고 답하였다.

사시에 두 사신이 출발하여 저탄(猪灘)에 도착하였다. 누선을 타고 원접사와 관찰사를 불러 투호를 하고 놀았다. 이어서 원접사 및 관찰사에게 같이 투호를 하도록 하고 작은 술자리를 가진 뒤에 마쳤다.

저녁에 보산관(寶山館)에 이르러 대청에서 숙소연을 베풀었다. 두 사신이 나와 앉자 원접사와 관찰사가 들어가서 인사를 하고, 「회시 소록(會試小錄)」을 드렸다. 두 사신이 보고 나서 "아주 좋습니다, 아주 좋아."라고 하였다. 또 원접사에게 이르기를 "우리가 이전에 보여드린 원고는 애초 손수 쓴 것이 아니었습니다. 글씨를 쓰는 사람들이 잘못 쓴 곳이 많고 글자가 빠진 곳도 있습니다. 이제 교정해서 돌려드릴 테니 빠짐없이 보내주세요."라고 하였다. 또 말하기를 "날마다 연회를 갖느라 손님이나 주인이나 다 피로하니, 오늘 연회는 쉬었으면 합니다."라고 인사를 하고 방에 들어갔다. 밤중에 상사가 그가 쓴 시고(詩稿)를 교감한 여러 첩(帖)을 우선 원접사에게 보냈다.

---

216 인정물건(人情物件): 인정으로 주는 돈이나 물건으로, 주로 인간관계를 맺어 무슨 일을 성취시키려는 뜻에서 오고가는 것이다.

3월 22일, 맑음

진시에 두 사신이 출발해서 총수산(葱秀山)에 이르러 먼저 비석 있는 곳에 가서 관람을 하였다. 마침내 냇가로 가서 임시 교량으로 냇물을 건너 벼랑 아래에 앉았다. 배회하면서 완상하다가 원접사와 관찰사를 불러 술자리를 차리고, 두 사신은 서로 사복(射覆) 놀이[217]를 하였다. 상사가 내기를 걸어, "내가 지면 나와 판서가 벌주를 마시고, 부사가 지면 부사와 관찰사가 벌주를 마시기에요."라고 하였다. 두 사신이 서로 이기고 지고 해서, 각각 대여섯 잔의 벌주를 마시고 끝이 났다. 이윽고 작은 술자리를 차리라고 하고 두 사신이 같이 활을 쏘았는데, 부사는 혼자 50~60발을 쏘았지만 한 발도 적중하지 못하였고, 또 원접사와 관찰사에게 활을 쏘게 했다가 한참 만에 마쳤다. 상사가 먼저 자기가 이름을 붙인 취병산(翠屛山) 아래에 장막을 설치하게 하였다.

미시에 두 사신이 막차에 이르러 원접사와 관찰사를 불러 함께 언덕을 바라보고 앉았는데, 차윤성(車允成)을 시켜 관찰사에게 말을 전하기를 "만약 이곳에 정자를 세우면 정말로 산천의 풍광을 더할 것입니다."라고 하였다. 또 우스갯소리를 하기를 "우리는 마땅히 이 산을 보러 태자가 봉해진 뒤에 다시 사신이 되어 오겠습니다."라고 하였다. 부사가 술잔을 들고 좌우 사람들에게 권하기를 "이것은 운강학사(雲岡學士)[218]의 취병산주(翠屛山酒)입니다. 부디 남기지 마세요."라고 하였다. 마침내 출발하여 안성관

---

217 사복(射覆) 놀이: 그릇 속에 물건을 숨겨 두고 무엇인지 알아맞히는 유희로, 종종 점을 치는데 이용하기도 하였다.

218 운강학사(雲岡學士): '운강'은 상사 공용경의 호이다.

(安城館)[219]에 이르러 점심을 먹었다. 저녁 늦게 용천관(龍泉館)에 도착하여 숙소연을 내일 아침으로 미루도록 하였다.

3월 23일, 맑음

진시에 두 사신이 용천관 앞 언덕의 장막에 앉자 곧바로 연회의 탁자를 설치하였다. 부사는 과녁에 활을 쏘고 또 원접사와 관찰사에게 활을 쏘게 했으며, 이윽고 술자리를 갖고 마쳤다. 두 사신이 출발하여 검수관(劍水館)에 이르러 점심을 먹은 후 봉산(鳳山)에 도착하였다. 두 사신이 서봉정(棲鳳亭)으로 걸어가서 상사가 쓴 편액을 보았는데, 상사가 말하기를 "글자가 대부분 본래 모양을 많이 잃어버렸고 직함도 삐뚤어져 있어서 그냥 두고 볼 수가 없군요."라고 하고, 마침내 편액을 떼어오게 해서 검은 먹으로 그 자획을 보충한 다음 원접사에게 보내어 이것에 따라서 보충하도록 하였다. 원접사가 홍겸을 시켜 말하기를 "올 때 너무 바빠서 도감에게 부탁하고 왔는데, 판각할 때 이렇게 본래 모양을 잃어버릴 줄 몰랐습니다. 매우 미안합니다. 지금 비록 획을 보충하더라도 아마 본래 모양이 아닐 것입니다. 만약 다시 써주신다면 관찰사로 하여금 솜씨 좋은 장인에게 맡기도록 하겠습니다."라고 하자, 상사가 "다음 숙소에 도착하면 관찰사에게 써서 보내지요."라고 하였다.

두 사신은 도성에서 출발한 뒤로 객사와 역참에 도착하면 자신들의 글을 새긴 현판을 보았는데, 비록 하나의 변(邊)과 획(劃)이라도 차이가 있

---

219 안성관(安城館): 황해도 평산에 있던 역관이다.

으면 고치라고 하였다. 또 길에서 읊은 시 중에 객사 및 역참과 상관이 없는 시를 가지고 원접사에게 "이런 시는 왜 판각하지 않았습니까? 반드시 밤새 판각해서 내일 아침에 나에게 보여주세요.……."라고 하였다. 원접사는 부득이 두 사신이 지은 시를 일일이 써서 사신이 지나갈 길의 각 고을에 보내어 미리 판각해서 기다리도록 하였다.

저녁에 대청에서 숙소연을 행하였다. 두 사신이 원접사에게 "전날에 국왕이 보내준 회시에 대한 간략한 기록은 좋기는 한데 상세하지 않은 부분이 있습니다. 우리는 방목(榜目)[220]의 규정을 알고 싶습니다. 그래서 많이 기록할 필요는 없고, 다만 한두 차례의 과거 방목을 기록해서 보여주시면 좋겠습니다. 예를 들면, 어떤 해 과거에서 어떤 사람이 장원을 차지했는지, 한 차례 과거를 통틀어서 합격자가 몇 명인지, 원적(原籍), 부모의 이름, 급제자의 나이 등을 일일이 상세하게 기록해주세요. 우리가 조선에 와서 문물의 성대함을 자세히 보았는데, 유독 과목(科目)의 제도만은 알지 못하니, 어찌 아쉽지 않겠

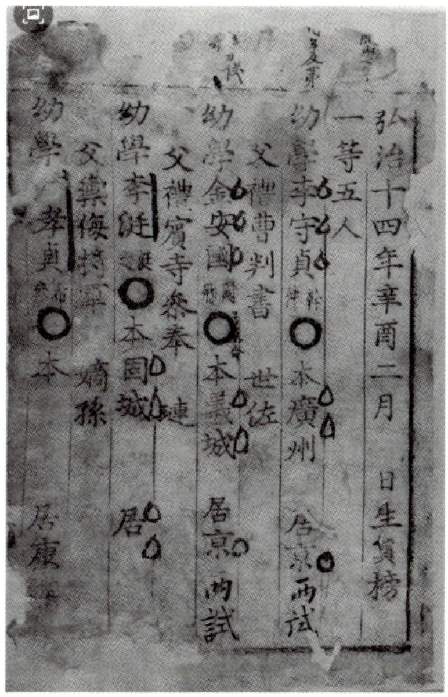
弘治十四年辛酉二月 日生員榜
一等五人
幼學李守貞 本廣州 居京 丙試
父禮曹判書 世佐
幼學金安國 本義城 居京 丙試
父禮賓寺叅奉 連

▲『사마방목』-계명대학교 동산도서관 소장(보물 1464호)
연산군 7년 신유년(1501) 2월에 시행된 생원시의 방목이다. 급제한 사람의 신분과 이름, 자(字), 본관, 거주지가 첫 줄에, 그 부친의 관직과 이름이 둘째 줄에 기재되어 있다.

220 방목(榜目): 조선 시대에 과거 급제자 명단을 기록한 책이다. 시험의 시기와 종류, 성적, 응시자 정보 등이 기록되어 있다.

습니까? 빨리 국왕에게 아뢰어 상세하게 기록해서 우리에게 보여주세요." 라고 하였다. 원접사가 "나이의 경우 조선에서는 방목에 본래 싣지 않습니다."라고 답하였다. 두 사신이 "그렇다면 조선의 제도대로 기록하여 보여주세요."라고 하였다. 두 사신이 또 "전후에 여악을 베풀어주신 것으로 조선 국왕께서 손님을 위로하시는 성의를 잘 알았으니, 내일 황주(黃州)의 연회에서는 부디 여악을 쓰지 마세요."라고 하자, 원접사가 답하기를 "전위사는 전하의 명을 받들고 와서 대인을 위로하는 입장이라 마음대로 처리할 수는 없습니다. 그러나 함께 논의해보겠습니다."라고 하였다.

부사가 시 몇 편을 보내왔는데 그 가운데 「억진아(憶秦娥)」[221] 한 편은 가사(歌詞)였다. 원접사가 음률이 달라서 그 시에 차운하지 않자 부사가 자못 급하게 화답을 요구하였다. 원접사가 답하기를 "본국은 중국과 말이 다른데 노래는 더욱 같지 않습니다. 지금 억지로 화답시를 짓더라도 필시 곡조를 이루지는 못할 것입니다. 예전에 기 낭중(祈郎中)[222]이 조선에 왔을 때 가사 10여 편을 지었는데 반접사(伴接使) 재상 서거정(徐居正)이 전부 화답[223]을 했지만 압운만 했을 뿐 음절의 차이는 어찌하지 못했습니다. 이 때문에 지금 감히 화답하지 못하겠습니다."라고 하였다.

---

221 「억진아(憶秦娥)」: 사(詞)의 곡조인 사패(詞牌)의 하나로 이백이 지은 것으로 알려져 있다. 진아(秦娥)는 춘추 시대 진 목공(秦穆公)의 딸 농옥(弄玉)으로 생황을 잘 불었던 터라 자신과 합주할 수 있는 사람이 아니면 남편으로 맞지 않겠다고 하여 남편이 될 사람을 기다리던 끝에 퉁소를 잘 부는 소사(蕭史)를 만났다. 소사가 농옥에게 퉁소를 가르쳐 농옥이 퉁소로 봉황의 소리를 낼 수 있었는데 봉황이 그들의 집에 와 앉기에 봉대(鳳臺)를 짓고 부부가 함께 거처하다가 봉황을 타고 신선이 되어 날아갔다고 한다.

222 기 낭중(祈郎中): 1476년(성종 7) 1월, 황태자의 책봉을 알리는 조칙을 반포하기 위해 조선에 온 명나라 사신 기순(祈順)을 가리킨다.

223 반접사(伴接使)……화답: 서거정이 지은 사(詞) 작품으로는 「청춘사(靑春詞)」, 「몽적선사(夢謫仙詞)」가 남아 있다.

3월 24일, 흐림

진시에 두 사신이 나와서 대청에 앉자 원접사와 관찰사가 들어와 인사를 하였다. 두 사신이 "두 재상의 방목을 보고 싶으니 서둘러 가져와서 보여주세요."라고 하였다. 부사가 또 손수 쓴 요산정(樂山亭) 편액의 글씨를 내어 주었다. 두 사신이 서봉정으로 걸어가 경물을 살펴보았다. 지나는 길에 원접사의 숙소에 들러 섬돌을 돌며 붉은 작약을 구경하고 떠났다. 곧바로 출발해 사리원(沙里院)에 도착하여 잠시 쉬고는 점심을 먹었다. 극성(棘城)[224]에 도착해서 차를 마셨다. 길을 나서서 높은 언덕에 올라가 바다를 바라보고 구월산(九月山)을 가리켜 "이 산은 이름이 무엇인가요?"라고 묻자, 역관이 사실대로 대답해 주었다.

신시에 황주 주금계(簇錦溪)에 도착해서 누선에 올라 상사와 부사가 자신들이 지은 시편과 액자를 보고는 퍽 기뻐하는 기색이 있었다. 곧 작은 술자리를 가졌는데, 평산 부사(平山府使) 이림(李霖)[225]에게 물었다.

"그대는 어느 해에 과거 급제를 하셨습니까?"

"갑신년(1524)에 급제하였습니다."

상사가 또 물었다.

"자(子)·오(午)·묘(卯)·유(酉)가 든 해가 과거를 치르는 해인데 어째서 갑신년에 급제하였다고 하시나요?"

"우리나라는 과거를 치르기로 정해둔 해 이외에 따로 별과(別科)를 보

---

224 극성(棘城): 황해도 황주군 주남면 정방리에 있는 산성(山城)으로, 지금의 정방산성(正方山城)이다.

225 이림(李霖): 1501~1546. 자는 중망(仲望), 본관은 함안(咸安)이다. 1519년 생원시에 합격하고, 1524년 문과에 급제하여 승정원 박사, 부수찬, 이조 정랑 등을 역임하였다. 1541년 동지사(冬至使) 허자(許磁)와 함께 진위사(進慰使)로서 명나라에 다녀왔다.

여서 인재를 뽑는데, 이를 별시(別試)라고 합니다."

상사가 나이를 묻자 이림이 "홍치(弘治) 신유년(1501)에 났습니다."라고 하니 상사가 이렇게 말하였다.

"소년등과로군요. 방목을 보고 싶으니, 고을 역관에 도착하면 써서 저에게 보여주세요."

두 사신이 원접사와 관찰사의 식탁에 물고기와 고기가 없는 것을 보고 그 이유를 묻자 원접사 등이 대답하기를 "오늘이 돌아가신 왕후(王后)의 기일이기 때문입니다."라고 하였다.

저녁에 객관에 도착해서, 전위연을 내일 아침으로 미루도록 하였다. 두 사신이 광원루(廣遠樓)에 올라 투호 놀이를 했다. 부사는 또 몇 순배 활을 쏘고, 원접사와 관찰사를 불러 함께 활을 쏘자고 했는데 원접사 등은 사양하며, "오늘은 돌아가신 왕후의 기일입니다. 청컨대 내일 아침에나 활쏘기를 하겠습니다."라고 하였다. 상사가 "전하께서 여러분들을 시켜 국경까지 전송하게 하여 우리의 마음을 위로하고자 하셨는데, 어찌 꼭 왕후의 기일이라고 해서 오늘의 즐거움을 버리십니까?"라고 하였다. 저녁에 상사가 원접사에게 말하기를, "동방의 건국과 군주의 세계(世系: 대대로 내려오는 계통)와 역대의 역사 기록 등의 일[226]을 보고 싶으니 자세하게 써서 보여주시기 바랍니다."라고 하였다.

---

226 동방의……일: 『중종실록』 32년 5월 25일 기사에, 명나라 사신이 동방의 건국, 세계, 역년 등의 일을 보고 싶어 하자, 정사룡이 신라 시조인 혁거세(赫居世)부터 신라의 마지막 왕인 경순왕(敬順王) 김부(金傅)까지의 총 역년과 백제·고구려·고려 역시 개국부터 실국(失國)까지의 시조의 성명만을 간단하게 언급하고, 조선에 대해서는 언급하지 않았다는 내용이 나온다.

3월 25일, 흐림

역관을 시켜 두 사신에게 원접사, 관찰사, 평산 부사 등의 방목을 드리게 하고, 또 동방의 건국과 역대의 간략한 역사 기록을 대략 써서 드렸다. 상사가 또 작은 종이에 손수 써서 원접사에게 보내며 "매번 향시에서 각 도에서는 몇 사람이나 뽑는지요? 어떤 사람이 시험관이 되며, 어디에서 파견되고 몇 명의 시험관이 쓰이는지요? 자세히 알려주시기 바랍니다."라고 하였다. 원접사가 즉시 적어서 보내게 하기를, "문과의 향시는 팔도에서 모두 삼백 명을 뽑는데, 시험 칠 즈음에 관찰사가 사유를 갖추어 조정에 아뢰면, 도성에 있는 문관을 파견해서 시험을 치르는데 각 도마다 4명씩 보냅니다."[227]라고 하였다.

진시에 광원루에서 전위연을 하였다. 두 사신이 나가 앉자, 원접사와 관찰사 및 전위사 김광철 등이 들어와 인사를 하고 나서 어제 도성에서 보내온 『지지』와 개성에서 전위사 등이 지은 화답 시편을 바쳤다. 이어서 국왕의 분부에서 지시한, 명나라 사신을 접대하느라 수고한 여러 관리의 품계를 높여준다는 일, 명나라 황자의 출생을 기념하는 특별 과거를 보여서 인재를 선발한다는 일, 신하들에게 연회를 하사한다는 등의 일을 두 사신에게 알리자, 두 사신이 서로 쳐다보고 몹시 기뻐하며 대답하기를 "황태자의 출생은 천하가 모두 축하하는데, 조서를 반포하러 왔으니 은혜가

227 문과의……보냅니다: 과거제도는 시기별로 변화가 많았는데, 이 기록은 1537년 당시의 과거제에 관한 자료로 의미가 있다. 윤춘년(尹春年)의 기록에 따르면 이보다 27년 전인 1510년에 실시된 향시에서는 생원과 진사 각 100명씩 200명을 선발했다고 한다(윤춘년, 『학음집』, 「함창 경오 사마 자손 계회(咸昌庚午司馬子孫契會)의 서문」, 계명대 동산도서관 소장). 한편 『한국민족문화대백과사전』의 '향시' 조목에서는 "시관은 각도의 감사가 문과 출신 수령이나 교수 중 상시관(上試官) 1인, 참시관(參試官) 2인을 임명하는 것이 보통이었다. 그러나 1553년 이후에는 부정을 막기 위해 상시관은 경관(京官)을 뽑아 보내게 되었다."라고 기술하고 있는데, 『일기』의 기록으로 보아 그보다 26년 전에 도성에서 시관을 파견하였음을 알 수 있다.

특별합니다. 조선은 평소 예의를 지키는 나라이므로 비록 늘 기뻐하며 축하해주지만, 그러나 또한 황제의 은혜를 관원과 백성들에게까지 넓힌 것이 이런 정도에 이르렀으니, 전하의 현명함이 아니면 이렇게 할 수가 없을 것입니다. 우리가 돌아가서 조정에 아뢰겠습니다.…….”라고 하고, 또 “『지지』의 편찬이 매우 상세하니 후의에 깊이 감사드리고 버려두지 않고 오래도록 살펴보겠습니다. 또 여러 재상의 훌륭한 작품 역시 매우 감사드립니다.…….”라고 하였다.

두 사신이 또 원접사에게 “오늘부터 반드시 여악을 쓰지 마세요.”라고 하자, 원접사 등이 “전하가 전위사를 파견하여 여기에서 연회를 마련하도록 하셨으니 이 일은 모두 전하의 뜻에서 나온 것입니다. 이제부터 여악을 쓰지 않는다면 전위사가 무슨 말로 전하에게 보고할 수 있겠습니까?”라고 답하였다. 두 사신이 말하기를 “공경의 표현은 여악에 있는 것이 아니니, 오늘 우리말을 듣고 여악을 쓰지 않는 것이 바로 공경입니다.”라고 하자, 전위사가 두 사신 앞에 서서 여악을 펼 수 있도록 간청하였다. 두 사신이 오랫동안 상의하고 말하기를 “오늘은 판서 등의 관리들을 위해 우리가 가져온 악기를 사용해서 한두 번 음악을 연주한 뒤에 여악의 연주를 듣도록 하겠습니다.”라고 하고, 마침내 두목을 시켜 두 명은 악기를 잡고 음악을 연주하고 한 명은 가면을 쓰고 놀게 하니, 그 무리가 모두 5명이었다. 조선의 여악과 함께 앞에서 번갈아 연주하며 그 연회를 마쳤다.

이날 연회를 마친 뒤에 두 사신이 함께 광원루에서 활쏘기를 하고 원접사와 관찰사 등을 불러서 이들에게 몇 순배 활을 쏘게 한 뒤 마쳤다. 상사는 서봉정의 편액 글씨를 고쳐 쓰고, 부사는 제안관(齊安館)[228]의 편액 글씨를 써서 관찰사에게 주어 판각해서 걸도록 하였다. 상사가 전위사에게

228 제안관(齊安館): 황주(黃州)에서 40리 떨어진 곳에 있었던 역관이다.

증별시를 지어 주고, 또 편지 두 통을 꺼내 전위사에게 주어 주상께 아뢰도록 하였다. 부사도 시를 지어 전위사에게 주어 주상께 아뢰게 하고, 편지도 써서 역시 주상께 아뢰도록 하였다.

미시에 두 사신이 출발하였다. 저복원(貯福院)[229]에 이르러 점심을 먹었다. 저녁에 생양관에 도착하고 숙소연을 내일 아침으로 미루도록 하였다. 의주 사람이 탕참(湯站)에서 보내온 공문 두 통을 가지고 와서 곧바로 두 사신에게 올렸다.

3월 26일, 맑음

두 사신이 가인을 통해 각각 원접사에게 비단 예물 한 필[230]을 보내며 "선물이 변변찮다는 것을 잘 알지만 그저 성의 표시입니다."라고 하였다. 상사가 이어 해달 가죽[231]과 벼루 등의 물건을 따로 구하면서 "이것들을 구해달라는 각로(閣老)가 있어서이니, 화연(畵硯: 벼루)은 꼭 새겨진 무늬가 영롱한 것으로 크고 작은 것 각각 하나씩을 주시고, 해달 가죽은 우리의 행장에 든 물건과 맞바꿨으면 합니다……."라고 하였다.

두 사신이 대청에 앉아 아침 식사를 하였다. 원접사가 인사를 하고 사양하며 말하기를 "오랜 날을 옆에서 모시면서 실수가 퍽 많아 늘 두려

---

229 저복원(貯福院): 황주에서 북쪽으로 20리 떨어진 곳에 있었던 역원이다.

230 비단 예물 한 필: 원문은 "사파(紗帕)"인데, 파(帕)는 머리띠나 수건, 커텐 등을 이르는 말로 구체적으로 어떤 물건인지 특정하기 어렵다. 예물을 널리 가리켜 '수파(手帕)'라고 하는 만큼 사파(紗帕)란 비단으로 된 예물을 이른 말로 보인다.

231 해달 가죽: 원문은 "해달피(海獺皮)"인데, 바다 반달피로 수달피와 비슷하며 크기는 개 만하며 털은 물이 묻어도 젖지 않는다.

운 마음이었는데 지금 도리어 선물을 주시니 더욱 송구합니다. 게다가 성대한 예물을 사사롭게 받기는 도리상 마음이 편안치 못합니다."라고 하니 두 사신이 말하기를 "예물이 변변찮아서 우리 마음에 차지를 않습니다. 너무 사양하지 마세요."라고 하였다. 원접사가 인하여 상사에게 말하기를 "구하시는 벼루는 평안도를 다 뒤져서 찾아드리겠습니다. 하지만 해달 가죽은 본디 우리나라에서 나는 것이 아니어서 구할 방법이 없습니다. 우리나라에서 난다면 어찌 맞바꾸겠습니까?"[232]라고 하였다.

▲ 부벽루 외관과 내부-국립중앙박물관 소장 자료

두 사신이 길을 떠나 재송정(栽松亭)[233]을 지나 곧장 대동강(大同江)에 이르렀다. 원접사와 관찰사 등은 누선에 올라 작은 술자리를 갖고, 강물을 거슬러 부벽루(浮碧樓)에 올라 다례를 행하였다. 부사가 상사에게 말하기를 "강산의 경치가 백상루(百祥樓)보다 나은 듯합니다."라고 하니, 상사는 말하기를 "백상루는 사방이 다 탁 트였는데 여기는 한쪽이 산에 막혀서 그만 못한 것 같습니다. 지리로 말하자면 배산임수(背山臨水)로 자리를 잡은 부벽루가 제일이고, 경치로 말하자면 사방이 다 멀리 트인 백상루가

---

232 어찌 맞바꾸겠습니까: 해달 가죽을 구할 수 있다면 사신 일행의 물건과 교환하지 않고 증정하겠다는 말이다. 해달 가죽을 물물교환의 형태로 구하고 싶다고 한 명나라 사신의 요청을 거절한 것이다.

233 재송정(栽松亭): 평양부의 남쪽 11리 재송원(栽松院)에 있던 정자이다.

제일입니다.…….”라고 하였다.

관찰사가 광대를 시켜 뜰에서 연희를 벌였는데 두 사신은 처마 아래에 앉아서 보다가, 이윽고 평교를 타고 모란봉(牧丹峯)에 올랐다. 모란봉은 금수산(錦繡山) 위에 있는데, 그다지 높이 솟은 봉우리가 아니지만, 시야가 아주 멀리까지 트여 멀고 가까이 둘려 있는 사방 봉우리들이 연이어 얽혀서 마치 언덕 같았다. 그때 먹구름이 갑자기 모여 가랑비가 얼굴에 뿌리더니 두어 시간 지나서 개었다. 장막 아래 작은 술자리를 차렸다가 다시 부벽루로 내려가서 연회를 베풀었는데 여악을 갖추었다. 두 사신이 데려온 광대를 시켜 자리 중앙에서 연희를 벌이게 하였다. 초저녁에 대동관에 도착했다.

3월 27일, 맑음

오후에 비가 내려서 평양(平壤)에 있었다. 상사가 공문 한 통을 첨수참(甜水站)에 보냈다. 진시에 전위연을 대청에 마련하였다. 두 사신이 나와 앉자, 원접사와 관찰사 및 전위사 허항(許沆)[234] 등이 들어와 인사를 하고 각자 제자리에 앉았다. 여악을 연주하자 전위사가 먼저 전위배를 올렸고, 원접사 등이 또 차례로 술잔을 올렸다. 연회가 끝나고 전위사가 앞으로 나아가 이별을 고하자, 두 사신이 이화종을 시켜 말하기를 “국왕이 참판을

234 허항(許沆, 1497~1537) : 자는 청중(淸仲), 본관은 양천이다. 좌의정 허종(許琮)의 손자이고, 아버지는 부사 허확(許確)이며, 어머니는 김수조(金守祖)의 딸이다. 1524년(중종 19) 문과에 급제하여 1535년에 대사헌, 1536년에 이조참판을 역임하였다. 김안로의 일당으로, 세상에서 김안로·채무택과 함께 정유삼흉이라 불렀다. 김안로가 물러나자 사사(賜死)되었다.

보낸 것은 전적으로 우리를 위해서입니다. 오늘 우리는 이곳에 머물며 고적을 탐방하고자 하는데, 이 일은 국왕도 아시게 될 터입니다. 참판이 우리와 유람을 함께 하시면 참 좋겠습니다."라고 하였다. 또 원접사와 관찰사에게 말하기를 "참판이 꼭 머물도록 해주세요."라고 하였다.

아침 식사를 한 뒤에 두 사신은 기자묘(箕子墓)에 도착하여 분향하고 참배를 한 뒤 정전(井田) 유적[235]을 지나 영귀루(詠歸樓)에 이르러 연회를 마련했다. 연회가 열리자 국왕의 유지가 이르렀는데 그 대략에, "명나라 사신이 요구한 조서를 맞이하는 그림 두 점을 완성하여 보내니 나누어 드리도록 하라.……."라고 하였다. 두 사신이 그림을 보고 매우 기뻐하면서 즉시 개봉하게 하고서는 서로 오랫동안 손가락으로 가리키며 감탄하기를 "국왕이 이렇게까지 마음을 써주시다니 고마움을 이길 수가 없습니다. 우리는 마땅히 이 그림을 영원토록 가보로 삼을 것입니다."라고 하였다.

두 사신이 탁자를 정돈하여 조금 물리게 하고서 모두 동쪽에 편안히 앉고, 원접사 등은 서쪽에 마주 앉도록 한 다음 조용히 대화를 나누었다. 상사가 말하기를 "오늘날 우리 조정이 조선을 대우하는 것이 본국의 여러 지방[236]과 차이가 없는데, 하 각로(夏閣老: 夏言)는 특히 더욱더 대우합니다. 우리가 조선으로 올 때 하 각로가 우리에게 말하기를 '공들이 비록 만 리 먼 길을 가지만 조선은 예의의 나라이므로 나그네의 어려운 심정이 위로될 것입니다.'라고 하였고, 또 하 각로가 시를 지어 주었는데 깜박하고 요동에 두고 왔습니다. 하씨 어른은 각로로 승진하였고, 엄숭(嚴嵩)이 하씨 어

---

235 정전(井田) 유적: 중국 은나라 사람인 기자가 평양 외성(外城)의 남쪽에서 대동강 가에 이르는 지역에 설치하였다고 전해지는 유적이다. 다만 현재 기자동래설(箕子東來說)이 부정되고 있으므로 이 유적을 기자와 연결시키기는 어렵고, 고려와 조선 시대 때 평양에 기자묘를 세워 그를 숭배한 유학자들이 보기에 그것이 은나라의 정전(井田)과 유사하다고 하여 기자와 관련 있다고 생각한 것으로 평가되고 있다.

236 여러 지방: 원문은 "내번(內藩)"인데, 여기서는 명나라의 여러 지방을 이르는 말이다.

른의 직책을 대신하고 있습니다."[237]라고 하였다. 또 말하기를 "명나라 재상 중에 하 각로는 문장과 필법이 모두 뛰어난데, 필법의 경우 동해(東海) 장필(張弼)[238]과 함께 세상에 나란히 일컬어집니다. 국왕께서 만약 그의 묵적(墨跡)을 청한다면 명나라에서는 하공(夏公)을 총애하므로 반드시 기뻐하면서 허락할 것이고, 하 각로 역시 기뻐할 것입니다."라고 하였다. 원접사가 대답하기를 "전하께서는 명나라를 경외하는데 어찌 감히 천자께 그런 요청으로 누를 끼칠 수 있겠습니까?"라고 하자, 두 사신이 "괜찮습니다."라고 하였다.

원접사가 또 두 사신에게 "조선은 대대로 명나라의 극진한 대우를 받아왔습니다. 그래서 조공사신이 자유롭게 출입하는 것을 허락하여 고금의 서적을 마음대로 사도록 두었습니다. 그러나 최근에 손 낭중(孫郎中)[239]이 마음대로 제독 오 주사장(仵主事將)[240]을 시켜 조선 사람을 구금하여 출입하지 못하게 해서 명나라 조정에서 펴낸 서적과 역대의 역사서를 살 수가 없습니다. 그래서 전하께서 이미 작년에 예부에 자문(咨文)[241]을 보내어 예전대로 출입할 수 있도록 요청했습니다. 하 상서(夏尙書)가 주문을 올려 윤허를 받았으니 우리나라로서는 감사한 마음을 이기지 못하겠습니다. 다만 관찬(官撰) 서적과 역대의 역사서는 여전히 금지되어 있습니다. 제가 갑

237 하씨……있습니다: 『중종실록』 32년 3월 15일 기사에, 각로(閣老) 하언(夏言)은 예부 상서로 있다가 각로로 승진하였고, 엄숭이 하언을 대신해서 예부 상서를 맡고 있다고 하였다.

238 장필(張弼): 1425~1487. 명나라 송강부(松江府) 화정(華亭) 사람으로, 자는 여필(汝弼), 호는 동해(東海)이다. 시문(詩文)에 뛰어났으며, 초서에 능하였다. 저서로는 『장동해시문집(張東海詩文集)』이 있다.

239 손 낭중(孫郎中): 중국의 주객 낭중(主客郎中) 손존(孫存, 1490~1547)을 가리킨다. 손존의 자는 성보(性甫), 호는 풍산(豐山)이다. 1514년에 진사에 급제하였다. 1521년에 주객 낭중이 되었다.

240 오 주사장(仵主事將): 오유(仵瑜, 1477~1524)를 가리킨다. 오유의 자는 충부(忠父)이며, 호북성 포기현(蒲圻縣) 사람이다. 1517년에 진사에 급제하였다.

241 자문(咨文): 조선 시대 중국과의 사이에 외교적인 교섭이나 통보, 조회할 일 등이 있을 때에 주고받던 공식적인 외교문서이다.

오년(1534)에 표문(表文)을 올릴 때[242] 참고한 서책이 모두 결락본이라 명나라 조정이 펴낸 서적을 사려고 구해보았지만 끝내 얻지 못했습니다. 이런 금령은 과연 조정에서 나온 것입니까?"라고 하였다. 두 사신이 깜짝 놀라며 "이 무슨 말입니까? 우리 조정이 조선에 대한 총애가 다른 나라보다 각별하고 조정의 대신들도 황제의 뜻을 받들어 모두 조선을 우대하려 하는데 어찌 이럴 리가 있겠습니까! 안남과 유구는 오랑캐라 하면서도 오히려 그 나라에서 보내온 자제들의 입학을 허락합니다. 하물며 조선은 명나라 국내와 다름없는데 출입을 허락하지 않는다니요? 손 낭중은 마음 씀씀이가 이와 같아서 관직도 현달하지 못하고 외직으로 나가 지부(知府)를 지내고 있습니다. 의제사 낭중(儀制司郎中) 진호(陳箎)[243]는 우리의 벗인데, 조선으로 올 때 진공(陳公)이 우리를 위해 전별연을 마련하고 '조선은 예의를 지키는 나라이니 행실을 삼가서 가볍게 대우하지 말게.'라고 당부하였으니, 이도 조선을 깊이 인정하는 사람입니다. 우리가 명나라로 돌아가서 진공에게 말하여 금령을 시행하지 못하도록 하겠습니다. 진공은 천성이 신중하고 인후하여 필시 손 낭중의 법에 구애되지 않을 것입니다."라고 하였다. 또 재삼 "이 일은 우리가 꼭 잊지 않겠습니다.……."라고 하였다.

원접사가 또 묻기를 "고인들이 선배들을 부를 때 '한십팔(韓十八)', '황구(黃九)'[244]와 같이 지칭하는 경우가 몹시 많은데, 이는 어떤 의미입니까? 관직의 차례를 가리켜서 말하는 것입니까, 아니면 친족 안에서 순서를 가리키는 말입니까?" 하니 상사가 답하기를 "제가 상세히 써서 보여드리겠

---

242 갑오년(1534)에……때: 정사룡이 1534년 10월에 동지사(冬至使)로서 표문(表文)을 갖고 명나라에 다녀왔다.

243 진호(陳箎): 생몰년 미상. 주객사 낭중(主客司郎中), 예부의제사 낭중(禮部儀制司郎中), 상보시 경(尙寶司卿) 등을 지냈다.

244 한십팔(韓十八), 황구(黃九): '한십팔'은 당나라 한유(韓愈, 768~824)이고, '황구'는 송나라 황정견(黃庭堅, 1045~1105)이다. 모두 당시의 저명한 학자이자 문장가이다. 숫자는 형제들 간의 순서를 가리킨다.

습니다." 하였다. 원접사가 또 묻기를 "시인들이 시에서 문건(聞健)[245] 두 자를 허다히 쓰는데, 무슨 의미인지요?" 하니 상사가 대답하기를 "이 말은 당송 즈음의 방언이니, 두보 시의 차막(遮莫)[246]과 같은 부류로, 다만 '강건(强健)하다.'는 뜻입니다."라고 하였다.

또 묻기를 "팔진도(八陣圖)가 그려진 모래톱은 지금도 옛 흔적이 남아 있는지요?" 하니 상사가 말하기를 "지금 사천, 섬서 지역에 몇 곳이 있는데 모습이 완연합니다." 하였다. 또 묻기를 "소주, 항주에 있다는 봉전(葑田)은 어떤 물건인지요?"라고 하니 두 사신이 "봉(葑)은 수초인데 처음 돋아날 때는 먹을 수가 있습니다. 그 뿌리가 서로 연결되어 물 위에 둥둥 떠 있어서 애초 바닥에 붙어 있지 않은데, 넓이가 수백 리나 되기도 한답니다. 그곳 사람들이 봉전이라고 하지요."라고 하였다.

이때 대동강에 비가 흩뿌려서 뚝뚝 떨어지다가 가늘게 날리다가 하였다. 저녁이 되면서 조금 걷히더니 긴 무지개가 하늘에 걸려 그 그림자가 강물에 꽂혔는데, 지는 햇살이 구름을 뚫고 새어 나와 짙붉은 기운이 허공을 채워 하늘과 강물이 아득하니 한 가지 색깔로 가득 찼다. 두 사신은 난간에 다다라 강물을 굽어보며 차마 일어날 줄 모르는 듯하였다. 밤중에 숙소로 돌아와서 상사가 「부벽루를 함께 유람한 인명록[遊浮碧樓題名錄]」을 써서 원접사와 관찰사에게 보내 바위에 새기도록 하였다. 그 글에 "가정 정유년(1537) 3월에 정사 공용경과 부사 오희맹이 판서 정사룡, 관찰사 이귀령과 함께 여기를 유람하였다……."[247]라고 하였다. 그 끝에 또 '공용경이 쓰다[卿識]'라는 두 글자를 손바닥만 한 크기로 썼다. 부사도 '청

---

245 문건(聞健): '강건(强健)하다'는 의미인데, 지금은 건(健)이 건(健)으로도 표기된다.

246 두보 시의 차막(遮莫): '차막(遮莫)'이라는 시어는 의미가 아주 다양해서 '비록……라 하더라도(盡管)', '……을 막론하고(=任凭, 不論)', '……만 못하다(=不如)'는 세 가지 의미로 쓰인다.

247 상사가……유람하였다: 같은 기록이 『패관잡기』에도 있는데, 벽면에 새긴 것이 아니라 돌에 새겨서 세웠다고 되어 있다.

류벽(淸流壁)' 세 글자를 크게 쓰고 그 끝에 또 '오희맹이 쓰다[孟寫]'는 두 자를 써서 원접사 등에게 보내어 부벽루 길가의 암벽에 새기도록 하였다. 상사가 "깊게 새기고 붉게 칠하세요."라고 하였다. 상사가 또 강천승개(江天勝槪) 네 글자를 크게 써서 현판에 새겨 부벽루에 걸게 하였다.

이보다 앞서 상사가 금교관(金郊館)에 이르러 원접사가 쓴 현판을 보고 정 판서의 글씨인 줄을 물어서 알고는 칭찬하기를 "글씨가 이렇게 훌륭하신데 지은 시를 하필 다른 사람에게 대신 쓰게 합니까?"라고 하였다. 평양에 도착해서 상사가 지은 「쾌재정(快哉亭)」 시의 편액에 두 번 쓰인 글자가 있다고 하여 떼어 내리도록 하여 고쳐서 원접사에게 다시 쓰게 하였다. 판각이 끝나자 몇 장을 찍어내게 해서 두목에게 주어 간직하게 하였다.

3월 28일, 개였다 흐렸다 하였다

진시에 두 사신이 나와 대청에 앉자 원접사 등이 들어와 인사를 하였다. 영위사가 앞으로 나아가 작별인사를 하자 두 사신이 각기 증별시를 주고 또 각기 편지를 부탁하며 임금에게 올리도록 하였다.

상사는 편지에서 "조서를 맞이하는 그림을 받아보니 진귀한 보물을 얻은 듯 광채에 눈이 부십니다. 두터운 정의와 멀리서 생각해 주시는 마음을 어떻게 감당할 수 있겠습니까? 한 번 열어서 조서를 맞이하는 그림을 살펴보았는데 조선의 산천과 문물이 모두 한눈에 들어와 또렷하게 보이니, 참으로 집안 대대로 전하는 보물이 될 만합니다. 그러니 끝없는 감동을 어찌 비유할 수 있겠습니까? 허 참판이 돌아갈 때 감사드리는 마음을 대략이나마 표현했습니다. 이해해 주시면 고맙겠습니다."라고 하였다.

부사는 편지에서 "제가 황주에 도착했을 때 국왕께서 신하를 파견하여 연회를 베풀어주셨고, 생양관에 도착했을 때 평양까지 겨우 백 리인데도, 다시 국왕께서 이조 참판 허항을 파견하여 연회를 베풀어주셨습니다. 참판은 재주 있는 사람의 후손으로, 나아가고 물러나는 예절이 법도에 맞았습니다. 관반(館伴)인 정 판서(정사룡)는 예의에 맞게 대접하여 오랠수록 더욱 융숭했습니다. 관찰사 이귀령은 진기한 볼거리를 마련해두고 우리를 정성스레 맞아 빼어난 경치를 찾아다녔습니다. 정 판서도 함께해서, 저희들에 대한 국왕의 생각을 펼쳐 보여 임지에서 자신의 임무를 다하였습니다.[248] 하루 동안에 이들의 정성을 보고 나서 조선의 군주와 신하를 아름답게 생각하게 되어, 더욱 공경하는 마음을 갖게 되었습니다.

오는 날 기자묘를 배알하고 나서 정 판서가 두 사람과 함께 영귀루의 서쪽 호수[249]를 유람하자고 했습니다. 이 자리에서 국왕께서 조서를 맞이하는 그림을 보냈다는 것을 듣고 뛸 듯이 기쁜 마음을 이기지 못했습니다. 그림 족자를 펼쳐 여러 번 보니 크고 작은 모든 일을 빠뜨리지 않았는데, 국왕께서 교외로 나와 다섯 번 절한 일과 많은 선비가 일을 맡아 진행한 것은 예전에 없었던 백 년에 한 번 볼만한 일입니다. 지금 또 이를 조서를 맞이하는 그림에 그렸으니, 국왕께서 천자를 존중하는 뜻과 사대의 정성을 보이신 것입니다. 조선의 훌륭한 인물과 수려한 산천과 화려한 의식을 모두 잘 보았습니다. 다만 저와 같이 부족한 사람이 어찌 그림 속에 그려지길 바랐겠습니까? 훗날 퇴임하고 집에 홀로 있을 때 이 그림의 풍경

---

248 자신의 임무를 다하였습니다: 원문은 "주절(駐節)"인데, 고위 관료가 지방에 머물면서 공무를 집행하는 것을 말한다.

249 영귀루의 서쪽 호수: 영귀루는 평양성 왼쪽 정전(井田) 바로 앞에 있던 누각이고, 서쪽 호수는 대동강을 이른 말로 보인다.

을 보면 감회가 일어 동쪽을 바라보며 그리워하는 마음이 끝이 없을 것입니다. 허 참판이 돌아갈 시간이 임박하여 이렇게 거칠게나마 감사의 인사를 올리니, 부디 너그러이 이해해 주시기를 바랍니다."라고 하였다.

두 사신이 출발하여 부산원(斧山院)에 도착하고 원접사와 관찰사를 불러서 작은 술자리를 가지고 마쳤다. 또 순안(順安)에 이르러 점심을 먹었다. 부사가 쓰던 도성에서 가져온 벼룻집을 부사의 방수인(房守人)[250]이 가지고 다니며 챙겼다. 부사가 화장실에 간 사이 두목 전순(錢循)이 이를 빼앗아 가려고 하였는데 방수인이 주지 않자 억지로 가져가다가 땅바닥에 내던져져 모조리 깨졌다. 원접사가 이를 듣고 다른 벼룻집을 다시 만들게 하였다.

오후에 두 사신이 어파령(於波嶺)과 안주(安州) 등지를 넘어가자 관리가 길 서쪽의 높은 언덕에 장막을 설치하고 다과를 올리려고 했는데 두 사신이 들어가지 않았다. 저녁에 숙천(肅川)에 도착하고 숙소연을 내일 아침으로 미루게 하였다. 상사가 밤에 동헌에 앉아 촛불을 켜고 시를 쓰는데 관노 권손(權孫)이 몇 번이나 동헌에 올라와 거의 다 탄 초를 가져가려고 하자, 상사가 꾸짖으며 막았지만 듣지 않았다. 상사가 화가 나서 관노를 붙잡아 원접사와 관찰사 등에게 보내어 즉시 가두게 하였다.

---

250 방수인(房守人): 방(房)을 지키는 일을 맡아 보던 사람으로, 종들이 이 일을 하였으므로 방수노(房守奴)라고도 부른다.

3월 29일, 맑음

원접사와 관찰사가 함께 앉아 권손(權孫)에게 곤장 80대를 치려고 하면서 이화종을 시켜 상사에게 말하기를 "간밤에 초를 가져간 사람은 무례하기 짝이 없습니다. 지금 이미 샅샅이 심문해서 변방 먼 역참으로 보내 도역(徒役)[251] 처분을 했습니다만, 그 처벌의 날짜를 채우는 날에 전하께 보고를 올려야겠습니다."라고 하였다. 이에 상사가 "처벌이 이미 무거우니 전하께 말씀드리지는 마세요."라고 답하였다.

진시에 숙천부 대청에서 숙소연을 행하였다. 부사를 따라온 두목이 "어른(부사를 이름—역자)께서 오늘 아침에 행장에 지니신 벼루를 꺼내어 글씨를 쓰신 뒤에 그대로 서안(書案: 예전에 책을 얹던 책상) 위에다 두고 미처 챙기지 못했는데, 어떤 모르는 방수인(房守人)이 여러 번 어루만지더니 그만 훔쳐갔습니다.……."라고 하였다. 원접사가 의심이 가는 양덕현(陽德縣)[252]의 방수인을 잡아 오게 해서 관찰사에게 넘겨 추궁하게 하였다. 두 사신이 출발해서 운암원(雲巖院)에 이르러 원접사와 관찰사를 불러 함께 식사하고 몇 잔의 술을 돌리고 나서 마쳤다.

미시에 안주(安州)에 이르러 백상루(百祥樓)에서 전위연을 베풀었다. 두 사신이 가마를 타고 백상루에 도착하자, 원접사 및 관찰사와 전위사 정백붕(鄭百朋)[253] 등이 각각 차례대로 예를 행하였다. 두 사신은 앉은 자리가

---

251 도역(徒役): 도형(徒刑)으로 복역(服役)하는 것이다. 도형은 오형(五刑)의 하나로 강제 노역을 하는 형벌이다.

252 양덕현(陽德縣): 지금의 양덕군으로, 평안남도 남동부에 위치하고 있다.

253 정백붕(鄭百朋): 생몰년 미상. 조선 연산군~명종 때의 문신으로, 자는 창령(昌齡), 호는 약수(藥水), 본관은 온양(溫陽)이다. 상의원 첨정(尙衣院僉正) 정탁(鄭鐸)의 아들이며 우의정 정순붕(鄭順朋)의 형이다. 1504년 문과에 급제하여 형조 판서, 지중추부사 등을 역임하였다.

강을 등졌다고, 자리를 남쪽으로 옮기도록 하였다. 원접사 등이 동쪽 뜨락에서 연회를 열고 여악을 연주하여, 전위사가 먼저 잔을 올리고 나서 원접사 등이 또 각각 차례대로 술을 올렸다.

저녁에 두 사신이 난간 앞으로 다가가서 원접사 등과 서로 마주 앉아서 조용히 이야기를 나누었다. 이에 환관의 일이 화제가 되어 두 사신이 조선의 환관은 어떻게 해서 환관이 되는지를 물었다. 이화종 등이 답하기를, "조선은 궁형(宮刑)을 시행하지 않습니다. 민가에서 아들을 낳고 나서 가족들이 일이 있어 모두 외출을 하고 나면 강보에 있던 아이가 똥을 싸서 온몸에 묻힙니다. 그러면 개가 핥다가 양경(陽莖: 남성의 생식기)을 물어서 잘라 먹어버립니다. 대개 조선의 환관은 모두 이렇게 된 것입니다."라고 하였다. 두 사신은 믿지 않은 채 속이는 말이라 여기고 원접사 등에게 물었는데, 원접사 등이 "또한 이화종 등의 말과 같습니다."라고 답하고, 또 "조선의 환관 가운데 명나라에 벼슬하여 태감이 된 장흠(張欽), 김의(金儀), 진호(陳浩) 등도 이와 같습니다. 이 일은 저들이 자세히 알 터입니다."라고 하였다. 두 사신이 비로소 이 말을 믿고 말하기를 "중국의 환관은 이와 다릅니다. 대개 죄인의 아들 중 죄에 연루된 자가 나이가 차지 않았으면 사형을 감형해서 궁형에 처하는 것이지요. 환관이 많은 것이 이런 까닭입니다. 또 장흠 태감이라는 사람은 글씨를 잘 썼고 재간과 능력이 있어서 조정에서 신임하였습니다."라고 하였다.

해가 져서 횃불을 강 언덕에 설치했는데 그 횃불 그림자가 강바닥에 거꾸로 비쳐서, 보기에 마치 금빛 기둥 같았다. 두 사신이 기둥에 기대어 섰다가 원접사를 불러 함께 보고서는 매우 기뻐한 뒤 마쳤다.

4월 1일, 맑음

진시에 두 사신이 대청에 앉아서 함께 식사하였다. 원접사와 관찰사가 들어가서 예를 행하고, 이어서 부사에게 "아랫사람을 단속하지 못해 대인의 벼루를 훔치는 일이 생겼습니다. 매우 미안합니다."라고 하였다. 부사가 웃으며 "이런 작은 일을 어찌 번거롭게 저에게 말씀하십니까. 제가 데리고 온 사람이 잘 관리하지 못했으니 그들의 잘못입니다. 더군다나 소란 중에 누가 훔쳤는지도 모르는데, 지금 갑자기 한 사람을 지목하는 것은 더욱 바람직하지 않습니다. 지목당한 사람에게 확실하지 않은 죄를 뒤집어씌워 끝내 절도의 죄명을 받게 한다면 상서롭지 못한 일이 이보다 더 심할 수 없습니다. 그리고 판서가 이 일을 전하께 급히 아뢴다고 하면 제가 어찌 마음에 편할 수 있겠습니까? 길에서 시를 짓거나 농담하는 일도 못하게 될 것입니다."라고 하였다.

전위사가 작별을 고하자 두 사신이 각자 시 한 편을 지어 전하께 보이도록 하고, 또 각자 시를 지어 전위사 및 관찰사와 이별하였다. 전례에 평안도 관찰사는 명나라 사신을 전송하기 위해 안주까지 가야 하므로 관찰사 이귀령이 두 사신에게 작별을 고한 것이다. 두 사신이 장난으로 답하기를 "황해도 관찰사는 우리를 전송하여 평안도 경계까지 왔는데, 어찌하여 혼자 서둘러 돌아가십니까? 우리는 만 리 먼 길을 떠나온 사신임에도 집을 그리워하지 않는데, 지금 그대는 고작 사나흘 거리를 와서 집을 그리워하는 것은 어째서입니까? 반드시 가산(嘉山)까지 우리를 전송해주어야 공이 가도록 놓아줄 것입니다."라고 하자, 관찰사가 "마침 우리 지역이 임금께 보고 드려야 할 공무가 있어서 가려던 것인데, 지금 두 분의 말씀을 듣고서 감히 따르지 않을 수 있겠습니까."라고 하였다.

두 사신이 출발하여 청천강(淸川江)에 이르러 누선에 올라 원접사와 관찰사 두 사람을 불러 함께 앉아서 술자리를 가졌다. 조용히 담소를 즐기던 중 두 사신이 조선의 기자(箕子) 이래의 나라와 그 세계(世系)를 묻자, 원접사가 역관을 시켜 간략히 그 대강을 말하게 하였다. 상사가 부사를 돌아보며 "이른바 삼국의 흥폐에 대해서는 내 상세히 알아보았습니다."라고 하며, 주몽(朱蒙), 온조(溫祚), 혁거세(赫居世)가 처음 나라를 세운 일에 대해 몹시 상세하게 열거하였다. 또 역관에게 말하기를 "이와 같은 사적은 중국에 유입되어 여러 역사서에 실려 있으므로 내가 이런 전말을 알고 있습니다."라고 하였다. 또 "내 고향에 전해오는 말에는 고려 시조 왕건(王建)은 복주(福州) 장락현(長樂縣) 사람인데 자손이 서로 전해서 500년 동안 왕조를 이루었고, 또 안남국의 군주 진씨(陳氏)도 복건성(福建省) 사람이라고 합니다."라고 하였다. 또 "조선은 왕건을 모셔 제사를 지냅니까?"라고 하자, 역관이 "마전군(麻田郡)에 숭의전(崇義殿)[254]을 세워서 위패를 모셔 제사를 지내고 있습니다."라고 하니, 두 사신이 "이는 의미 있는 일입니다."라고 하였다.

두 사신이 또 "조선은 『사기(史記)』, 『한서(漢書)』, 『삼국지(三國志)』, 『진서(晉書)』, 『수서(隋書)』, 『당서(唐書)』, 『문헌통고(文獻通考)』, 『사문유취(事文類聚)』 등의 책이 있습니까?"라고 하자, 원접사가 답하기를 "다 있습니다만, 다만 『문원영화(文苑英華)』[255]는 단지 고려 때의 옛 판본만 있어서 낡고 일부가 빠진 곳이 많습니다. 전하께서 근년에 인쇄해서 나라에 널리 배포하시려고 조공을 가는 사신에게 명나라에서 사오게 하셨는데, 올해에 비로

254 숭의전(崇義殿): 고려 태조(太祖)를 비롯한 8왕의 신위(神位)를 봉안하여 제사지내던 곳으로, 조선 정종(定宗) 때 경기도 마전(麻田)에 건립하여 고려 왕족의 후손으로 하여금 관리하게 하였다.

255 『문원영화(文苑英華)』: 송나라 태종 때 편찬된 1천 권 분량의 시문선집이다. 982년에 이방(李昉)과 송백(宋白) 등이 편찬에 착수하여 987년에 완성하였다. 양(梁)나라 말기에서 당나라까지의 글을 수록하였다.

소 사본(寫本)을 구해왔지만 역시 빠진 글이 있었습니다. 북경에서도 관본(官本)은 정말 드문지요?"라고 하니, 두 사신이 답하기를 "이 책은 송나라 사람이 편찬한 것으로 모두 1백 권이지요. 중국에서도 전질을 구하기는 어려워서 저희들의 집에도 이 책은 없습니다. 일찍이 듣기로는 어떤 사람이 은(銀) 15냥(兩)으로 운남(雲南) 사람한테서 샀다던데, 헐값이라고들 합니다. 국왕께서 정말 보고 싶으시다면 명나라 조정에 전질을 요청하시지 그러셨어요?"라고 하였다.

원접사가 조석(潮汐: 해면이 주기적으로 높아졌다 낮아졌다 하는 현상)이 생기는 이유를 묻자, 상사가 "기운의 작용이 그렇게 만드는 것입니다. 사람에 비유하자면 호흡과 같지요."라고 하였다. 원접사가 "동해에 조석이 없는 것은 어째서일까요?"라고 하자, 상사가 "동방(東方)은 땅이 치우쳐 있어서, 물이 고인 것이 마치 그릇이 꽉 찬 것과 같습니다. 그래서 조석이 생기지 않는 것입니다."라고 하였다. 원접사가 부사에게 "상주(常州)에 있는 '엄화계(罨畫溪)'의 엄(罨)이라는 글자는 어떤 의미입니까?"라고 묻자, 부사가 "엄(罨)은 엄(掩) 자와 같습니다."라고 하였다. 원접사가 상사에게 "복건(福建)의 풍토는 어떻습니까?"라고 묻자, 상사가 말하기를 "복주(福州)는 큰 바닷가에 있어서 사람들이 사는 집이 모두 높은 데 있고, 평지는 물이 절반을 차지하고 있습니다. 기후는 늘 따스해서 사계절 내내 아름다운 꽃이 피어 있고, 또 모두 열매를 맺습니다. 사람들이 소나무, 매화, 대나무 심는 것을 좋아하며, 그 지방 사람들은 늘 따뜻한 까닭에 겨울 솜옷을 입지 않습니다. 저는 처음 관직에 나온 뒤로 고향에 돌아갈 수 없었는데, 근년에 조부의 상을 당해 고향에 내려갔습니다. 탈상(脫喪)을 하고 다시 연경(燕京)으로 돌아온 지 겨우 넉 달 만에 또 황제의 명을 받들어 사신으로 조선에 왔는데, 노모가 계시고 형제가 다섯이지만 맏형이 일찍이 돌아가셨고,

다른 형제는 다 수재(秀才)[256]입니다."라고 하였다. 두 사신이 또 고금의 시집을 논하며 말하기를, "중국의 문인들은 이백(李白), 두보(杜甫), 원진(元稹), 백거이(白居易)의 시를 즐겨 읽습니다."라고 하였다.

오후에 두 사신이 박천강(博川江)을 건너 공강정(控江亭)에 올라서 원접사와 관찰사 등을 불러 함께 식사하고 작은 술자리를 마련하였다. 두 사신이 공강정 위에 붙은 현판을 보고서 "이것은 누가 쓴 것이지요, 매우 훌륭한 필법이군요."라고 하였다. 대답하기를 "저를 따라온 유이손(柳耳孫)[257]의 글씨입니다."[258]라고 하였다. 두 사신이 서둘러 유이손을 불러 물고기와 고기를 주면서 말하기를, "일찍이 그대를 본 듯한데, 그대가 글씨에 재주가 있는 줄 몰랐네요."라고 하였다. 두 사신이 가산(嘉山)으로 가는 길가에 바위가 우뚝 서 있는 것을 보더니, 가마에서 내려서 한참 동안 어루만졌다. 저녁에 가산에 이르러 제산정(齊山亭)에서 숙소연을 마련하였다. 연회가 끝난 뒤 두 사신은 활 쏘는 군관 등을 불러 활을 쏘게 하였다. 안주의 방수인 백수천을 상사가 안주에서부터 여기까지 데려와서 『대학』을 암송하도록 하고 들었다.

---

256 수재(秀才): 명청(明淸) 때 부(府)·주(州)·현(縣)에 설치한 학교의 생원(生員)을 지칭하던 말이다.

257 유이손(柳耳孫): 생몰년 미상. 중종~명종 때의 서화가이다. 도화서(圖畫署) 화원으로 서예에도 능했으며, 사자청(寫字廳)의 설립을 건의하여 사자관(寫字官)을 지냈다. 신정(申珽)과 유항(柳沆) 등이 번역한 유향(劉向)의 『열녀전(列女傳)』을 사자(寫字)하였다.

258 저를……글씨입니다: 『패관잡기(稗官雜記)』에 따르면, 공용경은 유이손의 글씨를 보고 그에게 술을 주며 "처음에는 네 얼굴만 보았을 뿐이고, 너에게 왕희지(王羲之)의 필체가 있는 것은 몰랐다."라고 하며 극찬을 하였다.

4월 2일, 맑음

진시에 두 사신이 제산정에 앉아 있었는데, 원접사와 관찰사가 예를 마치고 나서 관찰사가 작별을 고하고 나갔다. 두 사신이 출발하여 납청정(納淸亭)에 이르러 원접사를 불러 함께 점심을 먹고, 역관을 시켜 말하기를 "근정전의 접대 연회 때 우리가 전하에게 '이런 아름다운 모임은 실로 다시 얻기 어려우니 연회도(宴會圖)를 그려 주시기 바랍니다.'[259]라고 청하자, 전하께서 허락하셨습니다. 그러나 아직 오지 않았습니다. 판서가 나를 대신해서 속히 아뢰어주세요."라고 하였다. 원접사가 대답하기를 "오는 길은 멀고 갈 길은 바빠서 제때 도착할 수 없을 듯합니다."라고 하자, 두 사신이 "그렇다면 탕참의 지휘 한승경(韓承慶)에게 부탁해서 요동으로 전달해 주세요. 우리가 한승경에게 말해놓고 가겠습니다."라고 하였다. 두 사신이 활 쏘는 군관 등에게 활을 쏘게 하고는 원접사에게 "판서의 가인인 서명천(徐命千)과 용천 군수 조세봉은 활 쏘는 재주가 이들 중에 제일 뛰어나니 전하에게 아뢸 만합니다."라고 하였다.

저녁에 정주(定州)에 도착하여 숙소연을 내일 아침으로 미루도록 하였다. 상사의 두목 한 명이 방수인에게 화를 내며 주먹으로 때렸고, 또 다른 한 명은 역참의 하인이 자신의 패랭이를 잃어버렸다고 해서 갖다 바치라고 핍박하였다. 상사가 이를 듣고 즉시 두목 등을 체포해서 그 죄를 따져서 곤장을 쳤다.

---

259 이런……바랍니다: 『중종실록』 32년 4월 7일 기사에, "지금 원접사의 서장(書狀)을 보건대, 천사가 '근정전(勤政殿)에서 연향에 초청했을 때 우리가 전하에게 "이런 아름다운 모임은 다시 얻기 어려울 것이니 이 모임을 소재로 그림을 그려 주시기 바랍니다."라고 하니, 전하께서 또한 허락하셨다. 만일 우리가 강을 건널 때까지 미처 만들지 못한다면 뒤따라 들여보내 달라.'라고 했습니다."라고 하였다.

상사가 작은 종이에 써서 보이기를 "질문하신 '한십팔[韓十八: 한유(韓愈)]'이라는 것은 형제들의 순서입니다. 지금 중국의 큰 집안은 형제의 항렬이 많게는 수천에 이르고, 다음은 수백, 다음은 또 수십에 이릅니다. 다른 해, 다른 달, 다른 날, 다른 시간에 태어난 경우는 따져보지 않아도 그 항렬을 알 수 있지만, 그 사이에 같은 달, 같은 날에 태어나거나, 같은 시간에 태어난 경우는 어떻게 구분하겠습니까. 이로 인해 태어난 시간의 선후를 기준으로 형제간의 순서를 정하고, 형제의 순서를 기준으로 형제간의 질서를 정하여 교대로 순서를 정하면 조금도 어긋나지 않아서 친족간에 한 번 모이면 나이를 묻지 않아도 형인지 동생인지를 알 수 있습니다. 모두 하나에서 시작하여 혹 천이고 백이고 수십번째 항렬에 이르더라도 모두 이와 같습니다. 두보 시에서 이른바 '고(高) 서른다섯째', '허(許) 열한째', '최(崔) 아홉째'라고 하는 것은 바로 이를 말합니다. 할아버지는 할아버지 항렬이 있고, 아버지는 아버지의 항렬이 있고, 자식은 자식 항렬이 있어 서로 범하지 않으니, 『중용』에서 "연회를 열어 손님을 접대할 때에 머리 색깔에 따라 자리를 배치하는 것은 나이 순서대로 차례를 정하기 위함이다."[260]라고 한 것도 이러한 뜻입니다."라고 하였다.

상사가 또 종이에 얼마간 적어 말하기를 "굴을 조리하는 방법은 절대 굴 본래의 즙을 버려서는 안 되니, 만약 따로 물을 부으면 맛이 없어집니다. 그 방법으로는, 돼지기름을 많이 넣고 볶아서 기름이 끓으면 굴을 넣고 젓가락으로 젓다가 다 익을 즈음에 술이나 물에 탄 밀가루[261]를 조금 섞는데, 물에 탄 밀가루만 섞는다 하더라도 술은 꼭 넣어야 비린내가 제거됩니다.

260 연회를…… 위함이다: 『중용장구(中庸章句)』 제19장에 보인다.

261 물에 탄 밀가루: 원문은 "면탕(緬湯)"인데, 『패관잡기』에 이 말을 풀이하여 "물을 밀가루에 섞어, 되지 않게 한다.[其法以水和麵不大濃]"라고 하였다. 밀가루 반죽을 해서 죽 등의 요리로 만들기 전, 밀가루에 물을 처음 섞은 단계를 이른 말로 생각된다.

이 또한 너무 많거나 적어도 안 되고 적정량을 넣어야 먹을 수 있습니다. 해산물을 조리할 때는 모두 술을 써야 하니, 조금만 넣어도 괜찮은데 그래야 비린내를 제거할 수 있습니다. 대체로 맛난 해산물은 남풍이 부는 시기가 되면 냄새가 나고 썩어서 먹을 수가 없고 또 사람한테 해를 끼칩니다. 굴을 조리하는 데는 몇 가지 조리법이 있는데, 앞에 말씀드린 것이 제일 좋은 방법입니다. 이밖에는 껍데기 채로 삶아 먹기, 껍데기 채로 쪄서 먹기, 살을 발라서 밀가루를 묻혀 구워 먹기가 다 좋은 조리법입니다. 굴은 해산물 중에 가장 좋은 물건이니, 조리법을 몰라서는 안 됩니다."라고 하였다.

상사는 또 손수 글씨를 써서 "판서가 만일 묻는 일이 있으면 제가 사실대로 말씀드리지 않은 적이 없었습니다. 바른 기운이 서로 통하는 선비끼리 무엇을 꺼리고 미심쩍어하겠습니까?"라고 하였다. 또 말하기를 "걸을 때의 예의가, 집을 나갈 때는 문지방 동쪽을 높은 쪽으로 삼고, 들어올 때는 문지방 서쪽을 높은 쪽으로 삼습니다. 자세히 살피지 않을 수 없습니다."라고 하였다.

4월 3일, 맑음

묘시에 두 사신이 대청에 나와 앉자 원접사가 들어가서 예를 행하니 두 사신이 "오늘은 갈 길이 멀어 일정이 바쁘니 연례(宴禮)를 행하지 않는 것이 좋겠습니다."라고 하였다. 마침내 출발해서 운흥관(雲興館)에 이르러 점심을 먹고 또 임반관(林畔館)에 이르러 점심을 먹었다. 식사할 때 두 사신이 "판서는 어디 계시느냐?"라고 물었는데, 식사를 같이하고 싶어서였다. 역관이 대답하기를 "판서께서는 어른께서 부르실 줄을 모르시고 다른 곳에서 이미 식사를 하셨다고 합니다."라고 하였다. 두 사신이 "사나흘 지나면 곧 이별이니, 지금부터는 쉬는 곳마다 식사를 같이하시게 해라."라고 하였다. 저물녘에 거련관(車輦館)에 이르렀는데, 숙소연을 차리지 않도록 하였다.

4월 4일, 맑음

두 사신이 대청에 나와 앉자 원접사가 들어와 예를 행하고서 수달피 단자를 올렸다. 두 사신이 서로 귓속말을 하더니 "우리는 전하께서 손님을 아끼는 정성을 이미 받았으니 지금 수달피 단자를 말할 필요가 없습니다. 벼루도 받아서는 안 되는데, 하물며 이 물건을 받을 수가 있겠습니까. 판서는 우리와 동행한 지 오래인데, 어찌 이리 우리의 마음을 모르십니까?"라고 답하였다. 곧 손을 저어서 가지고 가게 하였고, 원접사가 여러 번 청했으나 끝내 듣지 않았다. 이른 아침을 먹은 뒤에 두 사신이 출발하여 양책관(良策館)에 이르러 점심을 먹었다. 고진강(古津江)을 건너면서 의자를 가져오게 하여 돌다리에 앉아서 강물을 바라보았다. 소곶관(所串館)에 이르러 점심을 먹었다.

신시에 의순관(義順館)에 도착하여 전위연을 내일로 미루도록 하였다.

○ 요동 어사(遼東御史)가 영인(伶人: 악공과 광대를 통틀어 이르는 말) 14명을 뽑아 파견했는데 의순관에 와서 기다리고 있었다. 또 총병관(摠兵官) 이경량(李景良)이 군사 1,500명을 통솔해서 파사보(婆娑堡)에 와서 천호(千戶)[262]

262 천호(千戶): 고려 후기에 몽고의 영향을 받아 나타난 관직으로, 만호(萬戶)·백호(百戶)와 함께 관할

2인과 총기(摠旗)[263] 4명을 보내 두 사신에게 문안을 하였다.

4월 5일, 맑음

의순관에서 상사가 역관을 시켜 원접사에게 말하기를 "우리는 길을 달려와서 매우 피곤하므로, 이틀이나 사흘 머물고 7일이나 8일 즈음에 압록강을 건너려고 합니다. 다만 「근정전 연회도(勤政殿宴會圖)」를 국왕께서 그려서 보내준다고 하셨습니다만, 어째서 지금까지 오지 않는 것입니까? 만약 압록강을 건너기 전에 도착하지 않으면 우리가 탕참의 지휘에게 당부해 놓고 가겠습니다. 그림이 완성되어 여기에 도착하면 즉시 탕참으로 보내서 요동으로 전달될 수 있도록 해주시면 매우 다행이겠습니다."라고 하였다. 또 말하기를 "나는 『조선부(朝鮮賦)』를 짓고 있는데 아직 완성하지 못했습니다. 북경으로 돌아가면 마땅히 간행해서 제독 주사(提督主事)에게 부탁하여 조선으로 전달하도록 하겠습니다.……."라고 하였다.

진시에 두 사신이 대청에 앉아서 원접사를 불러 함께 식사한 뒤에 원접사가 협강(夾江) 일의 전말[264]을 말하였다. 두 사신이 답하기를 "우리가

하는 백성들의 가구 수에 따라 붙여졌다.

263 총기(摠旗): 명나라 군대 제도에서 유래한 것으로, 총병관(摠兵官) 휘하의 군인(軍人) 50명에 총기(摠旗) 하나를 세우고, 군인 10명에 소기(小旗)하나를 세웠다.

264 협강(夾江) 일의 전말: 협강은 의주와 강 하나를 사이에 두고 명나라 국경과 맞닿은 곳이다. 이곳은 땅이 기름져 양쪽 농민들이 다투어 농사를 지었는데, 이 때문에 자주 분쟁이 발생하였다. 『중종실록』 30년 8월 10일 기사에 따르면, 협강에서 농사짓는 요동인 조세장(曹世章) 등 15명이 어사에게 소장을 올려 의주 사람 여계(呂戒)가 곡식을 짓밟고 집을 불살랐으니 이를 해결해 달라고 하였다. 이에 조선에서는 의주에 여계라는 인물이 없는 것으로 봐서 조세장 등이 허위 사실을 꾸며 거짓으로 소장을 올린 것으로 보인다고 결론을 지었다. 결국 명나라에서는 협강의 땅을 버려두어 요동인과 조선인 어느 누구도 이곳에 경작을 하지 못하도록 하였다.

조정에 있을 때 이미 이 일에 대해 상세히 들었습니다. 이번 사행이 결정되자 어사(御史) 양행중(楊行中)[265]이 '협강의 일은 실로 사체(事體)와 관계되니, 반드시 경계를 구분 지어 각각 법도를 지킬 필요가 있습니다. 내가 지난해 요동을 순행하며 민정을 살필 때 일찍이 이 일을 결정했습니다.…….'라고 했습니다. 우리가 요양(遼陽)에 도착하자 사 어사[史御史: 사도(史道)]도 이 일에 대해 말했는데, 양 어사의 말과 같았습니다. 또 광녕 도어사(廣寧都御史)가 우리에게 '조선의 국왕은 명나라 조정을 공경히 섬깁니다. 무릇 도망쳐 돌아온 사람이 있으면 모두 노잣돈을 넉넉히 주어 이곳으로 보내주는 것을 오랫동안 게을리 하지 않았으니 그의 현명함이 훌륭합니다. 만약 조정에 아뢰어 표창하지 않는다면 어떻게 다른 사람들의 선을 권장할 수 있겠습니까?…….'라고 했습니다. 이번에 우리가 돌아가서 요동 어사와 광녕 어사에게 다시 말해서 협강에서 경작을 금지하는 일을 분명하게 법으로 만들겠습니다."라고 하였다.

원접사가 또 예전 김동난(金同難)의 일[266]을 언급하며 "김동난이 이런 일을 저지를 수 있었던 것은 피차의 백성들이 가깝게 거주하면서 몰래 서로 왕래했기 때문입니다."라고 하자, 두 사신이 "이런저런 정황은 벌써 상세히 알고 있습니다."라고 답하였다. 원접사가 일어나 작별을 고하자, 상사가 다가와 원접사의 손을 잡고서 "이렇게 헤어지고 나면 판서는 더 이상 나를 볼 일이 없고 나 역시 무슨 일로 판서를 다시 보겠습니까? 이렇게까지 생각하니 저도 모르게 참담한 마음이 드는군요."라고 하였다.

---

265 양행중(楊行中): 1489~1572. 자는 유신(維愼), 호는 노교(潞橋)로 명나라 통주(通州) 사람이다. 1523년에 진사가 되어 형부 시랑, 남경 이부 상서 등을 역임하였다. 저서로 『통주지략(通州志略)』이 있다.

266 김동난(金同難)의 일: 김동난(생몰년 미상)은 평안도 의주 사람으로, 평소 의주성(義州城)을 드나들면서 압록강 넘어 마두산(馬頭山) 근방에 사는 중국인들의 인가에서 물건이나 가축 등을 훔치고 성절사(聖節使) 사행을 틈타 중국에 팔아넘기면서 이득을 취하였다고 한다. 『실록』 중종 23년(1528) 5월 16일 조에 기록이 있다.

원접사가 통사 홍겸을 시켜 도성에서 온 『전시책(殿試策)』과 『등과방목(登科榜目)』을 두 사신에게 드렸다. 두 사신이 다 읽은 뒤에 "전하의 성의에 감사한 마음이 큽니다. 그런데 어찌하여 책문은 이 두 편뿐인지요?"라고 하니, 홍겸이 "한 귀퉁이를 들면 남은 세 귀퉁이를 알 수 있을 것[267]입니다."라고 답하자, 상사가 "그대는 글을 제대로 읽은 사람이군요."라고 하였다.

▲ 전책-국립민속박물관 소장

○ 오시에 도사 영위사(都司迎慰使) 조인규(趙仁奎)[268]가 검동도(黔同島)[269]에 가서 영위연을 마련해두고 왔다.

○ 저녁에 의순관(義順館) 대청에 전위연을 마련하였다. 상사가 나와서 앉자 원접사와 전위사 이희보(李希輔)[270], 별전위사 박수량 등이 들어와 인사를 올리고 모두 제자리에 가서 앉았다. 원접사가 역관을 통해 "도사 영위사 조인규가 여기에 와 있습니다."라고 알리자, 두 사신이 그를 불러 연회에 참석하게 하고, 요동에서 온 광대들로 하여금 의순관의 마당 가운데서 갖은 놀이를 벌이게 하였다. 박 승지가 먼저 전별하고 위로하는 술잔

267 한 귀퉁이를……것: 하나를 보면 나머지 이치를 연상할 수 있다는 의미이다. 『논어』「술이(述而)」에 "한 귀퉁이를 들어 보임에 나머지 세 귀퉁이로 반응을 하지 않으면 더 이상 일러주지 않는다.[擧一隅, 不以三隅反, 不復也.]"라고 하였다.

268 조인규(趙仁奎): 생몰년 미상. 조세보(趙世輔)의 아들로, 본관은 풍양이다. 1519년 문과에 급제하였고, 형조 참의, 승지, 한성부 좌윤 등을 지냈다. 1536년 동지사(冬至使)로 북경을 방문했다.

269 검동도(黔同島): 압록강에 있는 섬으로, 어적도(於赤島)·위화도(威化島)와 함께 의주의 삼도(三島)로 일컬어진다. 『중종실록』 32년 4월 13일 기사에, 1537년 4월 8일에 명나라 사신과 함께 검동도에 갔다는 기록이 보인다.

270 이희보(李希輔): 1473~1548. 본관은 평양, 자는 백익(伯益), 호는 안분당(安分堂)이다. 1501년(연산군7) 문과에 급제하였고, 선산 부사(善山府使), 나주 목사(羅州牧使), 대사성, 파주 목사(坡州牧使) 등을 지냈다.

을 올리고 후에 원접사 이하 관원들이 저마다 술잔을 돌렸다. 초저녁에 연회를 마치고 이희보와 박수량이 두 사신에게 작별을 고하자, 두 사신이 "우리를 압록강 가에까지 전송하고 싶지 않으신가 보죠? 또 전하께 편지를 올리고 싶습니다만, 뒷날 다시 오면 아뢰어야겠어요."라고 하였다.

○ 이날 명나라 사신이 요구한 크고 작은 벼루 각각 하나씩을 이화종 등을 시켜 두 사신에게 드렸다. 이전에 국왕의 편지에서 언급한 중간 크기의 벼루는 이때 아직 만들지 않아서 두 사신에게 드리지 못했다.

4월 6일, 맑음

의주에 있었다. 원접사가 두 사신에게 금사봉(金絲鳳) 각각 하나씩을 보냈는데, 이전에 벽제역(碧蹄驛)에서 달라는 말을 했기 때문이었다. 두 사신이 "이전에 그저 해본 말이었는데 잊지 않으셨군요."라고 말하고 각각 세 가지씩을 갖고는 "이만하면 충분합니다."라고 하였다. 두 사신이 역관에게 "우리는 길을 달려오느라 심신이 피로해서 하루 더 머물러 쉬고 싶습니다. 판서께서 우리더러 떠나라고 재촉하지는 않으실 테지요? 오늘 연회는 열지 마시지요."라고 하였다.

4월 7일, 비

의주에 있었다. 오후에 유일연을 베풀었다. 두 사신이 나와 앉자 원접사 등이 각각 술을 다 돌렸다.

○ 상사가 도중에 지은 시 10여 편을 꺼내서 원접사에게 보내고는 전위사 등에게 모두 화답하는 시를 지어달라고 하였다. 이희보와 박수량 등이 각기 두세 편의 차운시를 지어서 이별의 정한을 서술하여 올렸다. 상사가 역관에게 "조선의 선비들은 어찌 모두 문장에 능한가요? 이로써 인재가 성대함을 알겠습니다."라고 하였다. 또 묻기를 "도감관(都監官)만 유독 시를 짓지 않은 것은 어째서인가요?"라고 하자, 역관이 "비록 문관이지만 시문을 지을 줄 몰라서 감히 짓지 않았습니다."라고 하였다. 두 사신이 서로 쳐다보며 "어찌 이처럼 근신할까요."라고 하였다.

○ 두 사신이 유별시(留別詩)[271]를 지어서 각각 원접사, 전위사, 종사관 등에게 보냈다.

○ 부사가 『성사승람(星槎勝覽)』 및 하언(夏言)이 지은 『교사주의(郊祀奏議)』와 『시정주의(時政奏議)』 등의 책을 원접사에게 보내면서, "『성사승람』은 오직 한 책뿐입니다. 반드시 오늘 밤에 책을 베끼어 쓰고 원본을 탕참으로 보내주세요."라고 하였다.

4월 8일, 맑음

진시에 두 사신이 대청에 나와 앉아 원접사와 전위사를 불러 함께 식사하였다. 식사를 마치고 바로 출발하여 강가 연청에 이르러 지은 유별시를 꺼내어 일행들과 여로의 수령 등에게 나누어 주었다. 또 각각 편지를

271 유별시(留別詩): 떠나는 사람이 남아 있는 사람에게 작별할 때 써 주는 시를 말한다.

승지에게 주어 국왕에게 아뢰도록 하였다. 두 사신이 각자 자리에 앉았다. 원접사와 전위사가 각자 술잔을 돌린 뒤에 두 사신이 따로 술 한 잔씩 따라 원접사, 종사관, 평안 도사, 의주 목사에게 두루 권하고 나서 연회를 마치도록 하였다. 이희보와 박수량이 작별을 고하고 물러나자 두 사신이 즉시 가마를 탔다.

반송사가 일행을 거느리고 뒤따라서 압록강에 도착하여 배 위에 탁자를 놓고 몇 잔의 술을 돌렸다. 두 사신이 돌아보고 눈물을 흘리며 말을 하다가 간혹 말을 잇지 못하였다. 상사는 더욱 슬픈 얼굴로 역관을 시켜 반송사에게 "뒷날 공사(貢使: 공물을 진상하는 사신)로 오면 반드시 편지를 보내세요. 내가 만약 공무로 도성 밖으로 나가면 오씨 어른은 반드시 도성에 있을 것이고, 오씨 어른이 만약 도성 밖으로 나가면 내가 반드시 도성에 있을 것입니다."라고 하며, 끝내 울음을 그치지 않았다. 이에 반송사 및 일행들과 아래로 노복들까지도 모두 눈물을 흘렸다. 반송사와 종사관이 차례로 술을 올리고 나서 두 사신이 일행들을 모두 불러 술을 내려주고, 또 반송사에게 말하기를 "전하께서는 위로는 명나라 조정에 정성을 다했고, 아래로는 우리에게 성의를 다하셨습니다. 우리가 조정으로 돌아가서 어찌 감히 하루라도 마음에서 잊겠습니까? 바라건대, 그대는 우리의 이런 무한한 뜻을 따로 전하에게 아뢰어주세요."라고 하였다.

배가 압록강 북쪽 언덕에 이르자 총병관 이경량이 와서 강가에서 맞이하였다. 두 사신이 총병관을 불러 배에 오르게 하니 판서와 종사관 및 통사 등이 배례를 하였다. 배례를 마치고 나자 일행을 데리고 먼저 배에서 내려 언덕 앞에 두 손을 모은 채 서 있었고, 두 사신은 총병관과 함께 언덕 위로 걸어 나왔다. 판서가 일행들과 앞으로 가서 두 번 절을 하자, 두 사신이 답례를 하였다. 판서 일행이 마침내 작별을 고하고 다시 배 안으로 들어갔다. 두 사신이 총병관의 연청에 들어가서는 두목 고승과 강진(康鎮)

등으로 하여금 쫓아가 반송사에게 전하게 하기를 “곧바로 강을 건너가세요. 우리는 여기에서 판서가 돌아가는 것을 지켜보고 가겠습니다.”라고 하였다.

이날 강을 건너갈 때 두 사신의 가인들이 교자(轎子)에 설치된 주렴과 표범 가죽을 청했는데 요청한 대로 즉시 그들에게 주었다. 두 사신은 이전에 도성에서 마필(馬匹)을 준 것에 대해 감사를 표했다.

두 사신이 강가에 이르러 손을 저어 반송사 일행의 배가 속히 돌아가도록 하였으나, 반송사 일행은 배를 돌려 강가에 정박한 채 그대로 배 위에 앉아 있었다. 이때 해가 이미 저물었다. 두 사신이 멀리 연청 밖에서 일어서서 이쪽을 향해 손을 모아 인사를 하자 반송사 등도 손을 들어 인사를 하고 두 사신이 출발하기를 기다렸다가 돌아왔다.

예조에서 보내온 고승 등에게 줄 인정물건을 의주 관부로 하여금 보관하다가 사은사 행차가 오면 요동에 부쳐 보내도록 하였다.

天使一路日記

嘉靖十六年, 二月, 二十日, 雨

未時, 兩天使, 到鴨綠江北岸宴廳, 令遼東通事高嵩, 傳呼曰: "李通事和宗, 速將紙筆, 過江來." 遠接使聞之, 令譯學訓導頓伯衡馳進. 未幾, 天使越江, 到此邊宴廳, 問頓伯衡曰: "李和宗何不來乎? 遠接使, 亦逆于何處?" 頓伯衡答曰: "遠接使及通事人員等, 例在義順館迎詔, 故今不敢來矣." 義州牧使張彦良, 入行再拜, 兩使坐交倚, 不答禮. 仍行茶禮, 令彦良進酒連三盃而止.

申時, 乘本國氈轎, 至五里程, 牧使及差使員等, 以朝服鞠躬迎詔. 遂前導以行, 遠接使·迎慰使·從事官·通事·醫員等, 大門外, 鞠躬祇迎.

兩使入中門, 階下下轎, 隨詔勅而入, 親奉詔勅, 置于案上. 仍於闕牌左右, 相向而立. 遠接使·迎慰使·從事官·通事·醫員, 入於東庭, 各官差使員, 入於西庭, 行四拜, 上香, 又行四拜. 禮畢, 奉詔勅出, 安于大廳後幕次. 兩使

至幕次, 觀安詔後, 仍俱往東軒, 又自東軒往西軒. 副使送上使于大廳, 相揖各就東西上房.

良久, 兩使各着冠帶, 出坐大廳. 別通事先入, 行再拜禮. 兩使坐倚子, 只拱手答禮. 別通事分立東西. 遠接使入, 各行再拜, 迎慰使亦入行再拜, 兩使起立答揖. 次從事官, 次醫員, 次各務差使員, 次問禮官, 各行再拜, 兩使皆坐, 只拱手答揖. 問禮官呈儀註而出.

兩使還就東軒, 以便服遍覽前人所題懸板, 令州人先設卓面於大廳. 通事告迎慰宴之禮, 兩使又着冠帶▫坐大廳北壁. 遠接使·迎慰使就兩使前, 各行揖禮, 兩使起立答揖. 遠接使·迎慰使就西壁立, 兩使擧手請坐.

遠接使·迎慰使坐交倚, 行茶禮, 訖, 迎慰使呈庭排物膳單字. 兩使覽訖, 曰: "此物固不當受, 但於此, 足見賢王誠意云云." 先進花, 次進小膳, 次進揮巾, 次進湯, 次進果盤.

迎慰使出就樽所酌宣慰酒, 進上使前揖, 上使答揖. 上使執盞與迎慰使揖, 擧盞與副使半揖, 又與遠接使, 擧手半揖, 還與迎慰使揖, 迎慰使答揖. 上使不許迎慰使執臺, 飮訖, 授虛盞于迎慰使, 迎慰使受虛盞, 傳授執事, 與上使相揖, 果盤助進, 上使食訖, 與迎慰使拱手, 迎慰使亦拱手. 又詣樽所酌酒, 進上使前揖, 上使答揖. 上使執盞與迎慰使揖, 迎慰使答揖. 上使飮訖, 迎慰使助進果盤, 又就樽所酌酒, 進副使前, 行酒如右儀. 各就坐, 次進湯. 迎慰使出就樽所酌酒, 揖進上使. 上使答揖, 執盞與迎慰使揖, 擧盞與副使半揖, 又與遠接使半揖, 與迎慰使揖, 飮訖, 授盞如初儀. 助進果盤. 迎慰使又就樽所酌酒, 連進上使前. 上使揖禮如初, 飮訖, 助進果盤. 上使令執事酌酒來, 揖與迎慰使. 迎慰使答揖, 執盞與上使揖, 上使答揖, 又與副使揖, 副使答揖. 還與上使揖, 上使答揖, 迎慰使飮訖. 迎慰使就樽所酌酒, 副使前行禮, 如上使前儀. 又就樽所酌酒, 上使前揖, 進完盃. 上使答揖, 執盞, 又與迎慰使揖, 迎慰使答揖. 上使飮訖, 授虛盞于迎慰使. 迎慰使受虛盞, 傳授執事, 與上使揖, 果盤助進, 又於副使前, 完盃禮如上使儀. 次遠接使行酒, 如迎慰使行酒禮, 次進大膳. 迎慰使·遠接使, 再行酒禮如初儀, 兩使曰: "夜深又醉, 止酒可也." 罷宴.

迎慰使告辭, 上使曰: "今日盛禮, 旣見國王之誠意. 我等俱是行客, 此卓面之物, 實無用處, 令州官收之可也." 遂移交倚, 坐於中央曰: "我等在此時, 可速撤去." 遠接使令通事稟, 曰: "此宴餘之物, 給與從者?" 兩使曰: "我帶來之人, 皆有宴禮. 然熟饌則容可給也, 如生物·油果, 俱不可與他."

兩使從容談話, 因問通事曰: "吳判尹何年出身?" 答曰: "甲子年出身." 又問: "鄭判書何年出身?" 答曰: "己巳年出身." 又問判尹·判書職品高下, 答曰: "俱是正二品." 平安都事安琇告辭, 上使曰: "都事爲何官." 答曰: "本道觀察使之郎官, 亦文職也."

方宴時, 兩使曰: "本國素守禮義, 我等曾已飽聞, 故一切禮文, 不須相問." 上使見駝駱粥問: "此冷耶, 熱耶?" 通事答曰: "此則冷粥, 亦有熱粥." 上使曰: "更令湯來." 卽湯以進, 兩使俱飮, 幾盡一椀.

兩使各就房, 迎慰使令通事, 分呈衣服單字, 上使覽而笑, 曰: "我不與國王相面, 而何爲受禮? 且凡禮單, 例用紅紙以寫, 又以紅紙作外套, 禮也. 判尹固爲知禮之官, 何用白紙寫來乎?" 李和宗答曰: "單用紅紙, 本國古無此俗." 兩使曰: "明日, 當更酌量而說之."

是日, 兩使越江時, 回送樂工十九名, 旣到義州義順館, 用朱筆, 爻其批文內名字. 兩使招通事, 曰: "明日, 當宿何館?" 答曰: "當宿良策館." 兩使曰: "自此距王京, 里數站名, 明白書來." 遠接使卽令寫驛站里數及一行人, 並一路各差使員等官職姓名, 呈于兩使前.

上使語李和宗曰: "朝廷深愛本國, 故特以大慶事來頒耳." 李和宗答曰: "朝廷撫恤我國, 一國臣民感戴皇恩." 因問安南國, 亦有下詔否, 上使曰: "未也. 只頒詔於十三布政司南京及本國耳." 李和宗又問曰: "今旣有詔, 又有兩勅旨何也?” 上使答曰: “勅則非關汝國, 係於我輩之句當耳.” 和宗又問曰: “今次有欽賜否?” 上使曰: “欽賜事俟後日當與大官面說云云.” 迎慰使以京來衣服等物, 分給頭目等, 頭目等皆不受, 曰: “當稟老爹處之, 今不可擅受云.” 夜設頭目宴, 享於中門外.【一應天使宴享處, 例有頭目宴, 後皆倣此】

二十一日, 雨

迎慰使更稟衣服事, 副使曰: “此雖厚意, 在我不當受也.” 又稟曰: “殿下所送頭目衣服, 乞聽給與.” 答曰: “俟面拜殿下, 然後商量處之.” 問禮官任弼亨, 更稟儀註可否, 兩使答曰: “當到新安館言之, 汝先往以待.” 上使就副使房, 曰: “今日下雨, 雖不得發行, 不須與判書相會.”

巳時, 兩使會坐東軒, 朝飯, 急招李和宗, 曰: “我等當卽發行.” 其語諸判書時, 雨勢不止, 路甚泥濘. 遠接使就上使房, 欲達停行之意, 上使遽出坐大廳, 副使亦來同坐. 遠接使就前行揖, 仍語曰: “今旣日晩, 雨又不絶, 前路脩遠, 轎軍亦恐蹉跌, 以此皇恐.” 上使曰: “判書請留, 主人之禮然也, 我等爲王事, 不可留滯. 判書奉殿下敬客之意在面, 我等已知之, 然決不可留. 況春天多雨, 明日陰晴, 亦難預知.” 兩使促索油紙, 先裹詔勅, 次裹節鉞等物, 冒雨發行. 行十餘里, 雨歇, 兩使下氈轎, 乘平轎. 至所串館點心.

初昏, 到良策館, 卽設宿所宴. 兩使出坐大廳, 行茶禮. 訖, 與遠接使同夕飯, 只行酒一巡而罷. 兩使待判書, 行禮甚尊. 是日, 朝在義順館時, 帶來門子一人離側, 杖其臀, 又於是夕, 杖其不謹門子三人.

二十二日, 大風雨

兩使出坐大廳, 同朝飯. 遠接使欲入行禮, 兩使止之, 曰: “我等方以便服坐之, 不可以見冠帶之人.” 飯訖, 改服出立, 遠接使入謁, 令李和宗告, 曰: “今日前路尙遠, 又雨濕, 不得燃炬, 必致迷路. 且本國之人, 未慣擔持, 若行泥路, 不無墜落擡扛之虞. 請暫駐行旌, 以俟明日快晴.” 兩使許諾, 似有喜色.

遠接使仍問曰: “小邦敬重詔命, 頒宣之日, 例必擇吉, 敢以故事稟焉.” 兩使答曰: “此事正好, 當從本國所爲. 但太遠則不可留連, 太近則恐阻雨水不及也. 預卜日期來告.” 遠接使答曰: “遠近當不過隔一兩日耳.” 又問勅書兩道之意, 及欽賜有無, 上使曰: “賜本國, 只詔書一道耳. 勅書二道內, 一道則爲我輩防護之事, 一道則我等奏准謄黃也. 今次大慶, 誕告海內, 朝廷以本國, 恪謹職貢, 至誠無二, 特令諭告, 比內諸侯無異, 但無欽賜物件耳.”

午後, 設留日宴, 兩使出坐, 與遠接使同飯. 兩使拱手, 曰: “今日旣承請留, 又設盛禮, 多謝多謝.” 酒半, 兩使見床中有切文魚, 令取全體以看, 曰: “欲見其生者.” 凡酬酢之時, 天使旣飮, 則主人例擧手, 請果盤以勸, 主人則無此禮. 是日, 兩使令進果盤於遠接使, 遠接使辭不敢當, 兩使曰: “我等之意如此, 願勿讓也.” 上使又招頭目崔忠, 曰: “唐太史之來, 汝亦隨來矣. 太史待本國宰相, 亦如我乎? 此是本國重臣, 只恐待之有失也.” 崔忠曰: “太史之待宰相, 正如老爹.” 宴罷, 兩使呼李和宗語曰: “我等甚喜判書文雅云.”

是日, 開宴之始, 兩使取花柄, 細看良久不揷, 似疑累進一花者故也.

二十三日, 晴

辰時, 兩使與遠接使, 會大廳, 同朝飯, 發行到東林城. 上使招李和宗, 問曰: "此城何名?" 答曰: "東林故城也, 世代已遠, 不能詳知." 上使於轎上, 誤墮一卷書, 乃寫本『皇華集』也. 問禮官所呈儀註, 亦常於轎內披覽.

午時, 到車輦館. 兩使下轎, 直至盤松下, 以手摩撫, 曰: "此所謂盤松乎!" 仍步入館中, 坐於大廳, 問李和宗曰: "箕子墓·風月樓·蔥秀山, 在於何處?" 答曰: "箕子墓·風月樓在平壤府, 距此六日程也. 蔥秀山在黃海道平山府." 上使又問曰: "本國有襲職之制乎?" 和宗答曰: "有武功者襲職, 文官雖通顯, 無此法." 上使曰: "然則大官之子, 終不敍官職耶?" 答曰: "若才器可用, 則詮[01]曹甄拔用之耳."

晝點後發行. 於中路, 上使招李和宗, 問曰: "貴國東西南北, 接連何地方?" 答曰: "北連建州, 東南際海, 西抵鴨綠江." 上使曰: "東南海上接何地方?" 答曰: "有日本國." 上使曰: "亦有往來者乎?" 答曰: "舊年, 商倭或來, 興販於邊, 其後, 以無禮, 絶不相通." 上使曰: "琉球國人往來此地乎?" 答曰: "未也."

申時, 到林畔館. 館前有觀光人, 臨路聚集, 考喧官令皂隷, 捽髮呵禁. 上使招李和宗, 曰: "彼衣皂者, 何故打人耶?" 答曰: "無識之徒, 臨壓路上, 似涉不敬, 故禁止耳." 上使曰: "此不妨也. 速說判書, 勿復禁止, 任令縱觀." 遠接使令李和宗稟上使, 曰: "朝廷已封太子乎?" 答曰: "此事固汝所當問, 時未封耳. 我等到遼東, 聞文武百官請封太子, 皇帝以太早不聽. 然今年不封, 則明年定封矣, 詔使亦必來也."

---

01 詮: 『승정원일기』의 다수의 용례로 보아 "詮"을 "銓"으로 바로잡아 번역하였다.

酉時, 設宿所宴, 酒一行. 副使如厠, 上使問李和宗, 曰: "國王卽位, 想已十四五年?" 答曰: "已歷三十年矣." 上使曰: 唐太史之來, 不在辛巳年乎?" 答曰: "唐使乃頒登極詔耳, 國王之卽位, 在於丙寅年. 其時有太監, 來頒誥命." 上使曰: "太監何得奉誥命以來?" 且曰: "王京能解華語者幾人?" 答曰: "多有." 上使曰: "然則明年詔使之來, 可句答應矣." 又問曰: "徐學士『皇華集』, 何獨無乎?" 答曰: "其時所作不多, 故不編集耳. 只有數篇, 掛在雲興館壁上." 上使又問曰: "前年進賀冬至宰相, 其名爲誰?" 答曰: "趙仁奎." 上使曰: "去冬, 我與史先生道, 共觀于朝耳." 酒再行, 兩使欲罷宴, 遠接使出立卓面外, 請更進一盃, 兩使許之.

宴罷, 兩使出坐卓外, 問譯官曰: "判書何不由前庭而去?" 答曰: "兩位老爹在座, 惶恐徑從堂後還去耳." 兩使曰: "可謂合禮." 又問李和宗曰: "判書亦知我等懽喜乎?" 答曰: "豈不知之? 但常以失儀爲懼, 日甚一日耳." 兩使曰: "判書爲人厚重, 且知禮儀, 吾兩人共喜耳. 汝須以此語之." 又令李和宗傳語於遠接使, 曰: "自義州抵王京, 沿途古跡山川之名, 及王京各衙門該掌及品級, 一一寫來." 卽依所言, 畧寫梗槪以給之, 副使封書冊約十五六卷, 仍作公文, 付林畔館, 轉送于湯站.

二十四日, 晴

辰時, 兩使會坐大廳, 朝飯訖, 招遠接使, 行揖禮發行. 未七八里乘馬, 又行十餘里, 至同盧河北. 見途邊巖石, 兩使俱下馬, 上巖眺望, 還乘轎, 到雲興館. 招遠接使共飯, 令李和宗傳語, 曰: "判書儀容禮度, 我等嘉尙. 但語音不同可歎, 史先生嘗謂我等, 曰: '朝鮮君臣禮容可觀, 但語音獨異云', 今果然矣." 兩使過孝女旌門, 下轎手摩碑石, 看其刻畫.

申時, 至定州, 州官及出站差使員等, 迎詔于五里程. 旣到館, 別迎慰使右承旨金釁率守令等, 分東西班【迎慰使立東班, 守令等立西班. 後同】, 拜詔後, 兩使各就房. 小歇, 出坐大廳, 遠接使與迎慰使入行禮. 問禮官就稟儀註, 兩使曰: "自城門距王府幾里? 自迎詔處距城門幾里?" 問禮官答曰: "自王府至城門八九里, 自城門至郊外四五里." 上使曰: "何不於儀註內幷錄而來? 茶禮儀註, 間亦有差失, 然此則不甚緊關不須故也. 但五拜三叩頭, 天下通行之禮, 今儀註內, 何無此條?" 問禮官往復論辨. 兩使曰: "前此詔使, 皆自差失, 不必援引, 以爲例也. 汝雖言『洪武禮制』, 其時豈有誕生皇子頒慶外國之儀乎? 我等來時, 過廣寧, 適九廟告成, 赦文來. 三堂亦於郊外, 行五拜三叩頭之禮, 安可以中國通行之禮, 而獨不行於東國乎? 汝速回去, 稟殿下, 改具儀註而來."

初昏, 設迎慰宴, 行茶禮後, 遠接使·迎慰使令李和宗告兩使, 曰: "故事設享禮於此城, 例必用樂, 敢告兩使." 答曰: "所謂樂, 爲何樂? 無乃婦人乎?" 和宗曰: "果女樂也." 兩使相顧, 曰: "此不可用." 遠接使·迎慰使更請, 曰: "殿下別遣內臣設享, 若不用樂, 禮不能全, 以是敢瀆." 兩使曰: "在前詔使, 亦或用焉?" 兩使曰: "殿下之意如是, 我等欲黽勉從之, 用諸初筵而罷可也." 於是, 陳女樂, 遠接使·迎慰使各再行酒而罷.

上使問遠接使曰: "貴國科擧, 例於子午卯酉年試取云, 而前日又何云己巳年出身乎?" 遠接使答曰: "國俗非式年取人, 謂之別試." 上使曰: "何謂別試乎?" 遠接使答曰: "國家偶有慶事而取人矣." 上使曰: "只將國學儒生試取乎?" 遠接使答曰: "四方儒生都合試取耳." 上使曰: "永樂年間, 河先生膺此段別科, 貴國必倣此規矣."

兩使同坐東軒, 點閱頭目, 曰: "高嵩家人, 何以來乎?" 似欲治問, 取觀差批而止. 上使, 以高崇竊軒中蠟燭, 門子三名, 於窓隙窺覘, 各杖四五板子.

二十五日, 晴

辰時, 兩使發行, 到納淸亭. 覽懸板訖, 副使指亭額'納淸亭'三字, 曰: "筆法不好. 龔老爹善寫大字, 盍請改書乎?" 俄而招遠接使, 共午飯. 遠接使請于兩使, 曰: "此地埋沒, 不知其幾何年, 而幸見賞於唐史, 兩老爹旣與名亭, 又爲作記, 使此溪山, 輝映於一方. 今者, 復遇兩老爹, 奉詔來過, 若賜改寫亭額, 豈非玆地之發輝乎? 敢以是請." 上使曰: "書字作詩, 俱非吾所能, 當囑吳老爹副之." 飯訖, 遠接使再三進酒. 上使曰: "判書帶來家人, 有能射者乎?" 答曰: "有之." 上使曰: "欲早到嘉山, 觀射."

申時, 至嘉平館, 兩使俱以便服, 上東軒後亭子, 急請遠接使, 曰: "帶射官來." 遠接使卽入揖就坐, 令本道抄送射官等十八員. 以此作耦而射, 張一百七十步貫革, 各腰十矢, 遞射三巡. 兩使就坐前楹以觀. 夕親較畫數多少, 起立卓面前, 以次賞酒嘉歎不已. 遠接使以義州軍官徐慶千爲家人, 曾告兩使. 徐之始射, 兩使相顧稱贊, 射畢謂判書曰: "判書家人射之最好, 吾知此人必已捷武擧." 遠接使答曰: "果中武擧, 近因革職, 隨我而來矣." 兩使又謂曺世鳳曰: "汝之父子俱善射可賞." 蓋世鳳之子彦弼, 亦在射官中故也. 遠接使請觀頭目等射才, 兩使曰: "日已暮矣, 姑待後日可也."

設宿所宴, 酒半, 兩使笑曰: "我等逐日學得本國方音數語, 判書亦須學華語. 以請酒一語, 從今日始學, 幸甚." 遠接使執盞進前, 以華語說請酒之語, 上使笑曰: "學得正是." 遠接使請曰: "欲令一行都監官, 獻一盃于兩使大人, 只恐尊威, 未敢開口耳." 兩使許之. 洪春卿遞酒, 上使曰: "汝有才華, 做官宜早." 朴忠元遞酒, 上使曰: "靑年好才, 國王必喜." 遠接使又使設小革, 令射官張炬射之, 皆十中七八. 兩使又出前楹觀之. 遠接使請兩使, 曰: "此亭僻陋, 舊無名號. 今値兩大人駐節, 若賜之名, 豈非溪山之有所遭遇乎?" 上使許諾.

二十六日, 晴

兩使出坐大廳, 遠接使行揖禮, 共坐朝飯. 上使曰: "昨日, 所囑亭名, 吳老爹以齊山命之矣." 副使曰: "宜受龔老爹文章." 上使曰: "吾兩人中, 當敍名亭之義." 京來白牌, 還繳, 兩使見之, 卽付頭目.

兩使發行, 巳時, 到敵愾亭. 上使問亭名, 以敵愾對, 上使曰: "景物與亭名不相合." 副使曰: "老爹宜命之." 仍招遠接使共坐, 曰: "今日欲觀打魚." 遠接使卽令漁人棹小艇, 橫網於江. 時廚中適有生鮒魚, 潛置艇上, 忽包網以出, 似若新捉之狀. 兩使大喜, 親自下階而觀, 濡沫騰跳, 急取水盆, 置魚其中, 而分其半, 付諸廚人.

午飯後, 兩使步上樓船, 招遠接使, 共坐談謔頗洽. 上使曰: "此亭臨岸而構, 擅此一江烟浪, 宜以控江名之, 且有朝拱國王之意, 吾當書額." 遠接使謝曰: "僻陋山川, 多得佳名, 豈非厚幸." 中流, 遠接使勸酒, 至八九巡. 舟子自遠岸, 網魚以來, 兩使欣然甚樂.

未時, 到淸川江, 又招遠接使, 共坐船上. 遠接使又令州人網魚, 若博川江之爲, 兩使懽甚. 行數巡酒而罷. 兩使見江邊有禁觀光者, 語遠接使, 曰: "大明皇帝之詔來到東國, 誠爲慶幸, 宜使大小臣民聳觀. 愼勿呵止." 安州牧使及出站差使員等, 皆集江邊迎詔, 卽下船, 至安興館. 迎慰使尹安仁及觀察使李龜齡, 各差使員等, 分東西, 拜詔畢, 次受私禮. 卽向百祥樓, 稱嘆江上之勝. 上使曰: "我地方, 亦有如此勝景, 今見之, 不覺宛然. 然島遠水濶, 殊不及此. 我等頒詔拜國王後, 當寫樓額, 宜令刻板以掛. 回程之日, 欲極其遊賞而去." 又令射官, 射貫革一巡而罷.

上使見陪人白壽千穎悟, 問曰: "頗讀書乎?" 答曰: "只讀『大學』." 兩使令誦序及大文, 乃問曰: "讀書兒何故充此役乎?" 譯官答曰: "本是差役人, 而自能讀書也." 兩使大加嘆獎, 曰: "役人尙知讀書, 始信東方, 家讀書戶禮義也." 又招譯官·醫員, 令誦『大學章句』, 賞與酒饌.

初更還館. 副使頭目指揮田祿, 以檟子來遲, 將差使員熙川郡守鄭允誠, 捽衣以詰之. 遠接使聞之, 令譯官等語之曰: "此乃守土官員. 惟老爹尙不肯如此加詬, 況汝以頭目而乃爾. 必須白于天使." 頭目高嵩等謝曰: "彼實不知事體而妄作矣. 若白于天使, 則連累者必多, 幸乞饒他."

兩使招李和宗語曰: "汝國儒生, 例不迎詔." 和宗對曰: "國俗京外儒生, 在學宮讀書而已. 非如中國隨班參禮, 所以不令迎詔耳." 兩使曰: "儒生若不迎詔, 唐學士何以有贈定州儒生之詩乎?" 和宗曰: "唐詔使回到定州, 聚集儒生 試觀其周旋, 非因迎詔而見也." 兩使曰: "儒生本守禮義, 安可廢迎詔大禮乎. 今後幷令儒生迎詔事, 傳語判書." 遠接使答曰: "舊無此禮, 當啓殿下處之." 兩使令退行迎慰宴於明日.

二十七日, 雨

在安州, 設迎慰宴于大廳. 兩使出坐, 遠接使與迎慰使入行禮, 各就坐. 用女樂, 再行酒而罷. 兩使欲冒雨發行, 遠接使進稟, 曰: "雨勢如此, 前路泥濘, 有甚前日. 敢請停行." 兩使曰: "雨若不止, 則當留歇, 若少霽, 則便當起身."

夕, 行留日宴. 宴畢, 遠接使就兩使前, 令李和宗告, 曰: "國王逐日下書, 戒勅支供之事, 某慮有差失, 惶恐無地. 國王爲朝廷, 敬大人, 無不用極, 但平時, 不能用酒, 於拜大人交接之時, 深恐誠意難露也." 兩使曰: "國王祗受詔勅, 故不用酒乎?" 遠接使答曰: "非特此也, 天性不能用酒."

上使令李和宗語遠接使, 曰: "陪人白壽千欲帶去講書, 須限三兩日隨我云云", 卽令給馬以隨之.

二十八日, 朝陰午雨

兩使發行, 至雲巖院. 下轎若將暫歇, 忽促駕而出, 至肅寧館. 招遠接使同飯, 飯已, 登樓眺覽, 遂發行, 乘昏, 至安定館.

初更, 行宿所宴, 行酒再次而罷. 上使謂李和宗, 曰: "自肅川至此, 何無腰站乎?" 答曰: "本來無有常用帳幕, 供晝點而已." 上使曰: "自此抵平壤, 又無腰站乎?" 答曰: "中路有斧山院, 當進茶啖於右院."

二十九, 晴

辰時, 兩使坐大廳, 招遠接使共飯, 遂發行, 至斧山院. 招遠接使共茶啖, 令李和宗傳語, 曰: "今日到城內, 行迎詔禮後, 欲拜箕子墓及文廟·檀君廟, 仍登風月樓·練光亭." 和宗答曰: "箕子墓在城外, 旣入城, 則當更出城, 將十餘里." 兩使曰: "然則箕子墓, 待回來, 當歷拜云云."

行未到城十里, 平壤人設彩棚於兩車, 在兩使轎前而行, 優人隨車後而戲. 觀察使李龜齡及府官差使員等, 迎詔於普通門外, 未時入城, 兩使良久駐轎, 觀門前彩棚. 已而入立大廳, 迎慰使蘇世讓及觀察使守令等, 分東西, 行迎詔禮畢, 兩使坐大廳, 遠接使以下一行人員, 行揖禮. 通事洪謙自京下來, 請謁兩使, 各行拜禮出.

兩使俱往箕子廟, 導者誤從文廟以入. 兩使曰: "便可拜謁." 遂四拜, 就聖殿, 歷觀塑像, 謂譯官曰: "汝國崇尚文敎, 廟貌整肅, 我等不勝嘉歎." 又詣箕子廟四拜, 進看位版, 讀庭中石碑. 上使曰: "好文章." 又詣檀君廟, 就檀君·東明王位版前, 各行揖禮而出. 登練光亭·挹灝樓·風月樓, 遍觀詩板, 還抵大同館, 步往彩棚前, 觀雜像, 又坐館門良久, 觀優戲, 又登快哉亭, 坐話移時. 初昏方就房, 令退行迎慰宴於明朝. 副使在安定館, 臨發, 以所持扇子授門子, 門子闖失, 遠接使令差使員等搜索, 竟不能得, 移文觀察使, 使之搜覓.

副使在房內, 手寫一紙, 付金山海, 送於遠接使, 曰: "假如義州一州之內, 有某館, 有某山, 有某水, 有某溪巖·江壑·寺宇之名, 有某事實·遺蹟之類. 凡至王京, 歷所州郡, 當爲我一一開陳之. 假如義州有義順館·良策館·所串館, 下面亦當音註, 因何而得名. 山水之類, 皆然."

三十日, 晴

辰時, 兩使出坐大廳, 設迎慰宴, 遠接使與迎慰使, 各行酒禮, 用女樂. 宴後稟曰: "來月初九日, 乃迎詔, 吉日也, 敢稟." 答曰: "此事正好, 雨則行一站, 晴則倍程, 要及此日入京."

又問勅書二道, 所以不干本國之意, 答曰: "已盡言之, 何更問也? 凡詔書旣頒之後, 還納御府, 例也. 我等以'齎擎詔書, 當依例齎還, 或留與本國.' 等因具題, 禮部奉聖旨, '本國若欲留則聽.' 欽此, 遂謄黃聖旨以來. 其一勅, 則奉使萬里, 安可無防身之道? 以此, 亦奉聖旨而來." 又問曰: "勅書, 旣不干本國, 則當無迎勅之儀, 儀註內, 亦當不錄乎?" 答曰: "迎勅之事, 今次果無矣, 儀註內, 則雖幷錄, 有何妨焉? 禮所不當爲, 則固不可錄也. 禮所當爲, 則何必拘於一時之無而闕其典乎?"

副使招譯官, 傳語于遠接使曰: "昨日所失扇子, 門子誤摺在蟒衣間, 今乃尋出矣." 因擧以示之.

巳時, 兩使發行, 到大同江樓船. 稱贊形勝, 因指船上板墻箕城圖曰: "此處必有畫手, 將昨日迎詔, 及我等來此遊賞之狀, 車馬塡咽候送之形, 到王京, 令工畫者, 繪作一通, 各贈我等, 以爲後日玩賞, 幸甚." 再三語之. 兩使又曰: "練光亭·風月樓額字, 皆無楷法, 回來時, 當寫給." 觀察使又請樓船名, 上使曰: "宜名以濟川." 通事洪謙曰: "王京有濟川亭." 上使囑副使改之, 副使曰: "名以乘碧可也. 行當寫額以給."

未時, 下船, 坐岸上小幕, 又令漁人撒網取魚. 移時, 乃發過大井, 兩使下轎俯視. 夕至中和生陽館. 卽令移東軒貫革於大門前, 招射官等, 射弓一巡. 又令頭目, 取炬一把, 立於四十步之外, 用紅紙作鵠, 貼於炬腹, 令射之. 龍川郡守曺世鳳·義州軍官徐慶千, 各中一矢. 又招頭目, 試彎射官等弓子. 酉時乃罷.

上使謂李和宗, 曰: "此館, 有投壺乎?" 答曰: "平壤府有之." 上使曰: "須速取來." 上使曰: "有屋轎裹以氈帳, 春日漸暖, 可作單帳耶?" 遠接使卽令中和郡守, 造鴉青木綿單帳. 以京來八帶魚, 呈于上使, 上使曰: "形樣甚奇. 吾地方只有八稍魚, 未有此耳." 兩使令退行宿所宴于明日.

三月初一日, 晴

辰時, 兩使出坐大廳, 受宿所宴. 宴已發行, 至貯福院, 招遠接使, 會坐大廳, 共晝點茶啖.

未時, 到黃州, 黃海道觀察使李億孫, 及州官·差使員等, 迎詔于五里程, 優人轉車上彩棚來迎. 行至大門外, 兩使駐轎, 觀彩棚雜戲, 入大廳立. 迎慰使金麟孫, 與觀察使·都事·守令等, 分東西班, 行迎詔禮, 禮已, 又行私禮而罷. 平壤人持投壺以來, 兩使俱坐東軒, 投箭數巡. 夕設迎慰宴, 迎慰使與遠接使及觀察使, 各行酒禮, 迎慰使欲更行酒, 兩使曰: "我等俱倦, 不必更飮. 當於王京漢江會面矣."

初二日, 晴

兩使發行, 到於草川, 坐樓船. 招遠接使同載, 仍設小酌, 且命捕魚. 取雜種魚, 皆問鄕名, 質以華語. 又令燒魚於前以進, 上使見進魚時, 不進於遠接使及觀察使, 問其故. 遠接使令譯士對, 曰: "今日乃先王忌日, 上下共守齋素耳." 兩使曰: "汝國制禮, 動似朝廷, 朝廷享萬歲, 則汝國亦享萬歲矣."

上使囑副使名川及樓船, 副使名川曰'簇錦溪', 名樓船曰'搖雲'. 上使謂遠接使曰: "貴國, 文物規爲, 及尊俎禮讓一如中朝, 海外之邦, 誰得與比倖者. 吾兩人每歎服不已." 且曰: "前路有佳山秀水, 可以供眼底者, 皆欲翫賞而去, 判書豈不知我等意乎."

未時, 就途到棘城院, 小歇卽行. 未數里下轎, 登山頂望海. 到沙里院晝點. 上使令李和宗傳語, 曰: "此地近海, 如蛃蝗蚌蛤等鮮味, 宜連甲覓來." 副使曰: "龔老爹家在海濱, 慣食海味, 各種新鮮, 告判書續續取供."

酉時, 至鳳山, 上使曰: "今日氣困, 宿所宴退行明朝可也." 上使步至松間草亭, 又邀副使, 散步松陰. 轉往梨花樹下, 取投壺, 相對以戲. 仍酌酒相勸, 二更乃罷. 上使招李和宗, 問曰: "此行來官, 無乃有唐史時, 參差任者乎?" 和宗知天使見『皇華集』以問, 答曰: "今遠接使鄭判書, 及平壤迎慰使蘇判書, 皆其時都監官也." 上使曰: "孰爲內資寺正乎?" 蓋其時遠接使爲內資寺正故云也.

初三日, 晴

辰時, 行宿所宴畢, 兩使各就房. 遠接使與觀察使同議, 令李和宗請兩使, 曰: "今日, 乃三月三日也. 國俗, 例作艾餅, 登山遊宴. 客館南頂, 構一草亭, 最高豁, 可以望遠. 願暫駐行旌." 兩使曰: "諾." 遂至頂, 與遠接使及觀察使, 共坐草亭, 設小酌, 令射官等射侯. 上使連用大盃, 勸觀察使, 用中盃, 勸遠接使, 曰: "今日欲知酒戶多少." 且饋射官酒, 又招一行通事醫員等, 各饋酒. 日晩發行, 至釼水館, 晝點. 問禮官任弼亭, 前夕已到, 宿于此.

遠接使擧京來有旨之意, 問于兩使, 答曰: "勅書皆我等奏准謄黃, 只管我等奉行, 不干汝國. 臨頒詔時, 當令我等帶來人, 齎擎, 直送于下處, 不煩汝國護衛." 且曰: "今次詔書, 異於常格, 皇帝親自製文, 詔旨[02]欄界, 皆用金龍, 李閣老時謂我等, 曰: '我從前未嘗見如此寵異之詔.' 今開讀, 則國王必知

02 旨: 『중종실록』 32년 3월 5일 기사에는 "紙"로 되어 있다.

朝廷深愛之意, 亦當踊躍矣. 凡詔書頒訖, 還納例也. 從國王願留與否處之事, 奉聖旨而來, 若留詔而去, 則眞是鎭國之寶. 至於詔書事意, 則於開讀之前, 固不當傳布也." 遠接使又問今次路上行酒之禮, 與儀註各異之意, 則兩使曰: "路上享禮行酒, 則出於一時權宜. 汝國中享儀, 則當依本國舊規. 唐學士時行禮儀註, 可一依爲之."

問禮官謁兩使, 告曰: "五拜三叩頭之禮, 不載洪武年頒降儀註, 其後朝廷, 不頒別樣儀註. 我國世守舊禮, 不可遽改." 兩使曰: "此禮乃天下通行之正禮, 不可廢也. 汝國常稱慕習華制, 不學如此正禮, 而習何等禮乎? 頒詔之儀, 不但在於洪武年間, 如永樂·宣德年間, 皆經頒降. 汝國歷考舊典, 而無所闕漏耶? 例獨謬執洪武年舊制乎? 今次詔書, 國王若開見, 則必待朝廷優待之意, 誠敬之心, 自然而生. 然往復講論, 只憑譯舌, 誠有所未盡者. 當分釋寫給." 上使遂寫郊外迎詔之禮, 付問禮官.

其文曰:

連日與禮官講禮, 恐譯者傳言未眞, 故特以此示之. 今天下親王倂各官, 迎詔郊外, 俱先行五拜三叩頭禮畢, 然後前導至國中, 及各衙門, 自有開讀儀. 汝禮官前日所開儀註俱是, 但[03]此一節. 今日[04]所論, 非改儀註也, 正謂儀註開載未盡耳. 況此禮天下通行之, 汝國中獨不行, 是有二[05]禮也. 同一天子之詔, 同一天子之臣, 而豈可有二禮乎.

且如我於[06]前日來時經過各處, 參贊判書及觀察使[07]等官, 皆鞠躬道左. 我等[08]

---

03 但: 공용경의 『사조선록』에는 이 글자 뒤에 "少"가 있다.
04 日: 공용경의 『사조선록』에는 "之"로 되어 있다.
05 二: 공용경의 『사조선록』에는 "一"로 되어 있다.
06 於: 공용경의 『사조선록』에는 "等"으로 되어 있다.
07 使: 공용경의 『사조선록』에는 빠져 있다.
08 等: 공용경의 『사조선록』에는 이 글자 뒤에 "亦"이 있다.

不之責者, 此猶有說, 以詔書尙未開讀也. 今旣至汝國中矣[09], 國王猶行此鞠躬之禮可乎? 若如汝所言, 則汝國王亦不用前導可也. 今旣前導矣, 又三舞蹈矣, 又十二拜矣, 何獨靳此郊[10]之禮而不行乎? 餘禮旣盡, 獨此禮不行, 是所謂舍其大而圖其細者也. 況詔書初至, 汝國王見君之始, 尤當盡禮, 使國人傳說汝國王盡敬朝廷之意[11]. 然後汝國人知盡敬汝國[12]之禮. 乃此美事也, 非導汝以失禮也.

今天子待汝國王, 與天下一體, 汝國中行禮, 乃與天下異同, 是自外也. 我等聞汝國王素賢, 且守禮義之國, 入境以來, 每事盡善, 故不惜此一言. 汝歸語國王, 但求其心之安, 則禮得矣. 我等所言, 非分別[13]之爭, 理外之求也. 但以汝國秉禮[14], 失此不行, 爲可惜爾. 今日聞汝國令各處生員迎詔, 甚喜. 此非守禮義之國, 不能行耳. 朝廷聞之, 亦必深喜, 眷注之心, 日益加矣.[15]

晡時, 兩使, 上門樓眺望. 乘昏, 至龍泉館, 令退宿所宴于明日.

初四日, 晴

巳時, 兩使坐大廳, 受宿所宴, 語遠接使, 曰: "吾觀『皇華集』, 龍泉館南江, 最爲勝地, 董侍講到, 觀捉雉, 與作詩紀之. 我等今日, 當過蔥秀山, 行忙不可久住, 當暫過飮茶而行." 遠接使答曰: "本道觀察使, 已修治, 設供帳

09 今旣……中矣: 공용경의 『사조선록』에는 이 문장 뒤에 "장차 조서를 펼쳐 읽다[將開讀矣]"라는 문장이 추가되어 있다.
10 郊: 공용경의 『사조선록』에는 이 글자 뒤에 "外"가 있다.
11 意: 공용경의 『사조선록』에는 "禮"로 되어 있다.
12 國: 공용경의 『사조선록』에는 이 글자 뒤에 "王"이 있다.
13 別: 공용경의 『사조선록』에는 "外"로 되어 있다.
14 汝國秉禮: 공용경의 『사조선록』에는 "汝秉禮之國"으로 되어 있다.
15 今日……加矣: 공용경의 『사조선록』에는 이 부분이 빠져 있다.

矣." 宴罷, 兩使卽就南江, 循除觀水. 良久就坐, 命進茶果, 飮茶一巡, 又令斟酒, 曰: "本欲飮茶而已, 吳老爹請飮三盃故耳." 且從容語遠接使, 曰: "先輩徑遊之地, 吾輩來踐舊跡, 得非幸乎?" 卽發行.

午到安城館, 晝點. 促行到蔥秀山. 兩使步上董侍講石記前, 讀過數遍, 嗟歎不已, 謂李和宗, 曰: "國王何不於此建碑閣乎? 此特小費耳. 且碑面多殘缺, 何也?" 和宗答曰: "無知打柴之人, 擊打致缺, 我殿下令拿究治罪, 姑護以藩籬耳." 看訖, 卽步下水次, 幞裹着褻服穿鞋, 步匝水次無數. 又由略彴渡水, 看巖竇流泉, 發興忘返.

觀察使進海族諸種, 其中有有甲大小石花. 上使見之甚喜, 取小石花一盤, 令頭目, 具甲燒之於前, 招遠接使及觀察使令地坐, 而自踞踏掌取石花, 用小刀擘開食之, 每食揖好, 隨擘隨食, 積甲滿盤. 仍分與遠接使觀察使等, 戲語曰: "宰相輩居蛔蝗産出之地, 而不解燒食, 可笑." 巡酒四五盃而止. 且曰: "家在海濱, 實慣食此. 吾鄕距帝都八千里, 今又東來, 其積萬餘里. 與諸君得諧賞於此, 豈非有數?" 副使曰: "福建實大海之壖, 琉球·占城皆密邇往來. 吾鄕乃常州也. 在楊子江邊, 與福建相去一月餘程."云.

州官等令鷹人放鷹, 逐雉離披而墮, 又捕生獐以進. 兩使皆擧手失喜. 日沒時, 到寶山館, 未及館, 下轎改服以入. 令退宿所宴于明朝.

初五日, 晴

上使頭目張全, 年十七, 戲索帶子. 於本館守門者因與相持, 守門者所持棍杖, 誤觸張全之頭. 全聲曰: "彼守門者打我." 遂告於上使. 遠接使聞之, 令平山府使李霖拿究守門者, 頗用嚴刑. 仍械杻囚置於庭. 辰時, 上使出坐大廳, 受宿所宴畢, 命招守門者, 謂之曰: “汝信打張全, 則罪不細矣, 今聞汝兩人俱相戲謔, 是本無有意於打.” 遂令放送.

巳時, 兩使發行, 到平山府前小院. 下轎坐院, 食頃卽出, 至金巖館晝點. 上使使李和宗問遠接使, 曰: “昨見蔥秀山少東, 峯巒奇峭, 遠勝蔥秀, 其名謂何?” 遠接使答曰: “我國多山, 如彼比者無數, 豈有名乎? 俗或通謂之蔥秀山.”

申時, 兩使到猪灘. 下轎, 坐灘邊帳幕, 進酒數巡. 觀察使呈各種海物, 兩使稱謝, 卽上樓船以渡. 乘夕, 到興義館, 令退行宿所宴于明日. 上使方飯, 見進止差使員等, 指長連縣監成哲文, 此官爲何等出身. 金山海答曰: “從門蔭以進.” 上使曰: “門蔭云何?” 答曰: “其祖嘗爲司諫院獻納, 有諫諍之功, 故錄其子孫也.” 上使曰: “眞箇好法度也.” 遠接使令譯官告兩使, 以造送涼轎之意, 兩使皆喜. 初昏, 副使招金山海, 語曰: “蔥秀山越峯, 龔老爹嗟賞不已, 名曰‘翠屛’, 亦有著述. 汝但心記, 姑勿語判書.”

初六日, 晴

兩使坐大廳, 受宿所宴. 巳時, 乘涼轎, 發行, 到吾助川. 下轎周覽曰: “向來所經山川, 無如此絶好. 回來, 當穩賞而去.” 又謂李和宗曰: “今乘涼轎, 甚佳.” 和宗曰: “殿下慮氈轎日暖, 故特令該官造送耳.” 兩使相視曰: “國王計料之賢, 至於此也. 呼押來官來, 吾欲面謝以送.” 和宗曰: “押來官, 昨夕, 將轎子交割, 卽還矣.”

午時, 到金郊館. 兩使立於大廳, 見屛間有黃鶴樓·姑蘇臺二圖, 問曰: “此圖貴國何處乎?” 通事洪謙對曰: “本國慶尙道有此樓臺.” 上使曰: “聞判書貫在慶尙道東萊縣, 山川甚秀麗, 得無模寫彼處耶?" 答曰: "是矣." 兩使指點良久, 曰: "眞好景也." 遠接使令李和宗告兩使, 曰: "今夕, 當宿于開城府, 初七日, 東坡, 初八日, 碧蹄館, 初九日, 入王京. 前路宿所如此, 敢稟行止." 兩使曰: "我等已知涓日, 當依所言而行."

晝點後發行, 至猨猊驛, 開城府設帳幕於路傍高丘. 兩使下轎暫歇, 進茶啖. 旣罷, 至迎賓館. 京畿觀察使金希說·都事李塘·開城留守韓允昌·經歷安宇·都事金擴, 及執事守令等, 迎詔于館前.

申時, 入府, 迎慰使柳世麟·別迎慰使朴守良, 及府官守令等官, 分東西班, 行迎詔禮. 後遠接使, 又與迎慰使等官, 行私禮而出. 兩使曰: "今日, 日暮身倦, 迎慰宴退行明朝可也." 夕, 副使取溫湯, 沐浴于房.

初七日, 晴

辰時, 設迎慰宴於大廳, 兩使出坐. 遠接使與柳世麟·韓允昌·金希說·朴守良等, 俱坐西壁, 京來妓生樂工等, 奏樂於前. 兩使曰: "我等因忙, 常減殺酒禮, 況用女樂乎?" 朴守良進前, 使譯官告曰: "殿下別遣內臣, 帶來于此, 要助宴席, 今若却之, 則實孤殿下之意也." 兩使曰: "業已來矣. 姑令奏樂, 今後用女樂之時, 先稟我等可也." 朴守良先進迎慰盃, 柳世麟次進. 訖, 兩使曰: "日晩行忙, 諸君不用常禮, 各進一盃." 宴畢, 朴守良進曰: "留詔事, 兩大人旣題准而來. 乞於頒詔之後, 卽留王宮." 答曰: "此事須見國王誠懇, 乃可聽也. 到碧蹄更見大臣, 商量告之."

兩使各就房, 已而會立大廳, 招遠接使及兩迎慰使·觀察使·留守於前, 授一單字曰: "此我等謄黃聖旨之首尾也. 非欲以此單, 呈於國王也, 欲令諸君, 詳看轉啓耳.” 語已, 兩迎慰使辭退. 兩使曰: “委送兩宰臣, 來慰於此, 賢王誠意, 多謝多謝.” 其單字內, 截三道公文.

其一道曰:

“禮部尙書夏言一本大慶事: ‘嘉靖十五年十月初六日, 恭遇皇嗣誕生, 例該詔誥天下, 本部已經題本欽依, 着十一月初六日, 彌月之期, 擧行.’

歡此遵外, 伏蒙皇上面諭, ‘皇子初生, 旣詔告天下, 何獨外國, 至冊封日, 始遣使詔諭? 況已告聞天下百神, 便當使一體知悉, 他日冊立, 再行詔告! 卿宜議擬擧行所據, 來月初六日, 頒降告皇太子生, 詔書合無依冊立皇太子. 例遣翰林院官一員充正使, 給事中一員充副使, 賫捧詔書, 往諭朝鮮安南二國知悉. 候冊皇太子之日, 再行遣使詔諭, 合候命下本部, 欽遵擧行.’ 奉聖旨是, 着爲令.

禮部一本大慶事, 奉聖旨, ‘着有點的去, 賜國王絲段, 另行翰林院修撰龔用卿, 戶科給事中吳希孟, 俱有點.’”

其一道曰:

“翰林院等衙門修撰等官龔用卿等, 題爲大慶事內開, ‘欽蒙差充正副使, 賫捧詔書, 往諭朝鮮, 國王仰見我皇上, 推六合一家之心, 廣九州無外之化, 甚盛也.

正起行間, 思得所捧詔書, 到彼國中, 萬一, 國王姓諱尊上之心, 出於誠懇, 請留詔書, 以爲鎭國之寶, 雖其慕華向化之誠, 固稱秉禮, 然未奉有明旨, 不敢擅專.

若待彼時奏聞, 則道里往還, 動經旬朔, 不無有誤. 爲此合先題, 請如蒙乞勅下該部. 比照正德年間, 修撰倫文敍, 編脩沈燾等, 差往安南事例, 聽其請留. 庶朝廷大典, 有所遵守, 而外國人心, 有所取信矣. 具本題.’ 奉聖旨, ‘禮部看了來說.’”

其一道曰:

“禮部一本大慶事內開, ‘看得翰林院等衙門修撰等官龔用卿等題稱, “賫捧詔書, 前往朝鮮國諭知, 恐彼國王請留詔書. 乞要比照正德年間修撰倫文敍等事例, 聽其請留.”一節, 旣査有前例, 相應議處, 合候命下, 本部行令. 各官臨時斟酌如彼, 國王請留之意, 果出誠懇, 亦宜俯順其情, 聽其請留, 緣係大慶, 及奉欽依, "禮部看了來說", 事理未敢擅便, 謹題請旨.' 奉聖旨是."

兩使又令李和宗傳語, 曰: "儒生迎詔事, 前日問禮官已報講定. 此府大處也, 而儒生何不迎詔乎?" 遠接使答曰: "儒生迎詔, 非在前恒爲之事, 今因大人之命, 特令迎詔. 但時未具儀註而來, 故此處儒生, 未及迎詔, 國學儒生, 則自當迎詔矣."

午時, 到招賢院. 兩使招遠接使及觀察使, 同飯. 遠接使問曰: "前承皇帝親製詔書之語, 果與頒海內詔旨有異乎?" 上使曰: "詔書之意, 我等亦豈能詳知? 到內閣, 暫見詔草, 大槩與誕布四方之意同, 其中有若干殊異之節."

遠接使又問曰: "禮部題本內, 有往諭朝鮮·安南知悉之語, 未審亦遣詔使於安南乎?" 兩使曰: "禮部初本雖云, 其後, 以安南國中, 自相構亂, 覆本停之. 且頒賜之事, 則閣老等議以'今者只諭大慶之意, 不必有賜, 待冊封頒詔時, 該有賞賜云云'."

問禮官任弼亨, 改儀註來到, 呈于兩使, 且告曰: "郊外行五拜三叩頭之禮, 本非洪武年頒降儀註之禮. 故前此天使之來, 並無此儀. 今者兩大人, 以謂天下通行之禮, 欲令施行, 殿下特從大人之言, 改儀註以送." 兩使曰: "多謝賢王秉禮."

酉時, 兩使到東坡館. 上使令李和宗傳語, 曰: "我等於一路, 所賞山川樓亭, 皆有紀述. 俟到王京, 卽當寫示空簇子若干軸. 務要長廣, 可急造作. 我等雖留三日, 其間可及造矣. 又曰: "前請平壤圖, 亦須毋忘."

初昏, 行宿所宴. 兩使曰: "堂中狹窄, 不用進膳, 只速遞酒." 宴罷, 遠接使卽以下諭吉時, 告于兩使, 答曰: "當於平明發行." 遠接使又請曰: "若於平明發行, 則恐不及吉時頒詔." 兩使曰: "然則當於五更頭發行."

上使出一單字, 付遠接使, 曰: "安南國頒詔等事, 恐譯者未能書傳, 故錄此以示."

其文曰:

述口說, 以代譯者之傳, 庶易曉也. 初差官往汝國來, 皆出朝廷聖意, 此原無舊例. 前所謂以一統之禮, 待汝國王, 正謂此也. 本與安南國, 同欲遣官, 後禮部查覆, 稱'安南國中, 自相構亂, 數年朝貢不通, 當另差人往問.' 以此, 只差汝國中來也.

因此, 不差翰林與科往安南國, 別差錦衣衛指揮二員, 往彼國中, 查勘其事, 併究責鎭巡三司等官, 有何事情, 從實回報. 此與汝國之事無預, 是以不錄來看. 今禮部見有題稿在其賜禮物一節, 前日已備言之.

我等將行時, 聞朝廷御文華殿, 召閣老[16]禮部, 親說此事, 聖意謂'此詔[17]只是報皇子生, 與天下一例, 比之冊封諸事, 不同.' 所以禮部本中, 請禮物, 只批答另行, 所謂另行者, 有所待之辭也. 聖意, 蓋謂待後冊立皇太子之時, 別有所賜矣, 大要如此.

今日開來儀註, 適閱之, 喟然歎曰: "此非所謂秉禮義之國乎?" 曾聞齊桓公葵丘之會, 周天子致侯伯之胙, 王人致命, 令桓公無下拜. 桓公答[18]曰: "天威不違顔咫尺, 余小白敢忝天子之威命?"

方今天子明聖, 皇靈廣布, 大非周天子之時之比, 而汝國王素稱秉禮, 實過於桓公慕華尊上之誠, 殆無以加, 國人頌之, 天下稱之, 以爲美談. 於此, 可見我皇上車書一統之盛化, 行於遠. 我等將敬聞於上, 以彰其賢也, 併附書此.

---

16 老: 공용경의 『사조선록』에는 "下"로 되어 있다.
17 詔: 공용경의 『사조선록』에는 이 글자 뒤에 "書"가 있다.
18 答: 공용경의 『사조선록』에는 "對"로 되어 있다.

初八日, 陰

午後下雨. 辰時, 兩使發行, 至臨津. 招遠接使及觀察使, 共坐船上, 設小酌, 酒數巡. 漁人獻鯉魚若干尾, 兩使臨舷而立, 用繩繫魚鬐, 沈之於水, 以觀其游泳.

未時, 到坡州, 晝點. 日昃乃發, 冒雨至碧蹄館. 領議政金謹思·禮曺判書尹仁鏡, 以迎慰使已到此, 都承旨朴洪鱗以別迎慰事, 右議政尹殷輔以留詔王宮事亦來. 行迎詔禮後, 兩使各就房. 已而, 出坐大廳, 領議政先入拜謁而出. 右議政次入, 仍令李和宗告留詔王宮事. 答曰: "明日洪濟院見大臣之來, 且到王府, 親見殿下誠懇, 方有定奪." 右議政旣退, 遠接使·觀察使行揖禮而出.

上使就副使房, 共飯訖, 行迎慰宴. 李和宗告兩使, 曰: "預宴官旣多, 西壁窄了, 不可盡坐, 敢稟." 兩使曰: "令國相特坐於東." 舊例, 天使到碧蹄, 政丞來慰, 座在西壁, 許坐於東, 從今始也.

都承旨先進迎慰杯, 領議政·禮曺判書以次進盃訖, 領議政以下復以次行酒. 宴未畢, 右副承旨黃琦來, 蓋請留天使於此, 待來十一日入京事也. 宴罷卽告, 曰: "國王遣承旨." 兩使曰: "可速呼來." 黃琦進前行禮, 令李和宗, 告曰: "雨勢如此, 明日迎詔, 恐未成禮. 殿下別遣內臣, 請兩大人, 强留兩日, 來十一日入京. 前者, 以迎詔重事, 故擇吉日, 得初九日十一日等日, 明日旣不得迎詔, 故敢以十一日爲稟耳." 上使與副使, 低頭商議良久, 乃答曰: "奉詔書留住於此, 心實未安, 明日當前到洪濟院, 或慕華館等處宿歇, 待雨晴行禮, 則於國王往來, 亦得其便矣." 李和宗卽答曰: "洪濟·慕華二宇, 俱無房舍, 只是空廳, 不可安下." 兩使曰: "然則明朝, 雨若不霽, 我等當依汝言, 留住於此, 若向晴, 則當卽入京, 歸告殿下, 以雨之霽不霽, 料我之行不行也,明朝, 我亦更說鄭判書, 使之飛報."

上使頭目在東軒, 傳寫上使所製詩篇, 通事洪謙從其後窺見, 誦得兩絶句,

其一曰,
溪水灣灣柳色新
驅車鎭日逐紅塵
天涯何事猶奔走
語燕流鶯笑殺人

其一曰,
山色濛濛晝已昏
叢林深處鵲聲喧
海潮似是春山雨
小浦平添過水痕

是夜, 兩政承及禮曺判書·兩承旨, 皆還去.

初九日, 猶雨, 在碧蹄館

平明, 上使起寢. 李和宗因家人微稟行止, 上使大怒, 叱其家人, 曰: "行止在我, 何煩相問? 我欲徐觀雨勢以定, 汝何擅稟外言." 食頃, 出坐房外. 李和宗進, 曰: "昨昏有更說鄭判書, 使之飛報之命, 故敢稟行止." 上使曰: "此去王京四十里, 雨勢若歇, 則我豈能坐此? 且到洪濟院, 改服之時, 汝殿

下尙可及來?" 李和宗反覆言遑遽未便之意, 上使怒而不答. 遠接使卽修書狀, 送于政院.

辰時, 上使以便服, 就副使房談話. 遠接使欲親問行止, 就其外面伺候, 令譯官告其狀, 兩使具冠帶, 出坐大廳. 遠接使進前行揖禮, 仍稟曰: "恩詔垂到國門, 殿下率臣民祗候, 所當急迎聖詔. 但雨勢轉大, 必不開霽, 在殿下豈憚出候, 誠恐大禮有虧事體." 上使曰: "我等萬里擎詔, 今到國門而留, 心不自安, 故初意欲俟雨霽, 便卽入京, 今與副使商量, 雨旣不霽, 果於頒慶之時, 未免倉皇, 已決意留宿, 急報國王." 遠接使曰: "明日雨猶不止, 則何以處之?" 上使曰: "到得其時, 當更議之." 遠接使卽修書狀, 送于政院, 右承旨黃憲來問安, 仍請於十一日入京.

未及告稟間, 宣傳官朴鐵壽來謂黃憲曰: "當告天使曰: '旅館草草, 强留使華, 實所未安. 今日行止, 須任兩大人之意.'" 黃憲卽以此言告于兩使, 答曰: "今日則業已停行, 日亦已晩, 不可更計. 明日則雨雖不止, 當冒雨而發矣." 遠接使卽修書狀, 送于政院, 右承旨金璽來問安, 且告曰: "今日, 上幸慕華館, 終日待候之, 意夕行留日宴." 遠接使與觀察使, 如例, 進酒而罷.

初十日, 晴

平明, 兩使坐大廳共飯. 飯已, 卽發行, 至德水川邊帳幕處, 暫啜茶果.

巳時, 至洪濟院, 禮曺判書尹仁鏡及都監郞廳等已來候于此. 上使與副使同議, 手寫單字, 呼遠接使, 謂之曰: "前日儀註, 草草看過, 今而思之, 其中有非禮之事. 故今寫此單, 使之曉釋." 因令遠接使讀之, 讀罷曰: "可急報殿下. 此通行之正禮, 若不依此, 則吾等不可預宴矣云云." 其大要謂:

> '賓主之位, 當分南北而坐, 分東西而坐, 實非正禮. 頒詔之後, 於殿中茶禮時, 則闕牌纔收, 賓北主南, 固所未安, 權依儀註, 賓於東而主於西, 可也. 至於太平館相會之時, 則館我之安下處, 我爲主而殿下爲賓, 當讓殿下, 使坐於北, 我等却坐於南. 至若設宴之時, 則我固賓也, 當從北坐賓坐, 殿下固主也, 當從南坐主坐. 若是, 則賓主各得其禮矣.'

其旨如此. 禮曹佐郎朴自英來稟, 曰: "謄黃聖旨, 若付一二人, 直送太平館, 則是如尋常衙門文書無異矣. 今欲別差官人, 畧具儀仗, 護至太平館." 兩使曰: "旣非勅書, 安可用如此之禮?" 遂令頭目等, 領至太平館.

遠接使率一行人員, 先至慕華館肅拜, 仍啓達洪謙所誦兩絶句. 上引見問一路奇別. 兩使晝點後發行, 踰沙峴, 置詔書於迎詔門下, 而分立其左右. 上於慕華館門前官道上幕次, 行五拜三叩頭禮, 遂乘輦先導還宮. 兩使曾在洪濟院, 戒頭目等, 曰: "殿下在幕次時, 汝等皆下馬步過." 故是日, 先驅頭目等, 過幕次, 皆下馬趨去.

未時, 兩使入城至景福宮, 上率百官, 如儀行禮. 訖, 上改服, 陞殿行茶禮而罷. 兩使遂至太平館安歇, 上卽幸太平館, 行下馬宴, 夜半乃罷.

十一日, 晴

在太平館.

十二日, 晴

在太平館.

十三日, 晴

在太平館.

十四日, 晴

在太平館.

十五日, 晴

在太平館.

十六日, 晴

在太平館.

十七日, 雨

兩使臨發, 雨勢不止. 上先幸慕華館, 遣同副承旨朴守良請留. 兩使曰: "春天本來多雨, 安可避也? 擡杠已去, 尤不可留." 已而, 上又遣禮曹參判金光轍請留, 未及傳語間, 又遣右議政尹殷輔請留. 兩使答曰: "殿下厚意, 固已知悉. 但行止已定, 不可中止."

巳時, 發行慕華館, 上已設宴待之. 兩使入館, 受餞宴, 良久乃出. 上步出大門, 又設小酌. 訖卽發行, 至洪濟院. 招遠接使及館伴共坐, 仍於坐中作詩, 以贈館伴. 酒禮既畢, 乃出, 乘夜至碧蹄館. 上預遣左議政金安老·禮曹判書尹仁鏡, 餞慰於此, 別遣都承旨朴洪鱗, 亦來餞慰兩使. 夜深退行餞禮於明日.

上使令譯官語遠接使, 曰: "我曾於此館, 用國王候問之意, 作謝詩一律, 今何只掛他作而少此一篇耶?" 遠接使答曰: "果有其詩, 但誤謂不屬此館, 故使不之刻也." 且原稿其時啓于殿下, 今雖欲刻, 不能誦憶." 上使卽送稿, 曰: "吾詩固拙, 若不刻掛, 則後來詔使, 何從知今日之事乎? 須速入梓, 示我於前路, 然後送掛於此." 上使又取前日途中所作雜詩, 用筆點註, 令各於附近驛館·亭院, 一切懸掛. 遠接使卽寫碧蹄館詩, 使刻之, 又寫沿途所作刻板時所遺漏者, 移文於前路各官, 使之趁期刻掛.

十八日, 晴

遠接使與左議政·禮曹判書, 俱和兩使在大平館及發漢城所作之詩, 寫單以呈, 上使曰: "都是佳作, 多謝多謝."

辰時, 設餞慰宴于大廳. 兩使出坐, 左議政坐東, 遠接使及禮曹判書·觀察使·都承旨, 俱坐西. 都承旨先行餞慰盃, 左議政·禮曹判書次之, 又以次各行酒禮. 訖, 兩使就房少歇. 居無何, 上使又出來, 與左議政等參立而話, 謂曰: "貴國若送謝恩使, 須延一箇月, 待我等回京之日, 使之發程可也." 左議政作贈別詩, 呈于兩使, 兩使稱謝, 曰: "眞大手也." 上使又曰: "貴國海味雖多, 未解調飪之方, 是大欠也. 吾當開錄以送." 上使作慕華館餞別詩, 且修簡一道, 付左議政, 使啓于上. 其簡曰:

> 天涯之會, 夢想不及, 累承賢藩欵接, 深見雅情. 碧蹄館諸官之來, 尤荷厚宴, 顧鄙人何以堪之? 惟增銘刻耳. 別後更希道體養和, 錫國遐福, 以慰遠望. 小錄志書, 冀蚤惠及. 實大願也, 顒候顒候. 賢器王世子, 均此致懷.

副亦附簡以送, 曰:

> 不穀辱有明命, 朝鮮之役, 惟忝是懼. 大平之館也, 王屢至焉, 王之候臣, 日數至焉, 王之情文之典, 日數至焉. 迨其遇也, 謙虛沖雅如不勝, 知皆所以謹候度尊朝廷也. 「桑扈」曰, '左之右之, 無不有之. 右之左之, 無不宜之.' 言全才也. 「泂酌」曰: '愷悌君子, 民之父母.' 言能民也. 「南山」曰, '樂只君子, 邦家之光.' 言盡臣節而增重之也. 夫以有左右之才, 而盡民之責, 則其爲邦家之光必矣. 碧蹄金相之餞也, 東望實懸懸焉. 謹此志謝, 垂亮幸甚.

副使臨發, 指絲花鳳曰: "我有老親, 欲以此一朶歸示."

巳時, 發行至坡州, 晝點. 兩使上東軒前小亭觀覽, 上使謂譯官曰: "吳老爹欲名此亭滴翠云."

申時, 發行, 至臨津, 日欲沒矣. 兩使上江邊亭子, 觀所寫亭額. 須臾乃就船, 呼遠接使及觀察使共坐, 仍設酌. 漁人網得鯉魚數尾, 兩使令取繩繫鼻, 沈之於江, 相與臨江喜笑, 乘夜至東坡館. 以夜深, 令退行宿所宴于明朝. 上使令譯官傳語於遠接使, 曰: "此處, 無蜊蝗乎, 何不供進? 須轉行前路, 使預辦."

十九日, 陰

朝令驛官, 呈沈判書所製詩于兩使. 看過曰: "得了好詩, 多謝." 辰時, 設宴于大廳. 上使曰: "我等初來之時, 享用女樂, 正以貴國爲詔書致優禮, 且重違國王厚意故也. 今已事完, 多領貴國之誠, 今後, 始自開城府, 勿復用女樂."

兩使發行, 至招賢院. 坐幕次卽曰: "此處, 旣無堂宇, 何必久坐?" 遂上轎促行. 遠接使告曰: "開城距此, 尙二十六七里, 廚人告已治具, 乞於轎前進茶盤." 兩使曰: "判書慰賓客之意至此, 誠不忍違, 可速取來." 卽於轎上, 啜茶果而行.

未時, 兩使到開城府. 卽使李和宗語遠接使, 曰: "日幸不暮, 欲觀故跡. 夫役人勿許放散." 遠接使答曰: "城中古跡, 皆已夷滅, 無足可觀. 且街路湫隘, 前後詔使, 無有遊覽者." 上使怒曰: "但當導我去路而已, 何相告禁?" 遂屛騎從, 乘平轎而出. 遠接使與觀察使·留守同議, 先令人由徑路, 設帳幕於滿月臺. 須臾, 兩使至, 率譯官及頭目等, 步登後丘, 周覽殆遍, 良久乃下. 遠接使請設小酌, 固拒而起. 上使謂李和宗, 曰: "宮基甚大, 而何無城址乎?" 和宗答曰: "爲因歲久, 頹圮無存耳." 遂促還館.

晡時, 設餞慰宴. 兩使出坐, 餞慰使許洽·別餞慰使黃琦, 與遠接使及觀察使·留守等, 入行禮後, 以次坐於西壁. 旣開宴, 將陳女樂, 上使曰: "昨日已告不用女樂之意, 判書亦云依命, 而今日復用何如?" 遠接使答曰: "昨雖聞命, 時無殿下勿用之教, 況內臣奉殿下之命來餞于此, 不敢自擅. 兩使曰: "然則姑聽諸君之請." 黃承旨先行餞慰杯, 餞慰使次進畢, 又與遠接使等, 各行酒禮而罷. 頭目高嵩·康鎭等, 自前越江以後, 持單字言曰: "此遼東大人之求請也." 遠接使不信其言, 不曾啓達. 自回程以來, 逐日來說: "願聞回報之辭云."

二十日, 晴

高嵩等所傳遼東大人求請單字, 及天使到義州欲觀統軍亭, 則何以處之, 具書狀上送. 兩使坐大廳, 謂餞慰使等, 曰: "前日殿下許諾『地志』及『登科錄』, 今何不來耶? 歸告殿下以俺等佇待之意." 兩使各作詩, 贈兩餞慰使. 上使又出「慶會樓歌」一篇, 付餞慰使, 使獻于上, 副使寫滴翠亭額. 副使寫滴翠亭額字, 送與遠接使, 曰: "可付坡州官, 使之刻掛云."

辰時, 兩使發行, 至狻猊驛, 坐驛東二里許路邊帳幕處. 開城人預捕魚, 作欄以放之, 兩使臨觀翫賞. 旣而悉放之於川.

午到金郊館, 晝點, 卽發行, 至吾助川. 兩使沿川上下, 良久翫景, 就坐川邊幕次. 招遠接使及觀察使共坐, 仍設小酌. 上使問: "此處有吹笛者乎?" 答曰: "無矣." 仍令頭目等, 以登川上蒼崖, 或吹笛, 或吹嘯. 食頃而罷.

上使謂觀察使曰: "我之「翠屛山記」, 曾作懸板否?" 答曰: "已鋟梓掛之矣." 上使曰: "木板易朽, 要須壽諸石, 然後乃可久矣." 觀察使與遠接使同議, 答曰: "此意甚可. 但非我等自擅之事, 當啓於殿下." 上使曰: "若立碑石, 宜印數十本, 分寄吾兩人, 方見諸君之信矣. 且『皇華集』印出, 通印前人稿集, 且須不拘舊例, 優數以送云云." 乘夕至興義館. 退行宿所宴于明朝.

二十一日, 晴

辰時, 設宴于大廳. 兩使出坐, 遠接使與觀察使入行禮, 告以二十日來到有旨所載閏[19]筆資之意, 且呈物件單字. 兩使答曰: "於慶會樓及勤政殿, 國王所贈禮物, 皆不敢受, 至於細碎之物, 不之却者, 不欲違國王之誠懇也. 然亦心常未安, 今又追送此物於路上, 尤所不安於心, 豈可受乎?" 遠接使再三懇說, 兩使曰: "國王誠意至此, 若固拒則恐以我等有所不平也." 各受白苧布·黑麻布各五疋, 曰: "要以領誠而已." 遂布子賫來通事李永貞退, 饋飯羹.

遠接使令李和宗等, 將京來人情物件, 給與高嵩等. 且說禮曺開字之意, 高嵩等答曰: "今次賫去甚難, 乞於謝恩使入來時付送云云."

巳時, 兩使發行, 至猪灘. 坐樓船, 招遠接使及觀察使, 投壺爲戱. 仍令遠接使及觀察使共投, 且設小酌而罷.

夕, 至寶山館, 設宿所宴于大廳. 兩使出坐, 遠接使與觀察使入行揖禮, 仍呈會試小錄. 兩使看罷, 曰: "甚好甚好." 且謂遠接使, 曰: "我等前日出示之稿, 初非手錄也. 寫字人等多致誤書, 有落字處, 今欲考校以還, 須無遺送來." 又曰: "逐日設宴, 賓主俱勞, 今日之宴, 願乞停行." 遂揖辭而入. 夜, 上

19 閏: '潤'과 통용되는 글자다. '윤필(潤筆)'은 시문(詩文)이나 서화(書畫)에 대한 보수를 이르는 말이다.

使將其詩稿校勘數帖, 先送于遠接使.

二十二日, 晴

辰時, 兩使發行, 至葱秀山, 先往碑石處, 觀覽. 遂如川上, 由假橋渡川, 坐崖下. 排徊賞翫, 招遠接使及觀察使設酌, 兩使相與射覆爲戱. 上使約曰: “我輸, 則我與判書飮罰, 吳老輸, 則吳與觀察使飮罰.” 兩使互相勝負, 各飮五六盃而止. 已而命設小酌, 兩使共射, 副使獨發五六十矢, 皆不能中, 亦令遠接使及觀察使射之, 移時乃罷. 上使先令設幕於所名翠屛山下.

未時, 兩使至幕次, 招遠接使及觀察使, 相與臨岸而坐, 令車允成傳語于觀察使, 曰: “若構亭於此, 眞可以添溪山物色.” 又戱曰: “我輩當爲此山, 於封太子之後, 更作欽差而來.” 副使執盃, 囑左右, 曰: “此雲岡學士翠屛山酒也, 勉勿留殘.” 遂發行, 至安城館, 晝點. 乘夕至龍泉館, 令退行宿所宴于明朝.

二十三日, 晴

辰時, 兩使坐龍泉館, 前岸帳幕, 就設宴卓. 副使射候[20], 亦令遠接使觀察使以射之, 仍行酒禮而罷. 兩使發行, 至釰水館, 晝點後, 到鳳山. 兩使步

---

20 候: 원문에는 “候”로 되어 있으나 “侯”의 오기이다. 이하도 동일하다.

至棲鳳亭, 觀扁額, 上使曰: "字體多失本眞, 且職御歪斜, 殊不可觀." 遂令取來, 用黑補其字畫, 送于遠接使, 可依此補之. 遠接使令洪謙, 告曰: "來時忙遽, 付諸都監以來, 不意鋟刻時, 失眞至此. 不勝惶恐. 今雖補畫, 恐亦非眞. 若蒙更寫, 則當令觀察使, 付之巧匠." 上使曰: "俟到前頭, 當寫送."

兩使自發程以後, 凡到館驛, 觀其所題懸板, 雖一邊一畫有差, 輒令改補. 且擧其道上吟詠, 不係館驛之詩, 謂遠接使曰: "此詩何獨不刻乎? 須趁夜刻板, 明朝示我云云." 遠接使不得已, 歷寫所作, 送于前路, 令預刻以待.

夕, 行宿所宴于大廳. 兩使語遠接使, 曰: "前日, 國王所送會試小錄, 雖佳, 有未詳盡. 我等欲知榜目規制. 不須多錄, 只錄一二榜來示可矣. 如某年試某人居甲, 通一榜幾人, 原籍·親名·年歲, 一一備錄而來. 我等到此, 備見文物之盛, 獨不知科目之制, 豈不有虧? 速啓國王, 詳錄示我." 遠接使答曰: "年歲, 則本國於榜目中, 本不開載." 兩使曰: "然則從其制錄示." 兩使又曰: "前後女樂之設, 已知國王慰客之誠矣. 明日黃州之宴, 請勿用也." 遠接使答曰: "餞慰使奉殿下之命, 來慰大人, 不可自擅. 然當共議之."

副使送詩數篇, 其中「憶秦娥」一篇, 乃歌詞也. 遠接使以音律不同, 不次其韻, 副使索和頗急, 遠接使答曰: "本國與中國, 語音殊異, 歌曲之類, 尤不相似. 今雖强和, 必不成腔. 往年祈郎中到此之時, 製歌詞十餘篇, 伴接徐宰相居正一切和答, 只是押韻而已, 未免音節之異, 故今不敢和也."

二十四日, 陰

辰時, 兩使出坐大廳, 遠接·觀察兩使入行揖禮. 兩使曰: "欲見兩宰相榜目, 須速取示." 副使又出所寫樂山亭額字以給. 兩使步往棲鳳亭, 覽觀景物,仍歷入遠接使下處, 循階看紅芍藥而去. 卽發行至沙里院, 少歇晝點, 到棘城, 行茶禮. 登道上高丘望海, 指九月山問曰: "此山何名?" 譯官以實對.

申時, 到黃州簇錦溪, 乘樓船, 見所題詩篇及額字, 頗有喜色. 就設小酌, 謂平山府使李霦, 曰: "汝爲何年出身?" 對曰: "甲申年出身也." 上使曰: "子午卯酉旣爲式年, 則又何云甲申年耶?" 答曰: "本國於試年之外, 特設別科取人, 謂之別試." 上使問之年, 李霦曰: "弘治辛酉之歲, 霦以生." 上使曰: "可謂少年登科也. 欲見榜目, 到州館書以示我."

兩使見遠接使及觀察使卓上不設魚肉, 問其故, 遠接等答曰: "今日, 乃先王后齋日也."

夕, 至客館, 令退行餞慰宴于明朝. 兩使登廣遠樓, 相與投壺爲戲. 副使又射候數巡, 招遠接·觀察兩使共射, 遠接使等辭, 曰: "今日, 乃先王后齋日也. 請於明朝乃射." 上使曰: "殿下令諸君, 伴送于境, 務要慰我等之心, 何必爲齋日, 而捐今日之歡乎?" 夕, 上使語遠接使, 曰: "欲見東方建國·世系·歷年等事, 幸煩書示."

二十五日, 陰

令譯官, 呈遠接·觀察兩使及平山府使等榜目于兩使, 又呈畧書東方建國·歷年小錄. 上使又手寫小紙, 送于遠接使, 曰: "鄕試每科, 各道所取多少, 用何人作考官, 何處差來, 用幾員考官, 以希備示." 遠接使卽令寫送, 曰: "文科鄕試, 八道揔取三百人, 臨開試, 觀察使具由啓聞, 差委在京文官考試, 每一道四員."

辰時, 餞慰宴于廣遠樓. 兩使出坐, 遠接·觀察兩使及餞慰使金光轍等,入行禮畢, 呈昨日京來『地志』及開城餞慰使等和答詩篇. 仍以有旨內百官加偕, 別擧取人, 錫宴臣僚等事, 告于兩使, 兩使相顧驚喜, 答曰: "皇子之生, 天下同慶, 來頒詔旨, 恩出例外. 汝國素秉禮義, 雖固喜賀, 然又能推廣皇恩於臣民, 至於此極. 若非殿下之賢, 不能及此. 我等回去, 當奏達于朝廷云云." 又曰: "『地志』撰得甚備, 深謝厚意, 當久玩不置. 且諸相佳作, 亦多謝云云."

兩使又謂遠接使曰: "自今日爲始, 須勿用女樂." 遠接使等答曰: "殿下差遣餞慰使, 設宴於此, 此事皆出於殿下之意. 今若不用, 則餞慰使, 將何辭以復命於殿下乎?" 兩使曰: "敬不在樂, 今日, 聽我等之言, 不用女樂, 是乃敬也." 餞慰使立於兩使前, 懇請陳樂. 兩使良久商議, 乃曰: "卽今, 爲判書等官, 要設我等帶來之樂, 一再奏技之後, 當聽女樂之用." 遂令頭目, 兩人執樂而奏, 一人着假面爲戲. 其類凡五人, 仍與本國女樂, 迭奏可[21]前, 以終其宴.

是日宴罷後, 兩使俱射候於廣遠樓, 招遠接觀察等, 使令射數巡而罷. 上使改寫棲鳳亭額字, 副使寫齊安館額字, 付觀察使, 使刻掛. 上使作詩, 贈餞慰使以別, 又出手簡二道, 付餞慰使, 啓于上. 副使作詩, 留贈餞慰使, 使達于上, 又寫手簡, 亦令啓達.

未時, 兩使發行. 至貯福院, 晝點. 夕, 至生陽館, 令退行宿所宴於明日. 義州人持湯站所送公文二甬以來, 卽呈于兩使.

21 可: "于"의 잘못인 듯하다.

二十六日, 晴

兩使使家人, 各送紗帕一疋于遠接, 曰: "極知物薄, 聊以表情耳." 上使仍別求海獺皮·硯面等物, 曰: "閣老有求之者, 畵硯大小各一面, 須令畵刻玲瓏見贈, 海獺皮, 則要以行李之物換買云云."

兩使坐大廳, 朝飯. 遠接使行揖禮後告謝, 曰: "陪侍日久, 差失頗多, 常懷惶恐, 今反贈物, 尤增悚懼. 且私受盛禮, 於義未安." 兩使曰, "禮薄不稱於情, 毋勞謝也." 遠接使仍謂上使, 曰: "所求硯面, 當於平安一路, 求覓以呈. 海獺皮, 則本非我國所産, 得之無由, 若果産出, 何至於換買?"

兩使發行, 過栽松亭, 直抵大同江. 遠接·觀察兩使等, 乘樓船, 設小酌, 泝流登浮碧樓, 行茶禮. 副使謂上使, 曰: "江山之勝, 殆居百祥之右." 上使曰, "彼則四面俱濶, 此則一面依山, 似不及也. 以地理言之, 則浮碧背山臨水, 上也, 以景槩言之, 則四面俱虛, 遠百祥上也云云."

觀察使令優人, 設戲於庭, 兩使坐簷下以觀, 已而乘平轎, 上牧丹峯. 峯在錦繡山之上, 不甚高聳, 而眼界甚遠, 四面峯巒之環拱於遠近者, 纍若培塿然. 時, 陰雲忽合, 微兩洒面, 過數刻便開霽. 於帳下, 設小酌, 還下浮碧樓設宴, 用女樂. 兩使令帶來優人, 作戲於中. 初昏, 到大同館.

二十七日, 晴

午後下雨, 在平壤. 上使送公文一角于甛水站. 辰時, 設餞慰宴于大廳.

兩使出坐, 遠接使·觀察使及餞慰使許沆等入行禮, 各坐其位. 用女樂,餞慰使先進餞慰盃, 遠接使等又以次行酒. 宴畢, 餞慰使就前告辭, 兩使令李和宗, 語曰: "國王差送參判, 專爲我等也. 今日我等留此, 欲尋訪古跡, 此事, 國王必將知之矣. 參判與我共遊幸甚." 又謂遠接使·觀察使, 曰: "須强留參判."

朝食後, 兩使到箕子墓, 焼香拜禮, 過井田遺墟, 至詠歸樓設宴. 方宴, 有旨來到, 畧曰: "天使所求「迎詔圖」二件畫, 成送分贈云云." 兩使見畫驚喜, 卽令開緘, 相與指點良久, 稱歎曰: "國王用心至此, 不勝多謝. 我等當爲此畫, 永爲家寶."

兩使令屛卓面, 使稍却, 俱平坐於東, 令遠接等使, 對坐於西, 從容談話. 上使曰: "如今朝廷待貴國, 無異內藩, 夏閣老尤深許之. 我等之來, 語之曰: '公輩雖適萬里, 彼旣禮義之邦, 可以慰羈難之懷矣.' 且夏閣老作詩以贈, 偶置遼東而來. 夏老爹陞閣老, 嚴嵩代爲." 又曰: "朝廷宰相中, 夏閣老文章筆法俱妙, 筆法則與張東海, 幷稱于世. 國王若奏請其墨跡, 則朝廷方眷夏公, 必喜而許之, 夏閣老亦且喜矣." 遠接使答曰: "殿下敬畏朝廷, 安敢仰累聖聽乎" 兩使曰: "此無妨也."

遠接使又謂兩使, 曰: "本國世蒙聖朝寵遇, 朝貢使臣, 許自出入, 古今書籍, 任其收買. 近年孫郎中, 擅自使提督仵主事將, 本國人員, 始令拘禁, 不許出入, 官本書籍·歷代史記, 毋得買賣. 殿下已於先年, 移咨禮部, 乞要照舊出入. 夏尙書題蒙準請, 小邦不勝感戴. 但官本書籍·歷代史記, 則猶在禁令. 我於甲午年進表時, 所見書冊, 一切殘缺, 求買官本, 竟不能得. 此等禁令, 果出於朝廷乎?" 兩使驚曰: "此何言耶? 朝廷寵綏貴國, 出於他邦, 在廷大臣承聖意, 咸欲優待, 安有是理? 安南·琉球, 目爲夷狄, 尙許其遣子弟入學, 况貴國猶內服, 而不許出入耶? 孫郎中用心如此, 故宦亦不達, 出爲知府. 儀制陳郎中篪, 我等之交友也. 來時, 陳公爲設餞席, 謂曰: '朝鮮秉禮之邦, 愼勿輕待.' 此亦深許貴國者也. 我等還朝, 說與陳公, 勿施禁令. 陳公素性謹厚, 必不拘孫郞中之法矣." 且再三語曰: "此事我當不忘云云."

遠接使又問曰: "古人於前輩相呼, 如韓十八·黃九之類, 甚多, 此何意乎? 指官序而言乎? 抑指族序而言乎?" 上使答曰: "吾當詳錄以示." 遠接使又問, 曰: "詩家多有閒健二字, 此何意乎?" 上使曰: "此唐宋間方言, 如杜詩遮莫之類, 只是强健之意."

又問: "八陣磧, 至今猶有舊跡乎?" 上使曰: "今川峽間有數處, 形制宛然." 又問: "蘇杭有葑田, 此何物耶?" 兩使曰: "葑是水草, 初生可食, 其根聯結, 浮在水面, 元不着地, 其廣至數百里. 土人謂之葑田."

是時, 江雨乍作, 或疏或細. 向夕小歇, 長虹橫天, 影射江中, 落日漏雲, 赤氣滿空, 天水渺渺, 冲融一色. 兩使臨檻俯視, 似不忍起. 乘昏還館, 上使寫「遊浮碧樓題名錄」, 送于遠接使·觀察使, 使刻於岩石. 其文曰: "嘉靖丁酉暮春, 正使龔用卿·副使吳希孟, 同判書鄭士龍·觀察使李龜齡遊此云云." 末端又寫卿識二字, 大如手. 副使亦寫淸流壁三大字, 末端又寫孟寫二字, 送與遠接使等, 刻於浮碧樓路邊崖石. 上使曰: "須要深刻塡朱." 上使又寫江天勝概四大字, 令刻掛於浮碧樓.

初, 上使到金郊館, 見遠接使所寫懸板, 問知是鄭判書手筆, 稱贊曰: "筆法如此, 而作詩何必令人替寫乎?" 及到平壤, 以所題快哉亭詩, 有疊用字, 令取來改下, 仍令遠接使改寫, 旣刻訖, 令印出數本, 付頭目藏之.

二十八日, 或晴或陰

辰時, 兩使出坐大廳, 遠接使等入行禮. 迎慰使就前告辭, 兩使各給贈別詩, 且各付手簡, 使啓于上.

上使簡曰: “承惠「迎詔圖」, 如獲拱璧, 光彩射目. 厚情遠念, 何以克堪? 一開閱間, 而國中山川文物, 盡在目中, 歷歷可覩, 眞足爲傳家之寶矣. 不盡之感, 豈能云喩? 許參判回潦, 略申謝忱. 亮之幸幸.”

副使簡曰: “不穀行次黃州, 辱國王遣陪臣致宴, 生陽館來次, 平壤僅百里, 復辱國王遣吏曺許參判致宴. 參判才人之裔也, 進退諧度. 館伴鄭判書, 禮文頻給, 久而益隆. 李觀察使, 設玩布奇, 懇邀獵景. 鄭判書乃偕之, 申王素念, 因留駐節. 一日因見之, 嘉東國君臣上下, 一千恭敬也. 來日, 謁箕子墓畢, 鄭判書偕二子, 請遊詠歸樓之西湖. 座間聞國王饋「迎詔圖」, 不勝喜躍. 展軸屢矚, 巨細罔遺, 而出郊五拜, 多士執事, 昔所未有, 百年一見. 今又繪之圖, 于是乎國王見尊上之義焉, 事大之誠焉. 東國人物之盛·山川之秀·儀從之麗, 幷見之矣. 顧不穀匪人, 何幸入畫圖中也? 他日, 幽齋高獨, 對景興思, 不盡東望之繾綣矣. 許參判歸行迫, 草草達謝, 惟原亮.”

兩使發行, 至斧山院, 招遠接及觀察使, 小酌而罷. 又至順安晝點. 副使所用京來硯匣, 房守人賫持侍. 副使如厠, 頭目錢循欲奪取, 不與, 卽强取擲地, 破壞無餘. 遠接使聞之, 令改造他匣.

午後, 兩使踰於波嶺·安州等, 官人設帳幕於路西高丘, 欲進茶果, 兩使不入. 夕, 至肅川, 令退行宿所宴于明朝. 上使夜坐東軒, 燃燭寫詩, 官奴權孫再三上軒, 欲取燭跋, 呵禁不聽, 上使怒拿送於遠接及觀察使等, 卽令囚禁.

二十九日, 晴

遠接與觀察使同坐, 將權孫杖八十下, 使李和宗告上使, 曰: “昨夜取燭之人, 十分無禮. 今已究問, 發邊遠驛分徒役, 完日亦當馳啓于殿下矣." 上使答曰: "罰已重矣, 愼勿煩啓."

辰時, 行宿所宴于大廳. 副使頭目云: "老爹今朝出行李所帶硯面, 鴈字之後, 仍置案上, 未及收藏, 有不知名房守人, 再三撫玩, 因而偸去云云." 遠接使令拿致可疑者陽德房守人, 轉付觀察使, 使之窮推. 兩使發行, 至雲巖院, 招遠接及觀察使共飯, 巡酒數杯而罷.

未時, 至安州, 設餞慰宴于百祥樓. 兩使乘轎到樓, 遠接及觀察使·餞慰使鄭百朋等, 各以次行禮. 兩使以坐勢背江, 命移其座於南. 遠接等於東院開宴, 奏女樂, 餞慰使先進盃訖, 遠接等又各遞酒.

夕, 兩使就檻前, 與遠接等相對平坐, 從容談論. 仍及宦者事, 兩使問本國宦者始宦之由, 李和宗等答曰: "本國不用宮刑. 民家生子, 若一家人, 因事俱出, 則兒在襁褓, 遺矢滿體, 狗從而舐之, 仍嚙截陽莖而食. 凡本國之宦者, 皆如此." 兩使不信, 以謂爲誑說, 問於遠接使等, 遠接等答曰: "亦如和宗等之言." 且謂曰: "本國宦者之仕中朝爲太監者張欽·金儀·陳浩等, 亦如是矣. 此事彼輩之所詳知也." 兩使始信之曰: "中國之宦者異於是焉. 凡罪人之子, 當隨坐者, 年不滿, 則減其死而宮之. 宦者之多, 以此故也. 又所謂張欽太監者, 善寫字有幹能, 朝廷信任之云."

日沒, 設炬火於江岸, 影到江底, 見之若金柱然. 兩使倚楹而立, 招遠接使共觀, 甚歡悅而罷.

四月初一日, 晴

辰時, 兩使坐大廳共飯. 遠接使·觀察使入行禮, 仍告副使曰: "不能戒戢下人, 至於偸竊大人之硯. 惶恐惶恐." 副使笑曰: "此細事也, 何煩告我. 吾帶來之人, 不謹看守, 罪自有歸. 況紛擾之中, 不知何人之所偸, 今遽指摘一人, 尤非所宜. 使此人被黯黮之罪, 竟陷偸竊之名, 則事之不祥, 莫此爲甚. 判書必欲馳啓于殿下, 我豈能安於心乎. 路上, 賦詩談謔之事, 亦當不爲也."

餞慰使告辭, 兩使各製詩一篇, 使啓於殿下, 又各賦詩贈別餞慰使及觀察使. 舊例平安道觀察使陪送天使, 至於安州, 故觀察使李龜齡告辭於兩使. 兩使戲答曰: "黃海觀察使送至境上, 獨柰何欲徑歸耶? 我輩萬里來使, 尙不敢懷家, 今君只來三四日之程, 念及家宅者何耶? 必須送我於嘉山, 然後方放公去也." 觀察使曰: "適有地方應啓達公事, 故欲去, 今聞尊命, 敢不敬承."

兩使發行, 至淸川江, 乘樓船, 招遠接·觀察兩使, 共坐設酌. 從容談謔, 因問本國箕子以下建國世系, 遠接使令譯官略道其大槪. 上使顧謂副使, 曰: "所謂三國興廢, 我詳考之矣." 因歷擧朱蒙·溫祚·赫居世始起之事甚詳. 且謂譯官, 曰: "此等事跡流入中國, 載在諸史, 故我知其顚末如此." 又曰: "吾鄕人諺傳高麗始祖王建, 乃福州長樂縣人, 子孫相傳, 爲王五百年, 且安南國主陳氏, 亦福建人也."

又曰: "汝國追祀王建乎?" 答曰: "於麻田郡, 立崇義殿爲▨[22]祀." 兩使曰: "此是義意." 又曰: "貴國有『史記』·『漢書』·『三國志』·『晉書』·『隋書』·『唐書』·『文獻通考』·『事文類聚』等冊乎?" 遠接使答曰: "皆有之, 但『文苑英華』, 只有高麗時舊本, 殘缺居多. 殿下近欲印出, 廣布中外, 令朝貢使臣求買於中朝, 今年始得寫本以來, 亦有缺文. 京師官本果爲稀罕耶?" 兩使答曰: "此書乃宋朝人所撰, 合一百卷. 中國亦難得全本, 俺等家亦無此冊. 曾聞有人用銀十五兩, 收買於雲南人, 以謂賤買. 國王苟欲見之, 何不奏請全本乎?"

22 ▨: "追"로 추정된다.

遠接使問潮汐之理, 上使曰: "氣使之然也, 於人若呼吸." 遠接使曰: "東海無潮, 何也?" (上使曰)[23] "東方地側, 水潦所鍾, 如盃盂盈滿, 所以無潮." 遠接使問副使曰: "常州罨畫溪, 罨字何義?" 副使曰: "罨與掩同." 遠接使問上使曰: "福建風土何如?" (上使曰)[24] "福州在大海濱, 人家皆在高處, 平地則水居其半. 氣候常暖, 四時恒有名花. 又皆成實, 人家喜種松與梅竹, 士人以常暖, 故不着襦衣. 我筮仕後不得歸鄕, 頃有祖父孝服下去, 服闋還京, 僅四介月, 又欽差以來, 有母在堂, 兄弟共五人, 伯氏早歿, 其餘皆秀才云." 兩使又論古今詩集, 乃曰: "中朝文士喜讀李·杜·元·白詩云."

午後, 兩使渡博川江, 登控江亭, 招遠接·觀察等使共飯, 仍設小酌. 兩使見亭上所題懸板, "此何人所寫乎, 極有楷法." 答曰: "乃隨我來人柳耳孫之筆也." 兩使亟招耳孫, 給與魚肉, 曰: "曾見汝面而已, 未知汝有寫才也." 兩使見嘉山路左有石獨立, 引轎下立, 良久摩挲. 夕, 至嘉山, 設宿所宴于齊山亭. 宴罷, 兩使招射官等射帿. 安州房守人白壽千, 上使自安州帶來于此, 使誦『大學』而聽之.

初二日, 晴

辰時, 兩使坐齊山亭, 遠接·觀察兩使行禮畢, 觀察使告辭而出. 兩使發行 至納清亭, 招遠接使共晝飯, 令譯官, 語曰: "勤政殿宴享之時, 我等請殿下曰: '佳會實云難, 又請畫宴會圖見贈.' 殿下許之, 而至今不來. 判書替我,

23 上使曰: 원문에 없지만 삽입하라는 표시가 있고, 또 문맥으로 보아 넣어야 할 듯하다.
24 上使曰: 원문에 없지만 삽입하라는 표시가 있고, 또 문맥으로 보아 넣어야 할 듯하다.

須速啓焉." 遠接使答曰: "路遠行迫, 恐不能及." (兩使曰)[25]: "然則須付湯站指揮韓承慶, 令轉送于遼東, 我等當說與承慶而去" 兩使令射官等射帿, 謂遠接使曰: "判書家人徐命千·龍泉郡守曺世鳳, 射藝絶倫, 可稟知於殿下."

夕, 至定州, 令退行宿所宴於明朝. 上使頭目一人, 怒其房守人, 因拳敺, 又一人, 以驛隷失其笠冒, 逼令備納. 上使聞之, 卽拿頭目等, 數其罪而杖之.

上使錄小紙以示曰: "所云韓十八者, 卽是雁行之序. 今中國大族, 兄弟輩多至數千, 次亦數百, 次亦數十. 不同年不同月不同日不同時生者, 不待論而知, 其間亦有同月同日而生者, 有同時而生者, 何以辨之? 因此以生時之先後, 爲雁行之次第, 以雁行之次第, 定兄弟之長幼, 輪定次序, 毫髮不差, 一相聚間, 不須問年齒而可知長幼也. 皆自一起, 或輪至千至百至數十, 皆倣此. 杜詩所謂高三十五·許十一·崔十九, 正謂此也. 祖則有祖之等輩, 父則有父之等輩, 子則有子行之等輩, 不相凌犯, 『中庸』謂"燕毛所以序齒", 亦此意.

上使又小錄一紙, 曰: "烹蠣房之法, 切不可去其本來之汁, 若別以水澆之, 卽無味矣. 其法多用豚油熬令[26]滾, 而蠣房投之, 用筯攪之, 量其將熟, 或用酒或用糆湯[27], 小許和之, 雖用糆湯, 亦須用酒, 方去腥氣. 亦不可太過, 亦不可不及, 量其得宜, 卽可食矣. 凡滋味烹之, 皆須用酒, 雖小亦可, 方去腥氣. 凡海味遇南風, 即臭腐不可食, 且害人. 蠣房烹之有數法, 前是妙法, 外此, 有帶殼煑食, 有帶殼蒸食者, 有取其肉而和以糆煎而食者皆妙, 此海中之上品, 不可不知."

上使又手寫示, 曰: "判書若有問, 我未嘗不以實告. 正見斯文一氣之雅, 何嫌何疑乎?" 又云:[28] "行步之禮, 出以闑東爲左, 入以闑西爲左, 不可不仔細看."

---

25 兩使曰: 원문에 없지만 문맥으로 보아 넣어야 할 듯하다.

26 令: 『패관잡기(稗官雜記)』에는 "冷"으로 되어 있다.

27 湯: 『패관잡기』에는 이 글자가 빠져 있다.

28 上使…… 又云: 이 부분이 『패관잡기』 권4에는 다음과 같다. "又跋其後, 曰: '判書若有問, 吾未嘗不以實告, 正見斯文一氣之邪行步之禮." "上使又手寫示"가 "又跋其後"로, "我"가 "吾"로, "雅"가 "邪"로 되

初三日, 晴

卯時, 兩使出坐大廳, 遠接使入行禮. (兩使曰:)[29] "今日路長行忙, 不行宴禮, 可也." 遂發行, 至雲興館晝點, 又到林畔晝點. 方飯, 兩使問: "判書安在?", 卽欲共飯. 譯官對曰: "判書不知老爹有命, 在下處曾已飯矣." 兩使曰: "過了三四日, 便當分袂, 今後, 例於安歇之處, 輒令共飯." 乘昏, 至車輦館, 令停宿所宴.

初四日, 晴

兩使出坐大廳, 遠接使入行禮, 仍呈水獺皮單字. 兩使相與耳語, 仍答曰: "我等已領殿下愛客之誠, 今不須說也. 覡面旣不當受, 況此物乎, 判書與我等同行日久, 豈不知我等心事乎?" 卽令揮手取去, 遠接使再三固請, 竟不聽. 早食後, 兩使發行, 到良策館, 晝點. 過古津江, 取倚子, 坐於石橋觀水. 至所串點心.

申時, 到義順館, 令退行餞慰宴于明日.

○遼東御史, 差送伶人十四名, 到此待候. 又摠兵官李景良領軍一千五百名, 來到婆娑堡, 差千戶二人·摠旗四名, 問安于兩使.

어 있고, "邪"와 "行步" 사이에 "又云" 두 자가 없다. "雅"와 "又云"이라는 『천사일로일기』의 기록을 통해서 『패관잡기』의 잘못을 바로잡을 수 있다.

29 兩使曰: 원본에 없지만, 3자가 들어가야 할 듯하다.

初五日, 晴

在義順館, 上使令譯官, 語于遠接使, 曰: “我等驅馳道路, 勞僨殊甚, 欲留兩三日, 初七八日間過江. 但「勤政殿宴會圖」, 國王曾許繪送, 而何至今不來耶? 若於過江前, 不及來, 則我等當囑說湯站指揮而去. 圖成來此, 卽送于湯站, 使之轉送于遼東, 幸甚.” 且曰: “我方修著『朝鮮賦』未就. 回到北京, 當開刊印出, 付提督主事, 轉送貴國云云.”

辰時, 兩使坐大廳, 招遠接使, 共飯後, 仍說夾江事之首尾. 兩使答曰: “我等在朝時, 已詳聞此事. 及有此行, 楊御史行中謂, ‘夾江之事, 實關事體, 須要分別疆界, 各守法度. 我於往年, 巡按遼東時, 曾定奪此事云云.’ 我等行到遼陽, 史御史亦道此事, 如楊御史之言. 又廣寧都御史謂我等曰, ‘朝鮮國王, 敬事朝廷. 凡有走回人口, 皆厚給盤纏, 解送于此, 愈久不怠, 其賢可嘉. 若不奏聞褒奬, 則何以勸人之善云云.’ 今次我等之回, 當更說遼東·廣寧等御史, 將夾江禁耕之事, 著爲成法.”

遠接使又言往時金同難之事, 曰: “同難所以致此者, 蓋由彼此人民密邇居住, 潛相往來故也.” 兩使答曰: “許多事情, 今已細悉矣.” 遠接起辭退, 上使就執遠接使之手, 曰: “一別之後, 判書無由見我, 我亦何從見判書乎? 念及於此, 不覺令人慘然.”

令通事洪謙呈京來『殿試策』·『登科榜目』于兩使. 兩使覽訖, 曰: “多謝殿下遠意. 但何只此兩策乎?” 洪謙答曰: “擧一可知其三矣.” 上使曰: “汝能讀書人也.”

○午都司迎慰使趙仁奎往黔同島, 設迎慰宴而來.

○夕, 設餞慰宴于大廳. 上使出坐, 遠接使與餞慰使李希輔·別餞慰使朴守良等入行禮, 各就坐. 遠接使令譯官告, 曰: “都司迎慰使趙仁奎來在此.”

兩使呼使預宴, 令遼東來優人等, 作雜戲於中. 朴承旨先進餞慰盃後, 遠接使以下各行酒. 初昏罷宴, 李希輔·朴守良就兩使前告辭, 兩使曰: "不欲送我於江上耶? 且欲致簡於殿下, 俟後日更來稟也."

○是日, 天使所求大小硯各一面, 令李和宗等, 呈給兩使. 前日有旨所載中硯, 時未刻造, 故不得贈與.

初六日, 晴

在義州. 遠接使送金絲鳳各一部于兩使, 蓋前日在碧蹄驛時求請故也. 兩使曰: "前偶戲言, 果不忘也." 各取三枝曰: "只此足矣." 兩使謂譯官曰: "我等驅馳之餘, 心神俱疲, 欲又留歇一箇日. 判書必不催我行也. 今日宴席, 且須休設."

初七日, 雨

在義州. 午後, 行留日宴. 兩使出坐, 遠接使等各行酒畢.

○上使出途中所作詩十餘篇, 送于遠接使, 仍令餞慰使等, 皆和送云. 李希輔·朴守良等, 各次二三篇, 仍敍別懷以呈. 上使謂譯官曰: "汝國之士, 何皆能文耶? 於此便知人才之盛矣." 又問曰: "都監官獨不作詩何也." 答曰: "雖是文官, 不解製述, 故不敢作也." 兩使相顧曰: "一何謹愼如此乎."

○兩使作留別詩, 各送于遠接使及餞慰使·從事官等處.

○副使送『星槎勝覽』及夏言所著『郊祀奏議』·『時政奏議』等冊于遠接使曰: 『星槎勝覽』, 則只有一本. 須於今夜謄書, 追送原本于湯站.

初八日, 晴

辰時, 兩使坐大廳, 招遠接使及餞慰使共飯. 飯已卽發行, 至江上宴廳, 出所製留別詩篇, 分贈一行人員及一路守令等. 又各將手簡, 付承旨, 使啓于上. 兩使各就坐. 遠接使·餞慰使, 各行酒後, 兩使別酌一盃, 遍屬遠接使及從事官·平安都事·義州牧使, 畢, 令掇宴. 李希輔·朴守良告辭而退, 兩使卽乘轎.

伴送使率一行, 追到鴨綠江, 船上設卓, 而巡酒數杯. 兩使顧眄垂淚, 出言之際, 或不能成言. 上使尤有慘色, 令譯官謂伴送使曰: "後日, 貢使之來, 輒須寄書. 我若因公事出外, 則吳老必在京, 吳老若出外, 則我必在京." 遂揮泣不已. 於是, 伴送使及一行人員等, 下至僕隷, 亦皆下淚. 伴送使與從事官, 以次進酒, 畢, 兩使盡招一行之人, 饋酒, 且謂伴送使曰: "殿下, 上爲朝廷盡誠, 下爲我等盡情. 我等還朝, 何敢一日忘于懷乎? 願君將此無盡之意, 另啓于殿下."

舟至北岸, 摠兵官李景良來逆于江滸. 兩使招摠兵官上船, 判書與從事官及通事等行拜禮. 訖, 率一行人先下船, 拱立岸前, 兩使與摠兵官步就岸上. 判書與一行人就前再拜, 兩使答揖. 遂告辭, 還就舟中. 兩使入摠兵官宴廳, 使頭目高嵩·康鎭等, 追謂伴送使, 曰: "宜卽過江, 我等當於此望見判書還歸而去."

是日過江時, 兩使家人等請轎子所設朱簾及豹皮, 依卽給之. 兩使稱謝,前日京中贈給馬匹.

兩使到江上, 揮手使之牽還, 回舟泊於江邊, 仍坐船上. 是時, 日已下舂. 兩使遙於宴廳外起立, 向此邊拱揖, 伴送使等亦擧手應之, 俟兩使發行, 乃還.

禮曺所送高崇等處人情物件, 令義州官收藏, 待謝恩使行次, 寄送于遼東.

『천사일로일기』 해제

김윤조

【1】『천사일로일기』의 개요

『천사일로일기』에 대해서는 계명대학교 동산도서관이 간행한 해제집에 실린 장인진 선생의 해제가 있다. 자료 소개로서 상세하기도 하지만, 번역을 하는 수준으로 읽지 않고는 밝히기 어려운 부분에까지 언급이 된, 깊이 있는 해제이다. 그대로 인용을 해두고, 몇 가지만 덧붙이기로 한다.[01]

> 천사일로일기(天使一路日記) / 정사룡(鄭士龍, 朝鮮) 등 저(等著)
> 필사본(筆寫本)
> [간사지 미상(刊寫地未詳)]: [간사자 미상(刊寫者未詳)], 1537(중종中宗32).
> 1책(冊, 50장): 사주 무변(四周無邊), 무계(無界), 10행(行) 25자(字), 무어미(無魚尾); 38.8 ×25.5 cm.

> 1. 저자
>
> 이 책의 저자 고증과 관련하여 내용을 살펴보면 아(我), 여(余), 오(吾) 등과 같은 자칭대명사(自稱代名詞)가 없는 제삼자적

01 다만 국한문 혼용으로 된 원본을 필자가 국문 전용으로 수정하고 띄어쓰기도 일부 조정하였다.

(第三者的) 관점에서 문왈(問曰), 답왈(答曰)과 같이 기록하였고, 집필자의 사견이나 감상, 평어(評語)가 없는 것이 특징이다. 따라서 이 책의 저자는 당시 원접사(遠接使)와 반송사(伴送使)를 겸했던 정사룡(鄭士龍)을 포함하여 그 일행으로 참가한 종사관(從事官) 박충원(朴忠元), 홍춘경(洪春卿) 등이 정사룡의 명에 따라 집필한 것이라고 본다.

정사룡(1491~1570)의 자는 운경(雲卿), 호는 호음(湖陰)이다. 본관은 동래(東萊)로 창원 도호부사 정광보(鄭光輔)의 아들이고 영의정 정광필(鄭光弼)의 조카인데, 성종 22년(1491)에 태어났다.[02] 19세가 되던 중종 4년(1509)에 별시문과에 병과 4위로 급제하였다. 1514년에 사가독서를 하였고, 1516년 황해도 도사(都事)로서 문과 중시(文科重試)에 장원하였으며 사간(司諫)을 거쳐 1523년에 부제학이 되었다. 1534년 동지사로서 명나라에 다녀왔으며, 1537년에 명나라 사신 공용경(龔用卿), 오희맹(吳希孟) 등이 조선에 올 때 원접사가 되어 이들을 맞이하여 동행하였다. 1542년 예조 판서로 승진이 되고, 1544년 공조 판서로 다시 동지사가 되어 명나라에 다녀왔다. 1554년 대제학이 되었으나 1558년 과거의 시험문제를 응시자 신사헌(愼思獻)에게 누설하여 파직되었다. 이해 판중추부사로 복직되고 이어 공조 판서가 되었다가, 1562년 다시 판중추부사에 전임되었다.

그는 일찍이 중국에 사신으로 가서 문명을 떨쳤을 뿐만 아니라 여러 번 중국 사신을 접대하는 동안 중국인과 주고받은 시

---

02 생몰년(生沒年, 1491-1570)은 『문과방목』 및 『조선왕조실록』에 의거하였다. 다만 허목(許穆)의 『기언(記言)』에 실려 있는 「호음천장음기(湖陰遷葬陰記)」에서는 홍치(弘治) 7년 갑인(甲寅, 1494)에 태어나서 1573년에 세상을 떠난 것으로 되어 있다. 3년 차이를 보인다.

가 많았다. 중국에 다녀와서 『조천록(朝天錄)』을 남겼다. 선조 3년(1570)에 졸하였다. 저서로는 『호음잡고(湖陰雜稿)』가 있다. 글씨로는 광주(廣州)에 있는 이둔촌비(李遁村碑)가 있다.

명나라 오희맹이 정사룡을 일컫기를 "산수며 동물이며 식물이며 변태(變態)며 토납(吐納)이며 음률(音律)이며 요속(謠俗) 같은 것들을 한결같이 읊조리는 데 붙였다. 풍(風)에 능하였으며, 시가 온후하고 화평하여 기괴하지만 잔재주를 부리지 않았다. 그래서 중국 사신과 수창(酬唱)한 작품이 천하에 크게 전한다."고 하였다. 또 미수(眉叟) 허목(許穆)도 "지금 호음의 시로 세상에 행하고 있는 것이 수천 편이다. 호음 당시에 재학(才學)이 많기로 일컬어지던 어숙권(魚叔權)·이붕상(李鵬翔)·임기(林芑)·노서린(盧瑞麟)·권응인(權應仁) 같은 선비들이 모두 호음의 문하에서 나와 그때에 울린 명성이 지금까지 전한다."고 하였다.

2. 구성 및 내용

이 책은 중종 32년(1537) 2월에 명나라 사신 공용경, 오희맹 등이 조선으로 사신 올 때 이들을 의주(義州)에서 맞이하여 서울까지 동행하였던 원접사 정사룡 일행이 기록한 필사본 일기이다.

책의 표지에 3행으로 "가정(嘉靖) 16년(1537) 2월 일(日) / 한림원 수찬(翰林院修撰) 공용경(龔用卿) / 호과 급사중(戶科給事中) 오희맹(吳希孟)."으로 기록되어 있다.

명나라 사신 공용경 등은 명나라의 황태자 탄생을 알리고자 하여 조선에 사신으로 온 것이다. 명나라에서는 상사 공용경, 부사 오희맹과 그 수하에 요동통사(遼東通事) 고숭(高嵩), 두목(頭目: 무역하러 따라 온 중국 상인) 최충(崔忠), 장전(張全) 등이 참가하였는데 황제가 친제(親製)한 조칙(詔勅)을 가지고 온 것이다. 조선에서는 원접사 정사룡이 조칙을 호위하며 왕궁까지 동행하였고, 수행원으로 예관(禮官) 임필형(任弼亨), 통사(通事: 통역관) 이화종(李和宗), 역학 훈도(譯學訓導) 돈백형(頓伯衡), 종사관(從事官) 박충원(朴忠元), 홍춘경(洪春卿), 의원(醫員), 차사원(差使員), 사관(射官) 등이 있었다. 또 영위사(迎慰使)로 김미(金亹), 윤안인(尹安仁), 소세양(蘇世讓), 김인손(金麟孫), 유세린(柳世麟), 박수량(朴守良) 등이 참가하며 영조례(迎詔禮)를 행하였다. 영조례는 명나라 황제의 조칙을 맞는 예절인데 참여한 관직자가 동서로 나누어 서서 의례를 행하였다.

그리고 행차 경로의 방백(方伯)은 수령을 대동하고 나와서 영접하였는데 평안도 관찰사 이귀령(李龜齡)을 비롯하여 황해도 관찰사 이억손(李億孫), 경기도 관찰사 김희열(金希說), 개성 유수(開城留守) 한윤창(韓允昌) 등이 맞이하였다.

이 일기의 체재를 살펴보면 서, 발문(序跋文)이 없고, 바로 본문이 시작된다. 시기는 중종 32년(1537) 2월 20일에 명나라 사신이 압록강을 넘어오는 기사로부터 한성의 왕궁에 도착하고, 되돌아가 4월 8일 요동으로 전송(餞送)하기까지 48일간의 기록이다. 그러나 명나라 사신들이 한성에 도착한 후 태평관에 머문 3월 11일부터 3월 16일까지의 내용은 기록되어 있지 않다.

어숙권(魚叔權)의 『고사촬요(攷事撮要)』에 의하면 의주에서 왕궁까지 13일이 소요된다고 하였는데, 이 일기에서는 의주의 의순관(義順館)에서 왕궁까지 20일이 소요되었다. 이 점은 각종 의식과 연회를 행하면서 행차하였기 때문이다.

일기의 주요 내용을 간추려보면 다음과 같다.

첫째, 일자별(日字別)로 청(晴), 음(陰), 우(雨), 조음오우(朝陰午雨), 혹청혹음(或晴或陰), 대풍우(大風雨) 등과 같이 48일간의 날씨를 모두 기록하였다. 이 가운데 맑은 날씨는 35일이었다.

둘째, 매일 아침에 양사(兩使: 上使, 副使)와 원접사가 대청에서 읍례와 숙소연, 다례 등을 행하였다.

셋째, 조반은 대개 대청에서 양사와 원접사가 함께 하였다.

넷째, 행차시 때때로 배신(陪臣)의 참견(參見)과 연도(沿途)의 영위(迎慰), 연도의 설연(設宴) 등의 절차와 영조(迎詔), 개독(開讀), 알묘(謁廟), 다례(茶禮), 주례(酒禮), 사례(射禮) 등의 의례 및 활쏘기와 투호놀이 등을 행하였다.

다섯째, 아침의 출행(出行)은 주로 진시(辰時, 07:00~09:00)에 이루어졌고, 도착 지명과 경유 또는 유람한 건물을 기록하였다.

의주에서 왕궁까지 오면서 경유·유람한 건물과 주요 명승지를 들면 2월 20일 의순관(義順館, 義州)으로부터 21일 소곶관(所串館), 양책관(良策館, 龍泉), 23일 동림성(東林城), 거련관(車輦館, 鐵山), 임반관(林畔館, 宣川), 운흥관(雲興館, 郭山), 25일 납청정(納清亭, 定州), 가평관(嘉平館, 嘉山), 26일 안흥관(安興館, 定州), 28일 운암원(雲巖院, 安州), 숙녕관(肅寧館, 肅川), 안정관(安定館, 順安), 29일 부산원(斧山院), 30일 대동강루(大同江樓, 平壤), 생양관(生陽館, 中和), 3월 1일 저복원(貯福院, 黃州), 2일 어초천(於草川), 극성원(棘城院), 사리원(沙里院, 鳳山), 3일 검수관(劍水館), 4일 안성관(安城館, 平山), 5일 금암관(金巖館), 흥의관(興義館, 牛峯), 6일 금교관(金郊館, 江陰), 영빈관(迎賓館, 開城), 8일 벽제관(碧蹄館, 高陽), 10일 홍제원(洪濟院, 漢城), 태평관(太平館), 모화관(慕華館) 등이다. 명나라 사신이 11일부터 17일까지 조선에서 머물 때는 한성

의 태평관에 거하였다.

여섯째, 통역은 주로 역관 이화종(李和宗)이 맡았다.

일곱째, 사신이 출행하면서 양사가 우리나라 건국 세계(世系), 역년(歷年), 문물(文物) 등을 질문하게 되면 원접사는 역관을 통하여 답하였다. 판상(板上)의 시문, 게시된 그림, 정자의 제액(題額) 등의 평가도 있었다.

여덟째, 관람하면서 양사와 원접사 간의 화답한 시문이 많았다. 명나라 사신들은 화답한 시를 모은 『황화집』의 편성에 대해서도 관심을 갖고 있었다.

이 외에 주요 내용은 명나라 사신이 원접사와 영위사의 출신(出身: 科擧及第 등)에 대한 질문, 명나라 사신의 평양 기자묘 참배와 단군묘 읍례(揖禮), 평산부(平山府)에 와서는 총수산(蔥秀山)에 있는 동월(董越)[03]의 비석이 마모된 데에 대한 중국 사신의 질책 등이다. 또 수문(守門)을 담당하는 사람이 상사 공용경의 두목 장전(張全)을 구타한 사건으로 인하여 수문인을 징벌한 내용, 명나라 사신이 우리 일행 가운데 역관, 의원에게 『대학(大學)』의 서(序)와 대문(大文)을 배강(背講)하게 하여 주찬(酒饌)을 내린 일, 과거(科擧) 식년시(式年試)와 별시(別試)에 대한 문답, 음직(蔭職)에 대한 문답, 연회 때 여악(女樂)을 사용한 일, 환관(宦官)에 대한 문답, 중국 서적에 대한 문답, 정자(亭子)의 제명(題名)과 개액(改額), 효녀 정려(旌閭)에 대한 관심 등이 실려 있다. 사신의 질문 가운데는 고려 태조 왕건을 제사지내는지 물은 데 대해, 원접사가 경기도 마전군(麻田郡: 漣川郡)에 숭의전(崇義殿)을 세워서 향사(享

---

03 성종 20년(1489)에 조선에 온 명나라의 사신이다.

祀)를 받든다고 답변하니, 아름다운 뜻이라 하였다. 또 경복궁에 입궁할 당시의 상황과 조칙에 대하여 오배 삼고두(五拜三叩頭)의 예를 취하도록 한 내용도 포함되어 있다.

한편 3월 2일에 어초천(於草川)에 나가서 잡은 잡종어(雜種魚)를 중국 사신에게 올리고 원접사에게는 올리지 않은 연유를 상사가 물은 데 대해, 선왕의 기일이기 때문이라 하였다. 3월 3일에는 국속(國俗)에 따라 예병(艾餠)을 만들어 먹는 사실을 기록하였다. 우리나라 풍속의 일단을 본다. 3월 8일 사신 일행이 고양의 벽제관에 머물 때 상사의 두목이 동헌에서 상사가 지은 절구 2편을 전사(傳寫)하고 있었다. 통사(通事) 홍겸(洪謙)이 뒤에서 엿본 후 "溪水灣灣柳色新, 驅車鎭日逐紅塵. 天涯何事猶奔走, 語燕流鶯笑殺人. / 山色濛濛晝已昏, 叢林深處鵲聲喧. 海潮似是春山雨, 小浦平添過水痕."이라 기록하였다. 시제(詩題)는 기록하지 않았는데, 공용경의 『사조선록(使朝鮮錄)』을 보면 「개성 태평관 차운(開城太平館次韻)」으로 되어 있다.[04]

이 책의 말미에는 중국의 두 사신이 지은 유별시(留別詩)와 『성사승람(星槎勝覽)』, 『교사주의(郊祀奏議)』, 『시정주의(時政奏議)』 등의 서책을 원접사 정사룡에게 전한 기록이 보인다.

3. 자료적 가치

이 책은 국내에 남아 있는 최초의 원접사 기록물이라 하겠다. 지금까지 남아 있는 원접사의 일기는 이 책보다 60년 뒤에 기록된 율곡 이이의 『율곡 선생 원접사시 일기(栗谷先生遠接使時

04 공용경, 『사조선록』(중국, 목판본, 1937년 陶風樓 景印本), 권하(卷下), 45면.

日記)』(필사본 1책, 일본 天理圖書館 소장)가 있으나, 율곡의 일기는 분량이 16장이라 간략하고 소장처도 일본이다.

이 책은 본래 명나라 사신을 따르면서 난초(亂草)로 기록해 둔 것을 정사한 것이므로 내용에 오기가 더러 보인다. 예컨대 책립(冊立)을 책주(冊主)로, 제(齊)나라 환공(桓公)과 관련이 있는 규구(葵丘)를 채구(蔡丘)로, 일수(日數)를 일여(日如)로, 거리 의미의 거(距)를 법도 의미의 거(矩)로, 초현원(招賢院)을 조현원(調絃院)으로, 궁기(宮基)를 궁묘(宮墓)로 고숭(高嵩, 人名)을 고숭(高崇)으로 사운(辭云)을 사거(辭去)로, 출판 의미의 침재(鋟梓)를 침체(鋟棣)로, 지금의 의미인 금(今)을 령(令)으로, 인출(印出)한 수본(數本)을 여본(茹本)으로, 듣는 의미의 문지(聞之)를 묻는 의미의 문지(問之)로, 수료(水潦)를 수료(水僚)로 잘못 표기된 것이 있고, 본문에 누락되어 보충한 것도 보인다. 이러한 오기 부분에는 두주가 있다. 따라서 정사한 사람은 문장에 밝지 못한 사람으로 추정된다.

그리고 이 책은 권수(卷首)에 '금천박인(錦川朴印)'이라 날인되어 있어서 후대로 오면서 반남박씨의 가장본(家藏本)이 되어 후대에 전해진 것이고, 상태가 양호한 유일본이다.

한편 이 책과 관련하여 소개한 자료가 있다. 하나는 당시 상사로 참가한 공용경의 『사조선록(使朝鮮錄)』(甲辰字本)[05]의 중종조 간본이고, 다른 하나는 중종의 명으로 1537년에 간행한 『황화집(皇華集)』(甲寅字本)인데, 두 자료 모두 계명대 동산도서관에 소장

---

05 이 책은 중종 연간에 갑진자로 찍은 것인데 권상 1책만 남아 있으며 국내 유일본이다. 중국에서는 목판본으로 간행한 상하 2책의 완본이 있다(1937년 陶風樓 景印本).

되어 있다. 본 자료와 함께 앞으로 연구 검토되어야 할 것이다.

『사조선록』의 내용을 살펴보면 크게 4가지로 요약된다. 첫째 의례(儀禮)에 관한 부문인데 출사(出使)할 때의 영조(迎詔)의 봉영(奉迎), 조칙의 개독(開讀), 알묘(謁廟) 등의 의례와, 방교(邦交)의 의례로 국왕 다례(茶禮), 국왕 연향(宴饗), 배신(陪臣) 참견(參見), 연도(沿途) 영위(迎慰), 국왕 접견, 왕세자 연향, 국왕 송행(送行), 연도 설연(設宴) 등의 절차를 수록하였다. 둘째 사직(使職)의 직무를 수행한 내용인데 수록한 순서를 보면 사신 일행이 지나온 도리(道里)의 거리를 예컨대 '의주 의순관으로부터 소곶관까지 40리'와 같이 32단계로 세분하여 서울까지의 거리를 밝혔다. 사신 일행이 지나온 총 거리를 환산해보면 1,332리임을 알 수 있다. 셋째 산천, 사적, 누각, 정자, 사찰 등에 대하여 지나온 경로에 따라 읍명(邑名)과 거리, 내력 등을 간략하게 수록하였다. 넷째 연도의 여러 벼슬아치들이 송영(迎送)한 예절, 군부(軍夫)의 체송(遞送)한 절차, 봉명서(奉命書) 등이 수록되어 있다.

1537년의 『황화집』은 전체 5권으로 간행하였는데, 동산도서관에는 영본 3권(1책)을 소장하고 있다. 내용을 살펴보면 행차(行次: 出使)하면서 읊은 시문인데, 원운(原韻)은 상사 공용경과 부사 오희맹이 지었고 차운시는 대개 원접사 정사룡이 지었다. 그리고 영위사 등으로 참여한 조선 관리의 차운도 이 책에 몇 편 들어있다. 시문의 수를 보면 명나라 사신 공용경의 원운 18편과 오희맹의 원운 31편이 들어 있고, 원접사 정사룡이 원운에 차운한 것이 44편이다. 조선 관리로서 차운을 남긴 사람은 심언광(沈彦光), 김안로(金安老), 김근사(金謹思), 윤은보(尹殷輔), 윤인경(尹仁鏡), 김인손(金麟孫), 오결(吳潔), 박홍린(朴洪鱗), 황헌(黃憲), 허흡(許洽),

황기(黃琦), 한윤창(韓胤昌), 김희열(金希說) 등이다. 김안로 3편, 심언광 2편 외에는 모두 1편씩 남겼다.

『천사일로일기』는 필사 유일본으로서 특히 16세기의 명나라 사절을 영접한 데 대한 기록이 비교적 상세하다. 위에서 소개한 두 자료와 함께 대비 연구할 필요가 있다. 따라서 조·명(朝明)간의 의례와 외교사를 연구하는데 귀중한 자료가 될 것이다.

위 해제를 바탕으로, 몇 가지를 첨언해두고자 한다.

먼저, 『천사일로일기』(이하 『일기』)는 위 해제에서 밝히고 있는 여러 가지 가치를 인정받아 대구광역시 유형문화재 제85호로 등록되어 있는 문화재이다. 이 책의 '발견'은 1972년 7월 18일자 『매일경제』에 보도가 되었다. 그 기사를, 현재의 『매일경제』에서 보이면 다음과 같다.

매일경제신문 | 1972.07.18. 7면 기사

法典「大明律」木版本 발견
大邱서 다른 희귀한 책들도

【大邱】 국보급 문화재로 보이는 李朝 건국 초기의 목판으로 발간된 법전 「大明律」(30卷 2冊本)과 孝宗 때 영의정이며 명필이었던 許穆 선생의 친필 「月令考證」 등 희귀한 고서가 16일 大邱 시내 출판업자 李仁哉씨(56·大明동 2426) 집에서 우연히 발견되었다.

「大明律」은 明나라 법을 본받아 만든 李씨 조선의 법전으로서 대개 활자본으로 되어 있으며 奎章閣 등 여러 곳에 소장되어 있으나 이번에 발견된 것은 木版本으로 版心의 표시가 黑口文으로 돼 있고 이두문이 많이 섞여 있는 점 등 李朝 초기의 건국 직후에 간행된 것으로 보여지고 있다.

木版 黑句本 이외에도 한글로 된 진본「유한당사시언행록」과 李朝 中宗 때 원접사 朴承任이 明 사신을 접대한 일기책「天使一路日記」, 肅宗 때 문인 申維翰의 일본 기행문「靑泉集」등도 동시에 발견되었다.

이같은 귀중한 서적들은 李씨가 시골로 다니며 수집한 고서들을 정리하다가 발견한 것인데 李씨는 이의 정확한 감정을 학계 및 문화재관리국에 의뢰할 방침이다.

『일기』가 처음으로 알려진 기사이다. 1972년에 56세인 이인재(李仁哉) 선생에 의해 알려진 여러 책 가운데『일기』가 들어 있다. "국보급 문화재로 보이는" 조선 초기 목판본『대명률』의 발견을 주로 소개한 신문은 한글로 된 진본『유한당사시언행록』과 함께, "이조 중종(中宗) 때 원접사 박승임(朴承任)이 명나라 사신을 접대한 일기책"으로『일기』를 소개하고 있다.

아마도 이때『매일경제』에 소개된 책들은 지금 모두 계명대학교 동산도서관 고문헌실에 소장되어 있는 듯하다.『일기』에 박승임(朴承任, 1517~1586)은 보이지 않는다. "금천박인(錦川朴印)"이라는 이전 책 주인의 장서인이 있고 박승임은 반남박씨이지만, 자세한 사실을 알 수는 없다.

【2】저자 문제

다음, 저자 문제이다. 동산도서관의 목록에는 "명나라 공용경 일행이 조선에 사신 올 때 원접사 정사룡의 종사관이 기록한 것"이라고 기록하고 있는데, 앞에서 보았지만, 장인진 선생의 해제 첫머리에서는 더 구체적으로 기술하였다.

> 이 책의 저자 고증과 관련하여 내용을 살펴보면 아(我), 여(余), 오(吾) 등과 같은 자칭대명사(自稱代名詞)가 없는 제삼자적(第三者的) 관점에서 문왈(問曰), 답왈(答曰)과 같이 기록하였고, 집필자의 사견이나 감상, 평어(評語)가 없는 것이 특징이다. 따라서 이 책의 저자는 당시 원접사(遠接使)와 반송사(伴送使)를 겸했던 정사룡(鄭士龍)을 포함하여 그 일행으로 참가한 종사관(從事官) 박충원(朴忠元), 홍춘경(洪春卿) 등이 정사룡의 명에 따라 집필한 것이라고 본다.

저자가 누구냐? 중요한 문제이다. 정사룡이냐, 특정할 수 없는 그 휘하의 하나 또는 둘 이상의 사람이냐.

먼저, 『일기』에 '아(我), 여(余), 오(吾) 등과 같은 자칭대명사(自稱代名詞)가 없다'는 기술을 확인할 필요가 있겠다. 다음 기록을 보자.

> 원접사(정사룡: 필자)가 또 두 사신에게 "조선은 대대로 명나라의 극진한 대우를 받아왔습니다. 그래서 조공 사신이 자유롭게 출입하는 것을 허락하여 고금의 서적을 마음대로 사도록 두었습니다. 그러나 최근에 손 낭중(孫郎中)이 마음대로 제독 오 주사장(仵主事將)을 시켜 조선 사람을 구금하여 출입하지 못하게 해서 명나라 조정에서 펴낸 서적과 역대의 역사서를 살 수가 없습니다. 그래서 전하께서 이미 작년에 예부에 자문(咨文)을 보내어 예전대로 출입할 수 있도록 요청했습니다.

하 상서(夏尙書)가 주문을 올려 윤허를 받았으니 우리나라로서는 감사한 마음을 이기지 못하겠습니다. 다만 관찬(官撰) 서적과 역대의 역사서는 여전히 금지되어 있습니다. 참고한 서적이 모두 결락본이라 명나라 조정이 펴낸 서적을 사려고 구해보았지만 끝내 얻지 못했습니다. 이런 금령은 과연 조정에서 나온 것입니까?" 라고 하였다. 두 사신이 깜짝 놀라며 "이 무슨 말입니까? 우리 조정이 조선에 대한 총애가 다른 나라보다 각별하고 조정의 대신들도 황제의 뜻을 받들어 모두 조선을 우대하려 하는데 어찌 이럴 리가 있겠습니까! 안남과 유구는 오랑캐라 하면서도 오히려 그 나라에서 보내온 자제들의 입학을 허락합니다. 하물며 조선은 명나라 국내와 다름없는데 출입을 허락하지 않는다니요? (이하 생략)

3월 27일 기록이다. 정사룡이 『일기』의 저자라는 점을 보여준다. 정사룡은 3년 전인 1534년 10월에 동지사(冬至使)로서 표문(表文)을 갖고 명나라에 다녀왔다. 그 표문은 정사룡이 지었고, 그가 표문을 지을 때 참고한 서적들은 완질이 아닌 결본들이었다고 한다. 그 서적들의 완질을 구하려고 3년간 노력을 했지만 명나라 정부의 판매 금지령 때문에 북경에서 구입할 수가 없었다고 한다. 그 문제 제기에 대해 깜짝 놀라는 두 사신의 반응은 즉각적이다. 얼굴을 마주하고 있는 현장감이 느껴진다. 단 하나의 직접 증거이지만, 『일기』가 정사룡의 기록임을 보여준다. 그가 직접 붓을 쥐고 종이에 쓰지는 않고 일정을 같이 한 누군가가 그때그때 현장에서 당장 기록을 하였다고 하더라도, 정사룡 본인의 기억과 재생, 그리고 기록이 있고서야 이런 내밀한 대화가 글로 남을 수 있었을 것이다.

한데, 정사룡은 자기 저작을 애써 모으는 사람이 아니었다. 그는 손수 쓴 자기 문집(『湖陰雜稿』)의 간략한 서문에서 자신의 글을 두고 "재빨리 쓰고 구차하게 갖추어야 하는 데서 나오지 않은 것이 없어서, 한가롭게 읊조린 작품은 백에 하나가 못되었다. 그래서 마음에 들지 않아서 그때마다 내버리고 수습을 하지 않았다."고 하였다. 겸사가 아닐 것이다. 『일기』에서 확인할 수 있거니와, 명나라 사신들과 얼굴을 맞댄 자리에서 바로 시를 지어야 하는 경우가 많았다. 당시 조선에서 최고의 능력을 지닌 사람이 선발되었다. 열아홉, 만으로 18세에 문과 급제한 천재 정사룡은 그런 능력으로 대명 외교의 한 축을 담당하였다.

정리하면 정사룡의 간여 없이 『일기』의 저작은 애초 불가능하다. 수행원이나 역관의 기록이 있더라도 한문에 익숙하다면 만들어내지 않을 오자가 드물지 않더라도, 명나라 사신을 맞고 보낸 조선의 책임자인 정사룡의 의중이 충실하게 반영되었을 것이다. 그 점에서 『일기』의 가장 중요한 저작자는 정사룡으로 볼 수가 있다.

【3】 의의

정사 공용경(龔用卿, 1500~1563)과 부사 오희맹(吳希孟)이 조선을 방문한 1537년 명나라 사신단은 몇 가지 특별한 기록을 남겼다. 우선, 조선에서 당시 최고의 글 솜씨를 지닌 정사룡을 선발한 것과 마찬가지로, 명나라가 보낸 두 사신 역시 그런 사람들이었다. 거기에 더해서, 매일 장거리를 이동하는데다 술을 곁들인 연회를 감당할 체력이 요구되었다.

공용경은 자가 명치(鳴治), 호는 운강(雲岡)이고, 복건성 회안(懷安) 사람이다. 명나라 세종 가정(嘉靖) 5년(1526)에 진사 급제하여 수찬(修撰)·좌춘방 좌유덕(左春坊左諭德) 겸 한림 시독(翰林侍讀)에 발탁되었고 『명회전(明會典)』 편찬에 참여하였다. 저술로는 『사조선록(使朝鮮錄)』·『운강집(雲岡集)』 등이 있다. 오희맹은 자가 자순(子醇), 호는 용진(龍津)이고, 강소성 상주(常州) 사람이다. 가정(嘉靖) 11년(1532)에 진사(進士) 급제하여 동양 지현(東陽

知縣)을 지냈고, 공용경과 함께 조선에 사신으로 다녀간 뒤에 강서 참의(江西參議)에 발탁되었으며, 관직은 광신 지부(廣信知府)에 이르렀다. 저술로는 『사조선집(使朝鮮集)』과 『조대집(釣臺集)』이 있다. 그러니까 1537년에 명나라 사신 두 사람은 30대 후반과 초반의 젊은이였다. 그런 나이에 외교관으로서의 전문성에다 시문 창작과 서예에도 뛰어난 자질을 갖추었다. 조선의 원접사인 정사룡은 40대 후반이었다.

> 태사(太史) 공용경과 황문(黃門) 오희맹이 모두 풍류와 문아가 있었는데, 우리나라 산천의 수려함을 보고서 자신도 모르게 흥이 나서 가마에서 내려 시를 읊고 구경하기까지 하였다. 모든 지나는 곳의 내[川]·고개[嶺]·못[池]·정자를 보는 대로 이름을 짓거나 혹은 예전 칭호를 바꾸고, 인하여 편액을 써서 걸게 하였다. 가산(嘉山)의 동쪽 정자를 제산정(齊山亭)이라 이름하고, 대정강(大定江)의 적개정(敵愾亭)을 공강정(控江亭)이라 고치고, 평양의 정자선(亭子船)에 쓰기를 승벽정(乘碧亭)이라 하고, 망월정(望月亭)을 선월정(先月亭)이라 고치고, 황주(黃州)의 초천(草川)을 족금계(簇錦溪)라 고치고, 봉산(鳳山)의 모정(茅亭)을 서봉(棲鳳)이라 이름하고, 남정(南亭)을 요산정(樂山亭)이라 이름하고, 서흥(瑞興)의 차유령(車踰嶺)을 고유령(高踰嶺)이라 이름하고, 총수산(葱秀山)의 동쪽 산을 취병산(翠屛山)이라 이름하고, 경복궁(景福宮) 후원의 돌다리를 장홍교(長虹橋)라 하고, 충순당(忠順堂)의 소나무를 노룡(老龍) 또는 반규(盤虯)라 하고, 취로정(翠露亭) 서쪽의 수림이 울창한 곳을 응수(凝秀)라 하고, 경회루(慶會樓) 아래의 못을 환벽(環壁)또는 옥액(玉液)이라 하고, 서쪽의 작은 섬을 쌍주(雙洲)라 하고, 백악(百岳)을 고쳐 공극(拱極)이라 하고, 인왕(仁王)을 필운(弼雲)이라 하였다. (어숙권, 『패관잡기』 권4. 한국고전번역원의 번역 인용)

『일기』의 곳곳에서 보이지만, 두 사신은 가는 곳마다 산천과 누정(樓亭)에 이름을 붙이고, 편액(扁額)을 써서 걸고, 바위에 자기들의 이름을 새겼다. 중국에서는 이전부터 성행한 문화였지만, 이들의 활동은 당시 조선에 그런 문화를 적극 추동하였다.

강릉에 있는 허균의 외조부 김광철(金光轍, 1493~1550)의 집에 오희맹이 쓴 큰 액자가 있었다거나(허균, 『성소부부고』 권7, 「애일당기(愛日堂記)」), 역시 현재 강릉시 운정동 소재 해운정(海雲亭, 보물 제183호)에 공용경이 쓴 '경호어촌(鏡湖漁村)'과 오희맹이 쓴 '해운소정(海雲小亭)'이라는 현판 글씨가 그대로 걸려 있는 등의 일이 그 사례가 되겠다. 해운정은 심언광(沈彦光)이 1530년에 지은 정자인데, 그는 1537년 당시 판서로 재직하고 있었다. 허금(許錦)의 문집인 『야당집(野堂集)』에 공용경과 오희맹 두 사람이 서문을 남긴 것(『해동역사』 제43권, 예문지)도 비슷한 사례가 되겠다.

공용경 일행은 조선에서 뿐만 아니라 만주 일대 요양 부근 천산(千山)의 도화동(桃花洞)이나 옛 안시성 부근 등의 명승에도 글씨를 남기고 있다. 김창업(金昌業)의 『연행일기』(1713년 3월 1일과 2일)와 김정중(金正中)의 『연행록(燕行錄)』(1792년 3월 1일), 작자 미상의 『계산기정』(1804년 2월 21일), 『연원직지』(1833년 2월 22일) 등의 연행록에서 볼 수 있다. 공용경과 오희맹은 글씨에 뛰어난 인재들이었다.

○ 전례에는 평안도 관찰사가 중국의 사신을 안주(安州)에서 영접하고 전송하였는데, 장승헌이 올 때부터는 비로소 공용경이 조선에 사신 왔던 기록에 의하여 의순관에서 영접하고 전송하였다.

(『연려실기술』 별집 제5권, 「조사(詔使)」, 인종 원년 을사, 가정 24년)

○ 예전 규례에는 평안도 관찰사가 중국 사신을 안주에서 맞이하고 보냈는데, 인조 원년에 공용경의 『사조선록』에 의거하여 의주 의순관에서 맞이하고 보냈다.

(이유원, 『임하필기』 제17권, 「서백(西伯)이 칙사를 맞이하다」)

외교에서 전례란 지켜야 하는 규범이 되는 경우가 많고, 따라서 그런 사례를 만드는 것은 조심해야 하는 일이다. 『일기』 4월 1일자에 다음 기록이 있다.

> 전위사가 작별을 고하자 두 사신이 각자 시 한 편을 지어 전하께 보이도록 하고, 또 각자 시를 지어 전위사 및 관찰사와 이별하였다. 전례에 평안도 관찰사는 명나라 사신을 전송하기 위해 안주까지 가기 때문에 관찰사 이귀령이 두 사신에게 작별을 고한 것이다. 두 사신이 장난으로 답하기를 "황해도 관찰사는 우리를 전송하여 평안도 경계까지 왔는데, 어찌하여 혼자 서둘러 돌아가십니까? 우리는 만 리 먼 길을 떠나온 사신임에도 집을 그리워하지 않는데, 지금 그대는 고작 사나흘 거리를 와서 집을 그리워하는 것은 어째서입니까? 반드시 가산(嘉山)까지 우리를 전송해주어야 공이 가도록 놓아줄 것입니다."라고 하자, 관찰사가 "마침 우리 지역이 임금께 보고 드려야 할 공무가 있어서 가려던 것인데, 지금 두 분의 말씀을 듣고서 감히 따르지 않을 수 있겠습니까."라고 하였다.

평안 감사 이귀령은 전례를 따라 안주에서 명나라 사신을 전송하려고 했지만, "장난으로" 말을 한 공용경 등의 권유로 의주까지 따라갔다. 장승헌(張承憲)이 사신으로 조선을 방문한 것은 공용경 등보다 8년 뒤인 1545년인데, 공용경 일행의 바로 다음 사행이었다. 그때부터 곧장, 전례가 규범이 된 것이다. 공용경 일행은 조선에서 각별한 환대를 받았다. 조선 태조 이래로 조선 전기 대명 외교에서 최대 현안이 종계변무(宗系辨誣)였거니와, 조선은 그 현안의 해결을 위해서 언제나 명나라와의 외교에 많은 노력을 기울일 수밖에 없었다.

이외에도 풍속에 관한 흥미로운 기술은 눈길을 끈다. 대표적인 것이 환관이 되는 연유인데, 명나라는 형벌 때문에 환관이 되는 데 비해 조선에서는 개에 물려서 불구가 되어 환관이 되는 경우가 대부분이라는 기술이 있다. 또, 평양의 문묘(공자묘)에는 공자와 여러 현인들을 모신 방식이 위패가 아니라 소상(塑像)으로 되어 있었다는 점 역시 주목된다. 일찍이 김종직(金宗直, 1431~1492)은 1455년에 성주향교에 모셔진 공자와 여러 현인들의 소상을 모두 위패로 바꾸었다. 서울 성균관의 경우도 위패였는데, 평양 문묘는 이 시기까지 소상을 유지하고 있다는 점을 분명하게 확인할 수 있다. 또, 구체적인 실상은 따로 연구가 필요하지만, 사신 일행을 맞아 곳곳에서 연극이 공연된 점 역시 주목할 만하다.

『일기』의 자료적 가치에 대해서는 기왕의 해제에 자세한 기술이 있다. 거기에 더하여, 조선과 명나라 간의 대량의 문화적 교류, 두 나라 외교의 구체적인 현장에 대한 생생한 묘사, 16세기 초반 조선 풍속의 기록이라는 세 가지를 『일기』의 의의로 더 들어두었다.

역자 후기가 따로 없으므로, 해제의 말미에 번역 과정에 대한 간략한 첨언을 붙여 둔다. 필자는 이종한 번역사업 단장의 요청에 따라 번역사업단의 첫 번째 번역 대상 문헌으로 선정된 『천사일로일기』의 번역을 담당하였다. 2019년 10월 21일에 시작해서 2020년 4월말까지 매주 한 차례씩 윤독을 했다. 윤독에 참여한 사람은 다음과 같다.

이지안 석사는 계명대 한문교육과와 한국국학진흥원 부설 한문교육원을 졸업하고 경북대 대학원 박사과정을 수료하였고, 현재 한국국학진흥원의 전임연구원으로 재직하고 있다. 황동권 석사는 안동대 한문학과와 한국국학진흥원의 고전국역자 양성과정을 졸업하고 『계암일록』 등의 국역에 참여하였으며, 계명대 대학원 박사과정을 수료하였다. 윤독을 시작할 때 두 사람은 계명대 한문교육과에 출강하고 있었다. 계명대 대학원 석사과정에 재학 중인 김세연, 박나진 양도 열성적으로 윤독에 참여하였다. 건강 때문에 끝까지 윤독을 함께하지 못한 박정숙 박사의 쾌유를 빈다.

다섯 사람은 모두 학부와 대학원에서 필자와 공부를 함께 한 인연이 있다. 극히 전문적인 분야에서 한몫을 단단히 감당해내는 인재로 성장했고 또 성장해 가고 있다. 번역사업단의 사업을 통해서 함께 성장하는 기회를 가질 수 있었고, 앞으로도 그럴 것이라고 기대한다. 다만 이번 『천사일로일기』 번역에서 생긴 오류나 미상으로 된 부분은 모두 원고를 마지막으로 열람한 필자의 책임이다.

찾아보기

ㄱ

ㄷ

ㅁ

ㅂ

ㅅ

ㅈ

옮긴이 소개

김윤조

계명대학교 사범대학 한문교육과 교수. 저서로 『배움의 기쁨을 기록한 논어』(2019, 계명대출판부), 『유득공』(2013, 민속원), 역서로 『고운당필기』(2020, 한국고전번역원), 『역주 과정록』(1997, 태학사), 논문으로 「암벽에 이름 새기기 풍조의 유행과 단양 사인암에 새겨진 이름에 대한 고찰」(2020) 등이 있다.

이지안

계명대학교 한문교육과와 동 대학원을 졸업하고 경북대학교 대학원 한문학과 박사과정을 수료하였다. 한국국학진흥원 부설 한문연수원을 졸업하고 현재 한국국학진흥원 고전국역 전임연구원으로 재직하고 있다.

황동권

계명대학교 대학원 국어국문학과(한문학 전공) 박사과정을 수료하였고, 현재 계명대학교 한문교육과 강사로 재직하고 있다. 논문으로 「자희옹(自喜翁) 최치덕(崔致德)의 『역대사기(歷代史記)』 연구」(2018)가 있고, 역서로 『국역 계암일록』(2013, 한국국학진흥원, 공역)이 있다.

감수자 소개

이종한

계명대학교 인문국제학대학 중국어문학전공 교수, 동산도서관장. 한유를 위시한 중국산문 연구와 고전 번역에 관심을 두고 있다. 한유산문역주(전5권, 2013년 대한민국학술원 우수도서) 등을 출간하였다.

계명대학교 동산도서관 소개

계명대학교 동산도서관은 『용비어천가』 등 22종 96책의 국가지정문화재(보물)와 『대구읍지』 등 8종 18책의 대구시 유형문화재를 포함하여 78,000여 점의 고문헌을 소장한 우리나라의 대표적인 고문헌 소장 기관으로, 전시회 개최, 목록과 해제집, 번역서 발간 등을 통하여 전통문화 유산의 체계적 관리와 한국학 연구의 증진에 기여하고 있다.